Bernd Raffelhüschen

SKL GLÜCKSATLAS 2023

PENGUIN VERLAG

Autoren:
Professor Dr. Carol Graham, University of Maryland
Professor Dr. Bernd Raffelhüschen, Universität Freiburg
Timon Renz, Universität Freiburg

Konzeption und Redaktion:
Max A. Höfer, höfermedia

Projektverantwortliche SKL:
Cornelia Friedrich

FSC www.fsc.org MIX Papier | Fördert gute Waldnutzung FSC® C147178

Penguin Random House Verlagsgruppe FSC®N001967

1. Auflage

Umschlagabbildungen: Vectorium/shutterstock.com, autumnn/shutterstock.com, Oliver Schmitt
Innenteil: Kastoluza/shutterstock.com, VoodooDot/shutterstock.com
Gesamtgestaltung und Satz: Oliver Schmitt
Druck und Bindung: Litotipografia Alcione srl, Lavis
Printed in Italy
ISBN 978-3-328-60343-6
www.penguin-verlag.de

Inhalt

Vorwort
SKL Glücksatlas 2023

von Bettina Rothärmel

Eine alte Weisheit rät, das Glas besser als »halb voll« und nicht als »halb leer« zu betrachten. Diese Sichtweise empfiehlt sich auch bei den Ergebnissen des diesjährigen *SKL Glücksatlas*, der in bewährter Form und Methodik die Lebenszufriedenheit der Deutschen gemessen hat. Die positive Nachricht lautet: Der Erholungsprozess setzt sich 2023 fort, wir lassen Corona hinter uns, nur leider nicht mit den großen Schritten, die wir uns vermutlich alle wünschen, sondern eher mit Trippelschritten. Das Glücksniveau der Vor-Corona-Zeit 2019 ist noch lange nicht erreicht. Angesichts der vielen Krisen, die uns derzeit herausfordern, kann man sich allerdings auch über einen kleinen Zuwachs an Lebensglück freuen.

Das gesamtdeutsche Glücksniveau von derzeit 6,92 Punkten ist das Ergebnis aus einer Vielzahl unterschiedlichster Einflussfaktoren. Einige dieser Faktoren tragen positiv zur Förderung des Glücks bei, während andere das allgemeine Zufriedenheitsgefühl mindern. Die Wirkung dieser Faktoren ist oft zwiespältig. Beispielsweise schreitet einerseits der Erholungsprozess bei Familien, Jugendlichen und Frauen weiter fort. Andererseits kommt es aber heute viel seltener als früher zu Zusammenkünften mit Verwandten und Freunden. Hier scheinen die Beeinträchtigungen der Corona-Zeit stärker nachzuwirken.

Die detaillierteren Zusammenhänge finden Sie auf den folgenden Seiten des *SKL Glücksatlas*, der umfassendere Zahlen und Fakten zur Lebenszufriedenheit bietet als je zuvor. Dank der kontinuierlichen Erweiterung der Datenbasis können Prof. Dr. Raffelhüschen und sein Team nun beispielsweise den Einfluss der Jahreszeiten auf die Zufriedenheit präziser einschätzen sowie den Effekt genauer quantifizieren, den neu auftretende Krisen auf das Glücksniveau haben. Die Zeit während der Corona-Pandemie hat verdeutlicht, dass rein materielle Indikatoren wie das Bruttoinlandsprodukt nicht ausreichen, um das Wohlbefinden der Menschen zu beschreiben.

Die sogenannten »Well-being Gaps«, also die Unterschiede im Wohlbefinden zwischen verschiedenen Gruppen, können wertvolle Hinweise für die Ausgestaltung von politischen Maßnahmen liefern. Unsere Absicht ist es, auch in Zukunft durch aktuelle Sonderstudien auf derartige Gaps aufmerksam zu machen und die Entwicklung der Lebenszufriedenheit eingehend zu analysieren. Wenn sich solche Gaps wieder schließen, dann ist das sicherlich ein Grund zur

Freude. Bei dem im letzten Jahr von uns ins Leben gerufenen Glücksranking der 32 Regionen zeigt sich nun, dass sich ein breites Mittelfeld aus sowohl west- als auch ostdeutschen Regionen gebildet hat, in dem kaum noch signifikante Unterschiede existieren. Die Durchmischung der Regionen aus Ost- und Westdeutschland ist laut den Experten eine direkte Konsequenz der Corona-Krise und wird voraussichtlich dauerhaft bestehen bleiben.

Alle Ergebnisse haben wir wie immer unter skl-gluecksatlas.de in sachlicher und verständlicher Weise zugänglich gemacht. Ich wünsche Ihnen eine inspirierende und anregende Lektüre unseres *SKL Glücksatlas 2023*.

Dr. Bettina Rothärmel
Vorstandsvorsitzende GKL – Gemeinsame Klassenlotterie der Länder AöR
Veranstalterin der SKL- und NKL-Lotterien

Zusammenfassung der Ergebnisse

Die Erholung von den Unbilden der Corona-Zeit setzt sich 2023 fort. Das Glücksniveau der Deutschen steigt auf 6,92 Punkte. Das ist ein leichtes Plus von 0,06 Punkten gegenüber dem Vorjahr (6,86 Punkte). Der bescheidene Glückszuwachs verdeutlicht, dass bestimmte Beeinträchtigungen durch die Pandemie noch immer nachwirken, obwohl fast alle Einschränkungen weggefallen sind, und dass neue Faktoren hinzukamen, die sich dämpfend auf den Erholungsprozess auswirken.

Im Vergleich zum Tiefpunkt im schwersten Jahr der Corona-Pandemie (2021) mit 6,58 Punkten konnte sich Deutschland immerhin um insgesamt 0,34 Punkte verbessern. Jedoch befindet sich der diesjährige Wert von 6,92 Punkten immer noch 0,22 Punkte unterhalb des Niveaus von 2019, dem Jahr vor der Corona-Pandemie, in dem die Lebenszufriedenheit 7,14 Punkte erreicht hatte. Erfreulicherweise verzeichnen wir nicht nur einen leichten Anstieg des Glücksniveaus, sondern auch einen leichten Anstieg der Zuversicht: Zwei Drittel der Bevölkerung blicken aktuell mit Optimismus in die Zukunft, während 7 Prozent – also jeder Vierzehnte – eine pessimistische Sicht auf die Zukunft haben.

Die Erholung verläuft vor allem deshalb nur zögerlich, weil die hohe Zahl der äußerst Unglücklichen, also jener Personen, die auf der Zufriedenheitsskala (0 bis 10) Werte zwischen 0 und 4 angeben, nahezu unverändert geblieben ist. Während der Corona-Pandemie hat sich deren Anzahl verdoppelt und erreichte 10 Millionen, aktuell sind es etwa 7,5 Millionen Personen. Dieser Anteil hat sich im Vergleich zum Vorjahr nicht verändert. Die eigentliche Herausforderung besteht darin, die Anzahl der extrem Unzufriedenen wieder spürbar zu senken, denn einige der neu hinzugekommenen Krisenfaktoren, wie Inflation oder die Zunahme von Angststörungen, tragen zur Verfestigung dieser Entwicklung bei. So ergeben die Befragungen des *SKL Glücksatlas*, die von der Universität Freiburg im Frühsommer 2023 durchgeführt wurden, dass die vielfältigen Belastungen, die die Menschen gegenwärtig spüren, gegenüber der Corona-Zeit nur geringfügig abgenommen haben. Zwar fühlen sich 31,8 Prozent der Deutschen heute weniger belastet als zur Zeit der Pandemie, aber 45 Prozent sehen keinen Unterschied, und 23,2 Prozent geben an, aktuell sogar stärker als während der Pandemie unter einer erhöhten Anspannung zu leiden. Das führt nun einerseits insgesamt zu einer rückläufigen Belastung, unterstreicht jedoch andererseits, dass die Auswirkungen der Corona-Zeit bei vielen noch spürbar sind und die neuen Krisen ebenfalls Unzufriedenheit hervorrufen.

Am deutlichsten zeigt sich dies in der Zunahme diffuser Ängste, sei es vor Verlusten des Wohlstands (Rezession), des Friedens, der Gesundheit (weitere Pandemien, Hitzetote usw.) oder den Auswirkungen der Klimaerwärmung: Ein Viertel der Bevölkerung wird »manchmal« von Angstgefühlen geplagt, weitere 14 Prozent berichten von häufig oder sehr häufig auftretenden Ängsten. Aktuell ängstigen sich 39 Prozent der Deutschen »manchmal«, »oft« beziehungsweise »sehr oft«, 2017 waren es nur 24 Prozent. Die vielfältigen Angstszenarien beeinträchtigen vor allem die ohnehin schon Unzufriedenen: Wer oft Angstgefühlen ausgesetzt ist, beurteilt sein Leben mit 4,54 Punkten deutlich schlechter als Personen, die das nicht sind (6,89 Punkte).

Die Inflation, die im Vorjahr zwischenzeitlich auf über 10 Prozent anschwoll, trifft ebenfalls vor allem die Gruppe der ohnehin schon eher Unzufriedenen. 42,8 Prozent der Unzufriedenen sehen in den Energiekosten eine hohe finanzielle Belastung. Gegenüber dem Vorjahr hat sich aber der Einfluss der Inflation auf das Glücksniveau abgeschwächt. So hat sich die Zufriedenheit mit dem Einkommen 2023 stabilisiert. Aufgrund der erheblichen Preissteigerungen verzeichneten die Reallöhne seit 2019 einen Rückgang um 5,8 Prozent. Diese Entwicklung führte zu einem drastischen Einbruch der Zufriedenheit mit dem Haushaltseinkommen. Der Wert sank von seinem Höchststand (7,18) auf lediglich 6,49 Punkte im Jahr 2022, was einem Rückgang um 0,69 Punkte entspricht. 2023 kann sich die Einkommenszufriedenheit aber wieder leicht auf 6,64 Punkte erholen, obwohl die Inflation noch immer hoch ist. Das spricht dafür, dass sich die Mehrheit der Bevölkerung an die Inflation gewöhnt hat und sie nicht mehr so viel Unzufriedenheit hervorruft. Ein anderer Aspekt der Inflation wird aber wichtiger: Sie verstärkt die Ungleichheit. Ökonomische Indikatoren wie der Gini-Koeffizient, der die Ungleichheit misst, haben sich bislang noch kaum verändert, aber die Zufriedenheitsdaten zeigen ein anderes Bild: Die Ungleichheit im Lebensglück nimmt zu. Die Lebenszufriedenheit der unteren Einkommensschichten hat sich gegenüber dem Vorjahr um 0,06 Punkte verbessert, die der oberen Einkommensschicht aber um 0,23. Auch im Regionen-Ranking wird die wachsende Ungleichheit im Lebensglück deutlich. Der Abstand zwischen dem glücklichsten und dem unglücklichsten Bundesland ist auf 1,02 Punkte stark gestiegen. 2019 betrug er nur 0,68 Punkte.

Die Corona-Pandemie hat Spuren in vielen Lebensbereichen hinterlassen. Im vergangenen Jahr wies der *SKL Glücksatlas* darauf hin, dass die Hauptbetroffenen der Lockdowns vor allem Frauen, Familien und Jugendliche waren, und konnte bereits erste Verbesserungen feststellen. Der Erholungsprozess setzt sich fort, wenn auch nur langsam. Während der Corona-Pandemie entwickelte sich das Wohlbefinden der Geschlechter auseinander. Dieser Happiness-

Gender-Gap hält sich hartnäckig: Auch 2023 sind Frauen 0,06 Punkte unzufriedener mit ihrem Leben als gleichaltrige Männer. Dies ist zwar eine deutliche Verbesserung im Vergleich zu 2020 (Gap: 0,19 Punkte), jedoch liegt der Wert immer noch höher als vor Ausbruch der Pandemie, als Frauen sogar geringfügig glücklicher waren als ihre männlichen Altersgenossen. Einen positiven Trend zeigt die gesteigerte Lebenszufriedenheit bei selbstständigen Frauen. Diese Gruppe war besonders stark von den wiederholten Betriebsschließungen betroffen – vor allem bei körpernahen Dienstleistungen wie Friseursalons oder Nagelstudios. Als Solo-Selbstständige erlitten Frauen erhebliche Einbußen in ihrem Glücksempfinden. Inzwischen haben sie den Rückstand zu ihren männlichen selbstständigen Kollegen größtenteils aufgeholt. Dennoch haben auch die Selbstständigen insgesamt noch nicht das Niveau an Lebenszufriedenheit erreicht, das vor Beginn der Corona-Pandemie herrschte.

Auch die Familien sind noch immer nicht so zufrieden wie vor der Corona-Pandemie: Die Zufriedenheit mit der Familie erholt sich 2023 um 0,06 Punkte auf 7,48, ein Wert, der noch deutlich unter dem Vor-Corona-Niveau von 8,02 Punkten liegt. Vor allem Familien im unteren Einkommensbereich leiden unter der Inflation und den Reallohnverlusten der letzten Jahre. Ein weiterer Grund, der zur langsamen Erholung beiträgt, ist die anhaltend geringere Häufigkeit von Zusammenkünften von Verwandten im Vergleich zur Zeit vor der Corona-Pandemie. Zusätzlich dazu verzeichnen wir eine Abnahme sowohl bei Eheschließungen als auch bei der Geburtenrate.

Die Folgen der Lockdowns für Kinder und Jugendliche sind mittlerweile erkannt worden. Die Kontaktbeschränkungen, das Homeschooling und die intensive Nutzung des Internets haben zu einem Anstieg von Verhaltensstörungen und von Angstgefühlen geführt. Berichteten 2019 nur 7,6 Prozent der 18- bis 29-Jährigen von häufigen oder sehr häufigen Angstgefühlen, sind es 2023, also nach der Corona-Pandemie, 16,4 Prozent. Dies entspricht einer Steigerung um 115 Prozent. Auch die Lebenszufriedenheit der Jugendlichen ist immer noch weit vom Vor-Corona-Niveau entfernt. So liegen die 16- bis 29-Jährigen noch 0,33 Punkte zurück, bei den über 60-Jährigen sind es nur 0,20 Punkte. Zum Problem ist auch die exzessive Internetnutzung geworden. Seit Beginn der Corona-Pandemie ist die Nutzungsdauer von 195 Minuten pro Tag auf 284 Minuten (2022) gestiegen. Die vielen Stunden vor dem PC führen zu Schlaf- und Konzentrationsproblemen sowie Bewegungsmangel und einer schlechten Körperhaltung.

Deutlich verbessert hat sich die Zufriedenheit mit der Arbeit, die in der Corona-Pandemie bis auf 6,90 Punkte abgesunken war und aktuell 7,11 Punkte beträgt. Damit liegt sie wieder auf dem Niveau von 2016. Von den 7,38 Punkten von 2019 ist sie aber noch weit entfernt. Ein Vergleich der Lebenszufriedenheit in neun verschiedenen Wirtschaftsbranchen zeigt, dass Beschäftigte in der Finanz- und Versicherungsbranche mit 7,06 Punkten am zufriedensten sind, während Personen im Handel und in der Gastronomie mit 6,32 Punkten die geringste Zufriedenheit aufweisen. Die Differenz beträgt hierbei 0,74 Punkte. Die Abweichungen im Glücksempfinden zwischen den verschiedenen Branchen lassen sich zu 20 Prozent durch das Einkommen erklären. Die verbleibenden 80 Prozent werden von den Arbeitsbedingungen in den jeweiligen Sektoren beeinflusst. Zum Beispiel herrscht im Gesundheits- und Sozialwesen der höchste Zeitdruck und Stress.

Während der Corona-Pandemie hatte sich der Glücksabstand zwischen Ost- und Westdeutschland auf 0,05 Punkte verringert. Die früheren hohen Differenzen, die in den 1990er- und 2000er-Jahren zwischen 0,4 und 1,2 Punkten betrugen, sind Geschichte. Sowohl in West- als auch in Ostdeutschland setzte sich die Erholung von den Auswirkungen der Corona-Krise fort. Gegenwärtig liegt der Osten bei 6,76 Punkten, während der Westen leicht besser mit 6,96 Punkten abschneidet. Interessanterweise zeigt sich, dass der Osten im Jahr 2023 eine etwas stärkere Erholung verzeichnet hat (um 0,09 Punkte) im Vergleich zum Westen (0,05 Punkte). Dadurch verringert sich der Abstand zwischen den beiden Landesteilen auf 0,20 Punkte; im Vorjahr betrug er noch 0,24 Punkte. Die Erholung ist im Osten solider. Das ist größtenteils auf Entwicklungen in den drei ostdeutschen Bundesländern Sachsen-Anhalt, Sachsen und Thüringen zurückzuführen, die ihre Platzierungen im Ranking jeweils um zwei bis drei Positionen verbessert haben. Im Mittelfeld des Rankings haben sich die ostdeutschen Länder fest positioniert, es sind eher westdeutsche Flächenländer, vor allem Baden-Württemberg, Niedersachsen und Rheinland-Pfalz, die neuerdings Schwächen aufweisen. Ganz ist dieser Ost-West-Angleichungsprozess aber noch nicht vollzogen. An der Spitze des Bundesländer-Rankings – und das wiederholt sich im erweiterten Glücksranking der 32 Regionen – sind die westdeutschen Spitzenländer (noch) unter sich. In den Bereichen Gesundheit und Einkommen sind die Ostdeutschen unzufriedener als die Westdeutschen. Die Einkommens- und Vermögenssituation ist bis heute schwächer als im Westen. Zudem hat Ostdeutschland eine ältere Bevölkerung – der ostdeutsche Altenquotient liegt bei 47,5 Prozent, der westdeutsche nur bei 36,2. Ältere sind mit ihrem Leben im Schnitt unzufriedener als Jüngere.

In der aktuellen Ost-West-Debatte wird die Frage diskutiert, woher die Unzufriedenheit der Ostdeutschen herrührt, die sich auch im Wahlverhalten widerspiegelt. Ein Diskussionspunkt besteht darin, ob diese Situation materielle Ursachen hat oder ob Ostdeutsche sich von der aktiven Mitgestaltung der Gesellschaft ausgeschlossen fühlen. Könnte es sein, dass sie sich als »Bürger zweiter Klasse« wahrnehmen? Unsere Untersuchung verdeutlicht, dass die Identifikation als Ost- oder Westdeutscher keine veraltete Kategorie ist und dass beide Gruppen danach streben, angemessen in Politik, Staat, Wissenschaft, Medien und Unternehmen repräsentiert zu sein. Menschen, die sich als

Ostdeutsche identifizieren, empfinden dabei eine deutliche Unterrepräsentation im Vergleich zu ihren westdeutschen Mitbürgern.

Fast die Hälfte der Ostdeutschen (48,2 Prozent) fühlt sich in leitenden Positionen großer Unternehmen nicht angemessen repräsentiert. Im Gegensatz dazu geben »nur« 30,6 Prozent der Westdeutschen an, sich in diesem Bereich nicht ausreichend repräsentiert zu fühlen. Die starke Bedeutung von Fragen der Identität für die Lebenszufriedenheit wird durch die Daten untermauert: Insbesondere diejenigen, die sich als »Bürger zweiter Klasse« wahrnehmen, weisen im Durchschnitt eine signifikant niedrigere Lebenszufriedenheit von 6,01 Punkten auf, verglichen mit jenen, die solche Empfindungen nicht haben (7,05 Punkte).

Im Glücksranking der Bundesländer bleibt auch 2023 Schleswig-Holstein mit 7,21 Punkten das glücklichste Bundesland, gefolgt von Hamburg (7,11 Punkte), Bayern (7,09 Punkte) und Hessen (7,06 Punkte). Auf den fünften Platz kommt Nordrhein-Westfalen (7,0 Punkte). Der Westen verteidigt mit hohen Zufriedenheitswerten die Spitzenplätze im Glücksranking. Dagegen liegen im Mittelfeld ost- und westdeutsche Länder eng nebeneinander. Hier steigen Sachsen-Anhalt (6,95 Punkte und Platz 6), Sachsen (6,92 Punkte) und Thüringen (6,83 Punkte) auf, während die westdeutschen Flächenländer Baden-Württemberg (6,88 Punkte), Niedersachsen (6,83 Punkte) und Rheinland-Pfalz (6,79 Punkte) schwächeln. Im Mittelfeld und am Ende des Bundesländer-Rankings gibt es kaum mehr signifikante Unterschiede zwischen Ost und West. Die Durchmischung der ost- und westdeutschen Bundesländer ist eine Folge der Corona-Krise und dürfte irreversibel sein. Am unteren Ende des Rankings setzen sich das Saarland mit 6,21 Punkten und Mecklenburg-Vorpommern (6,19 Punkte) fest. In beiden Bundesländern sinkt 2023 sogar das Lebensglück, womit sie zu den Sorgenkindern der Bundesrepublik gehören.

Im Glücksranking der 32 Regionen beobachten wir ähnliche Tendenzen wie bei den Bundesländern: Sowohl die Glücks- als auch die Sorgenregionen setzen sich 2023 vom breiten Mittelfeld ab, in welchem sich sowohl westdeutsche als auch ostdeutsche Regionen befinden. Der Abstand zwischen der glücklichsten und der unglücklichsten Region hat sich im Vergleich zum Vorjahr deutlich vergrößert. Zwischen dem Erstplatzierten Holstein (7,36 Punkte) und dem Schlusslicht Mecklenburg (5,98) liegen 1,38 Punkte. 2022 betrug der Abstand nur 1,09 Punkte. Die Glücksregionen umfassen nur westdeutsche Regionen: Holstein (7,36 Punkte) löst dabei das Münsterland (Rang 3 mit 7,23 Punkten) als Erstplatzierter ab, Bayern-Süd (7,23) stößt auf den zweiten Platz vor. Neu in der Gruppe der Glücksregionen sind die Regionen im Rheinland rund um Düsseldorf und Köln, Südbaden sowie die Oberpfalz. Zu den Absteigern gehören Niederbayern und – überraschenderweise – Schleswig. Die Anzahl der

Sorgenregionen (mit deutlichem statistischen Abstand zum Mittelfeld) ging stark zurück – von zwölf Regionen (2022) auf drei (2023). Auch innerhalb der Bundesländer verfestigen sich die Unterschiede und werden teilweise größer, etwa zwischen Bayern-Süd und Franken, wo der Abstand von 0,19 auf 0,31 Punkte zunahm, Holstein und Schleswig oder Mecklenburg und Vorpommern.

Hoffnung und Verzweiflung

Wie Wohlbefinden die Lebensumstände verändern kann

Von Carol Graham

Die Forschung über das »subjektive Wohlbefinden« hat sich im Laufe der Zeit von einem Randgebiet in der Ökonomie zu einer etablierten Disziplin entwickelt. Ich gehörte zu den ersten Wirtschaftswissenschaftlern, die sich intensiv mit dem Wohlbefinden und dessen Bedeutung für den Erfolg im Leben auseinandersetzten. Dabei konnte ich sowohl die Bestandteile von Glück untersuchen als auch die Ursachen für Wohlbefinden. In diesem Entwicklungsprozess wurden Erkenntnisse und Methoden aus den Sozial- und Biowissenschaften integriert und eine interdisziplinäre Zusammenarbeit gefördert.

Das Konzept des Wohlbefindens gewinnt als Rahmen für Diskussionen über die Gestaltung, Überwachung und Bewertung politischer Maßnahmen zunehmend an Bedeutung. Immer mehr Länder, wie das Vereinigte Königreich und Neuseeland, sowie internationale Organisationen wie die OECD greifen auf diesen Ansatz als Leitlinie für ihre politischen Prioritäten zurück. Sie legen dabei besonderen Fokus darauf, dass das Wohl der Menschen das ultimative Ziel der Politik sein sollte. Die Wirtschaft und ihre Leistungsfähigkeit werden dabei als wichtige, jedoch nicht als die einzige Komponente betrachtet.

Es ist mir eine Freude, das Vorwort zum deutschen *SKL Glücksatlas* zu schreiben. Deutschland ist ein wichtiges Land in der Gruppe jener Staaten, die die Bedeutung des Wohlbefindens als Teil des menschlichen Wohlergehens und des Fortschritts erkannt haben. Die Einbeziehung von Metriken des Wohlbefindens in unsere Standardmessgrößen des Fortschritts, wie das Bruttosozialprodukt, ist aus zwei Gründen ein entscheidender Schritt in diesem Prozess.

Bei politischen Entscheidungen kommt es erstens darauf an, was gemessen wird. Stellt man sich zweitens die Beobachtung der Gesellschaft als ein Armaturenbrett vor, auf dem verschiedene Indikatoren anzeigen, wie es um die Gesellschaft bestellt ist, dann sind die Messgrößen für das Wohlergehen zusätzliche Indikatoren beziehungsweise eine andere Art, die Temperatur der Gesellschaft zu erfassen. Die Metrik des Wohlbefindens hebt hervor, dass herkömmliche wirtschaftliche Indikatoren des Fortschritts, wie zum Beispiel das Wachstum des Bruttoinlandsprodukts (BIP), oft eine ganz andere Perspektive auf das tatsächliche Empfinden und Wohlergehen einer Gesellschaft vermitteln. Wie sich Menschen wirklich fühlen und wie es ihnen im Alltag tatsächlich ergeht, wird durch das BIP nicht immer angemessen dargestellt. Dies gilt insbesondere für Faktoren wie wachsende Ungleichheit, wirtschaftliche Unsicherheit benachteiligter Bevölkerungsgruppen, technologischer Wandel und politische Polarisierung.[1]

In den Vereinigten Staaten stehen beispielsweise wirtschaftlicher Aufschwung, Vollbeschäftigung und sinkende Armutsquoten in Kontrast zu einer hohen Erwerbsbeteiligung von alten Menschen und einem erschreckend hohen Ausmaß an Verzweiflung, Drogenabhängigkeit und Selbstmordraten – eine Epidemie von vermeidbaren vorzeitigen Todesfällen, die als »Todesfälle aus Verzweiflung« bekannt ist.

Während ich die ersten Jahre meiner Forschungstätigkeit in diesem Bereich damit verbracht habe, die Determinanten des Glücks und die damit verbundenen kausalen Auswirkungen auf den Lebenserfolg zu untersuchen, habe ich mich in den letzten zehn Jahren mit den Ursachen und Folgen von Hoffnungslosigkeit beschäftigt.

Zur wachsenden Krise der »Todesfälle aus Verzweiflung« gehören die Zunahme von Arbeitsausfällen und Anomie sowie eine wachsende Anfälligkeit für Fehlinformationen, Verschwörungstheorien sowie die politische Radikalisierung. Alle diese Trends werden von einem Verlust von Hoffnung begleitet. Der Verlust der Hoffnung führt per definitionem zur Verzweiflung, einem Zustand, in dem es den Menschen egal ist, ob sie leben oder sterben.

Unsere Gesellschaften sind zunehmend polarisiert und ungleich, nicht nur in Bezug auf Einkommen und Chancen, sondern auch in Bezug darauf, wie die Menschen über ihr Leben denken. Warum sollten sich Wirtschaftswissenschaftler und andere Sozialwissenschaftler dafür interessieren, wie sich die Menschen fühlen? Das subjektive Wohlbefinden, zu dem Glück und Hoffnung gehören, stellt einen bedeutenden Maßstab dar, da es unter anderem die Gesundheit, die Produktivität und die Ergebnisse auf dem Arbeitsmarkt vorhersagt.

Mein jüngstes Buch, *The Power of Hope: How the Science of Well-Being Can Save Us from Despair* (Princeton Press, 2023)[2], handelt von der Bedeutung der Hoffnung und davon, dass sie als eigenständige Dimension des Wohlbefindens betrachtet werden sollte. Die Hoffnung, die sowohl genetisch bedingt als auch durch das Umfeld geformt wird, spielt eine entscheidende Rolle dafür, was uns in der Zukunft widerfahren wird, und kann als eine der wichtigsten Dimensionen des Wohlbefindens betrachtet werden.

Gemeinsam mit meinen Kollegen habe ich den Trend der Hoffnung verfolgt, da sie ein Schlüsselfaktor für das Verständnis der zunehmenden Anzahl von »Todesfällen aus Verzweiflung« und vorzeitiger Sterblichkeit in den Vereinigten Staaten ist. Insbesondere die psychischen Gesundheitsprobleme, die sich seit der COVID-Pandemie verschärft haben, haben diese Problematik verstärkt.[3] Wir nutzen Metriken des Wohlbefindens, um Warnindikatoren für Verzweiflung nicht nur in den USA, sondern auch international zu verfolgen.

Ich habe auch Erhebungen über den Indikator »Hoffnung« unter einkommensschwachen Jugendlichen in Peru und in Missouri (USA) durchgeführt und untersucht, wie sich dies auf die Zukunft dieser jungen Erwachsenen auswirkt. Wir fanden heraus, dass Jugendliche, die Hoffnung für die Zukunft haben – oft unterstützt durch einen Mentor, entweder in ihrer Familie oder in ihrer Gemeinde –, eher bereit sind, sich weiterzubilden und riskante Verhaltensweisen zu vermeiden, die ihre Gesundheit gefährden könnten.[4] Menschen, die verzweifelt sind, reagieren wahrscheinlich weniger auf positive Anreize oder Anstöße und nehmen weniger oft Chancen wahr, um weiterzukommen. Mein Buch liefert empirische Belege und prüft Lehren aus der Wohlbefindensforschung sowie aus anderen Disziplinen, die mögliche Maßnahmen zur Wiederherstellung der Hoffnung in Bevölkerungsgruppen vorschlagen, in denen sie verloren gegangen ist. In den USA ist es für die Gesundheit, das Wohlbefinden, die Zivilgesellschaft und sogar die nationale Sicherheit unserer Gesellschaft von entscheidender Bedeutung, zu verhindern, dass eine weitere Generation in Verzweiflung versinkt.

Deutschland hat zwar keine Verzweiflungskrise, steht aber dennoch vor ähnlichen Herausforderungen in Form einer zunehmenden Kluft zwischen den Besitzenden und den Besitzlosen (sowohl individuell als auch regional), der Bedrohung durch Fehlinformationen und der daraus resultierenden politischen Polarisierung. Der diesjährige *SKL Glücksatlas* – der die Unterschiede im Wohlbefinden zwischen Ost und West, die Zunahme von Pessimismus und Angst sowie die Auswirkungen von COVID-19 behandelt – leistet einen wichtigen Beitrag, indem er diese Trends misst und dokumentiert.

Diese Trends, von den Auswirkungen von COVID auf die psychische Gesundheit über die Zunahme des Pessimismus bis hin zu den regionalen Unterschieden im Wohlbefinden, sind allesamt Phänomene, die durch standardmäßige einkommensbasierte Messgrößen nicht gut erklärt, geschweige denn vorhergesagt werden können und für die Indikatoren des Wohlbefindens besonders gut geeignet sind. In den meisten europäischen Ländern führte COVID beispielsweise zu einem starken, wenn auch vorübergehenden Rückgang des erlebten Wohlbefindens (z. B. positive und negative Stimmungen und gemeldete Ängste oder Depressionen), während die Lebenszufriedenheit (die eine evaluative, auf den Lebensverlauf bezogene Messgröße ist) nur weniger stark zurückging und sich schneller erholte. Der Optimismus der Menschen für die Zukunft blieb während der COVID-Pandemie konstant oder nahm sogar zu. Dies sind keine Trends, die von Einkommensmessungen erfasst worden wären, und doch sind sie wichtig, um zu verstehen, inwieweit die Menschen über Widerstandsfähigkeit und Bewältigungsfähigkeiten in Krisenzeiten verfügen.

Die Unterschiede in der Lebenszufriedenheit zwischen Ost- und Westdeutschland haben weniger mit dem Einkommen zu tun als vielmehr mit den Möglichkeiten, die den Menschen in Form von sozialen Strukturen und Sicherheitsnetzen zur Verfügung stehen und sich während des Transformationsprozesses in ganz Osteuropa dramatisch verändert haben. Diese Untersuchungen stehen im Zusammenhang mit einem neuen Bewusstsein für die relativen Unterschiede bei Einkommen, Lebensqualität und verfügbaren Möglichkeiten in verschiedenen Regionen. Dieses Bewusstsein hat sich mit der Wiedervereinigung des Landes und dem Zugang zur Pressefreiheit auch in Ostdeutschland deutlich erhöht.

Schließlich sind Angst und Pessimismus oft das Ergebnis relativer und nicht absoluter Rückgänge bei Einkommen und Arbeitsplatzstabilität. Diese Stimmungen werden häufig von populistischen Politikern und den sozialen Medien geschürt, insbesondere bei den Kohorten, die für diese Veränderungen am anfälligsten sind.[5] Auch hier werden sie durch Einkommensunterschiede nicht angemessen erklärt, da sie oft durch kulturelle und Statusveränderungen, gruppenübergreifende Rivalitäten und sehr unterschiedliche Zukunftsvisionen bedingt sind. Wohlstandsindikatoren bieten daher Einblicke in diese Veränderungen in einer Weise, wie es Einkommensmessungen nicht können.

Die Ergebnisse auf der Grundlage von Wohlstandsindikatoren unterstreichen die Bedeutung von Maßnahmen, die dazu beitragen, Ungleichheiten bei den Zukunftschancen, wie dem Erwerb eines höheren Bildungsniveaus, zu verringern und mehr Menschen dabei zu helfen, sinnerfüllte Arbeitsplätze und ein erfülltes Leben zu erreichen. Ein gutes Beispiel ist etwa das Mentorenprogramm für angehende Abiturienten aus benachteiligten Verhältnissen und Orten in Nordrhein-Westfalen.[6] Eine bedeutende Maßnahme, um die zunehmende Angst und den Pessimismus in der Bevölkerung Deutschlands und vieler anderer Länder umzukehren, besteht darin, die Chancen und das Wohlbefinden für einen größeren Teil der nächsten Generation zu verbessern und die Unsicherheit über ihre Zukunft zu verringern. Dies betrifft insbesondere diejenigen, die sich aktuell im Nachteil sehen oder befürchten, in Zukunft ins Hintertreffen zu geraten.

Wie ich oben angemerkt habe, kommt es darauf an, was gemessen wird, und das wiederum ist ein erster Schritt zur Erarbeitung politischer Lösungen. Die Verfügbarkeit von Wohlbefinden-Messungen in Deutschland, wie sie der *SKL Glücksatlas* bereitstellt, gewährt uns tiefe Einblicke in die heutige deutsche Gesellschaft. Diese Einblicke zeigen deutlich, dass Ungleichheiten bei Bildung und Chancen zu wachsender Angst und Pessimismus führen. Ohne solche Messungen würden wir einen erheblichen Teil der sozialen, politischen und wohlfahrtspolitischen Veränderungen in Deutschland übersehen, die aber die zukünftige Entwicklung maßgeblich beeinflussen.

Lebenszufriedenheit 2023: Leichte Erholung in der Polykrise

von Bernd Raffelhüschen und Timon Renz

Die Lebenszufriedenheit erholt sich leicht, Ängste nehmen zu, und die Inflation erhöht die Ungleichheit im Glück

HAUPTERGEBNISSE

Allgemeine Lebenszufriedenheit 2023:
+ 0,06 Punkte
(im Vergleich zu 2022)

- **2023 hat sich die Lebenszufriedenheit der Deutschen im Vergleich zu 2022 leicht um 0,06 Punkte auf 6,92 Punkte erhöht. Dennoch liegt sie immer noch 0,22 Punkte unter dem Niveau von 7,14 Punkten vor der Corona-Pandemie im Jahr 2019.**
- **Zwei Drittel der Deutschen sehen (eher) optimistisch in die Zukunft. 32 Prozent fühlen sich 2023 weniger psychisch belastet als in der Corona-Pandemie, während 23 Prozent angeben, sich heute stärker belastet zu fühlen – das ist insgesamt ein kleiner Rückgang des Belastungswertes.**
- **Die Häufigkeit an Ängsten nimmt zu: Ein Viertel der Bevölkerung wird »manchmal« von Angstgefühlen geplagt, weitere 14 Prozent berichten von häufigen oder sehr häufigen Ängsten.**
- **Die Ungleichheit beim Glücksempfinden nimmt zu: Der Abstand in der Lebenszufriedenheit zwischen den unteren und den obersten Einkommensgruppen hat sich seit 2020 auf einen Punkt vergrößert (davor etwa 0,6). Grund dafür sind die Preissteigerungen.**

Im Jahr 2023 zeigt sich eine leichte Erholung bei der Lebenszufriedenheit der Deutschen. Obwohl sie mit zahlreichen neuen Krisen konfrontiert sind, liegt das Glücksniveau weiterhin deutlich unter dem Niveau der Vor-Corona-Zeit (siehe **Abbildung 1**). Auf einer Skala von 0 (»ganz und gar nicht zufrieden«) bis 10 (»völlig zufrieden«) liegt die durchschnittliche allgemeine Lebenszufriedenheit der Deutschen im Jahr 2023 bei 6,92 Punkten. Dies entspricht einer Verbesserung um 0,34 Punkte im Vergleich zum zweiten Corona-Jahr 2021, als das Glücksniveau auf einen Tiefstand von 6,58 Punkte absackte. Dennoch ist der diesjährige Wert von 6,92 Punkten immer noch 0,22 Punkte unterhalb des Höchstwerts von 2019 (7,14 Punkte). Verglichen mit dem Jahr 2022, in dem der Ukraine-Krieg begann und Preissteigerungen Verbrauchern Sorgen bereiteten,

Abb. 1 Lebenszufriedenheit pendelt sich auf mittlerem Niveau ein

Die Lebenszufriedenheit in Deutschland ist mit 6,92 Punkten im Jahr 2023 um 0,06 Punkte gegenüber 2022 gestiegen. Das Vor-Corona-Niveau ist mit 7,14 Punkten (2019) noch weit entfernt. Das Wohlbefinden der Deutschen entspricht heute eher dem des Jahres 2011.

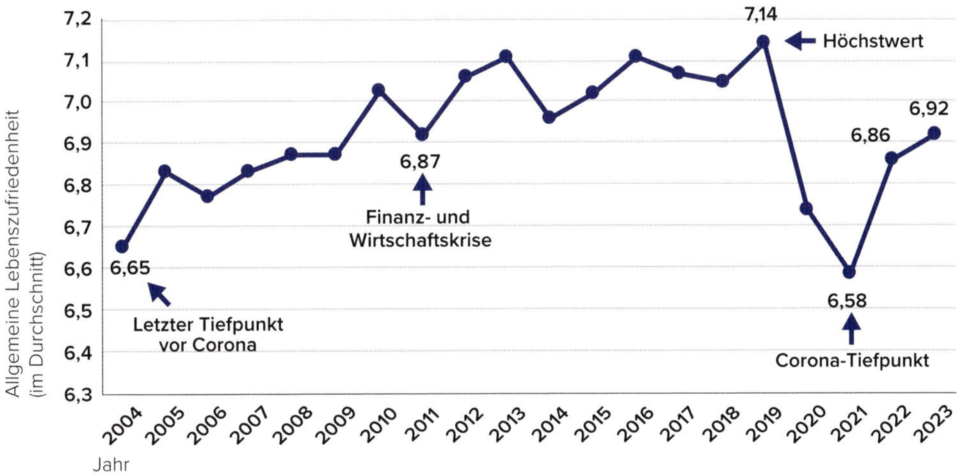

Anmerkungen: Allgemeine Lebenszufriedenheit von 0 (»ganz und gar nicht zufrieden«) bis 10 (»völlig zufrieden«). Für die Repräsentativität wurden Gewichtungsfaktoren genutzt. **Quelle:** Eigene Berechnungen auf Grundlage des Sozio-oekonomischen Panels 2004 bis 2010 und der Glücksatlas-Datenbank 2011 bis 2023.

Die Idee von der »allgemeinen Lebenszufriedenheit«

Befragt man einen Menschen nach seiner allgemeinen Zufriedenheit, startet dieser einen gedanklichen Bewertungsprozess seiner momentanen Lebenssituation: »Wie geht es mir gesundheitlich, bei meiner Arbeit, mit meinem Partner/meiner Partnerin usw.?« Das Ergebnis stellt eine Gesamtbeurteilung seiner Lebensumstände dar, die von ihm auf einer Skala von 0 (»ich bin mit meinem Leben ganz und gar nicht zufrieden«) bis 10 (»ich bin mit meinem Leben völlig zufrieden«) bewertet wurden.

ist der Anstieg des durchschnittlichen Lebensglücks mit lediglich 0,06 Punkten nur geringfügig. Das bedeutet, dass wir uns einerseits von den Beeinträchtigungen durch die Corona-Zeit noch nicht vollständig erholt haben und andererseits neue Faktoren hinzugekommen sind, die die Lebenszufriedenheit negativ beeinflussen.

2022 fiel die Erholung von den Qualen der Corona-Zeit erfreulich kräftig aus. Mit 6,86 Punkten war die Hälfte der Wegstrecke zum Vor-Corona-Niveau zurückgelegt. Leider ging es 2023 nicht im selben Tempo weiter. Diese Entwicklung hatte sich allerdings schon angedeutet, weil der Ukraine-Krieg und die Inflation den Aufwärtstrend dämpften. 2023 kommen noch weitere Krisen hinzu: Im neuen Wachstumsausblick des Internationalen Währungsfonds ist die deutsche Volkswirtschaft unter den 22 untersuchten Staaten die einzige, in der das Bruttoinlandsprodukt 2023 schrumpft. Zur Verunsicherung trägt auch die Energiewende bei. Laut Bundesverband der Deutschen Industrie denkt jeder sechste Betrieb darüber nach, Deutschland aus Kostengründen zu verlassen. Die deutsche Industrie hat in diesem Jahr so viel produziert wie vor zehn Jahren. Die Inflation bleibt hartnäckig über 6 Prozent, und die Reallöhne sanken seit 2020 um 5,9 Prozent. Zur Polykrise gehören auch die Klagen der Kommunen, neuerlich die Belastungsgrenze durch Flüchtlinge erreicht zu haben, und von Umweltverbänden, die Klimaerwärmung verursache auch in Deutschland Dürre und Hitzetote. Weil die Medien die Krisen vielfach dramatisieren, kommt es dazu, dass die Deutschen auch nach der Corona-Zeit nicht in eine Normalität entlassen werden: Pandemie, (Atom-)Krieg, Inflation, Rezession, Energie- und Klimakrise, Dürre. Es geht Schlag auf Schlag.

Angesichts dieser zahlreichen Krisen und Angstszenarien ist es fast schon überraschend, dass sich die Lebenszufriedenheit der Deutschen 2023 immerhin leicht verbessert hat. Im persönlichen Bereich geht es den meisten Deutschen nach wie vor gut, das Wohlbefinden hat sich ebenfalls seit 2022 leicht verbessert und liegt auf einem ordentlichen Niveau. Circa zwei Drittel der Bevölkerung (siehe auch **Abbildung 3**) sind weitgehend zufrieden und sehen optimistisch in die Zukunft (Näheres dazu Seite 24).

Entwicklung der Lebenszufriedenheit in anderen Ländern ähnlich

Der Verlauf des Lebensglücks wird auch international beobachtet. Besonders eindrücklich zeigt dies das Amt für nationale Statistik in Großbritannien, das seit 2011 Indikatoren zum subjektiven Wohlbefinden der Bevölkerung sammelt:[7] Vor Corona waren die Briten zufriedener, weniger ängstlich und sahen mehr Sinn in ihrem Tun, während der Pandemie sind die Werte jedoch »in den Keller gerauscht«, erholen sich aber seit 2022 langsam wieder. Gaben vor Corona zum Beispiel über 30 Prozent auf den Britischen Inseln an, mit ihrem Leben sehr zufrieden zu sein, fiel in der Corona-Zeit der Anteil der hochzufriedenen Briten auf knapp 21 Prozent. Ende 2022 lag er dann wieder leicht höher bei 23,3 Prozent.

Trotz »Polykrise« steigt das Wohlbefinden auch 2023: Sind die Deutschen krisenresistenter geworden?

Mit aktuell 6,92 Punkten liegt die Lebenszufriedenheit der Deutschen auf dem gleichen Niveau wie 2011 (**Abbildung 1**). Der historische Vergleich zeigt den Unterschied: Auch damals gab es Krisen, etwa den Tsunami in Japan mit dem Atomunfall in Fukushima sowie die EHEC-Epidemie, als in Europa wochenlang auf der Suche nach dem Erreger Gemüse vernichtet wurde. Daneben gab es die griechische Staatsschulden- und darauffolgende Eurokrise.[8] Auch damals konnte man von sich gegenseitig überlagernden Krisen (»Polykrise«) sprechen.[9] Der entscheidende Unterschied zwischen damals und heute besteht aber in der persönlichen Nähe zu den Ereignissen. Die meisten Katastrophen spielten sich Ende der 2000er in weiter Ferne ab, selbst die Finanz- und Wirtschaftskrise schlug kaum auf den Arbeitsmarkt und die Einkommen durch.[10]

Demgegenüber sind die heutigen Katastrophen viel unmittelbarer. Die Corona-Politik hat den Alltag nahezu aller Deutschen »auf den Kopf gestellt«, und Zehntausende sind an beziehungsweise mit Corona gestorben. Der Ukraine-Krieg, die Nachwirkungen der Corona-Zeit, die Rezession, die Inflation – all das spielt sich praktisch vor der eigenen Haustür ab und sollte die Lebenszufriedenheit in deutlich höherem Maße betreffen als die Krisen von 2011.

Betrachtet man aber **Abbildung 2**, so sieht man seit dem Winter 2021 eine langsame – von Rückschlägen begleitete – Erholung des subjektiven Wohlbefindens der Deutschen. Zur Erinnerung: Im Winter 2020/2021 befand sich Deutschland in einem harten Lockdown mit Kontaktbeschränkungen, Reise- und Berufseinschränkungen, zeitweisen Verboten, die eigene Wohnung zu verlassen, und wochenlangen Schließungen von Schulen und Kindertagesstätten.[11] Für Optimismus sorgte aber die beginnende Impfkampagne, mit der die Deutschen mehrheitlich die Hoffnung verbanden, damit die Corona-Krise in den Griff zu bekommen. Dementsprechend stieg der Optimismus von 55 (März 2021) auf 70 Prozent (Juni 2021).[12] Die Lebenszufriedenheit der Deutschen näherte sich im Juni 2021 bereits wieder der 7-Punkte-Marke (**Abbildung 2**).

Abb. 2 **Monatliche Lebenszufriedenheit seit Januar 2021: Rückkehr zur »alten Normalität«?**

Seit Februar 2021 gibt es einen Aufwärtstrend in der Lebenszufriedenheit, der auf der Hoffnung gründete, die Covid-Impfung mache den Weg aus den Lockdowns frei. Die spürbar hohen Inflationsraten in der zweiten Hälfte 2022 versetzten dann dieser Erholung einen Dämpfer.

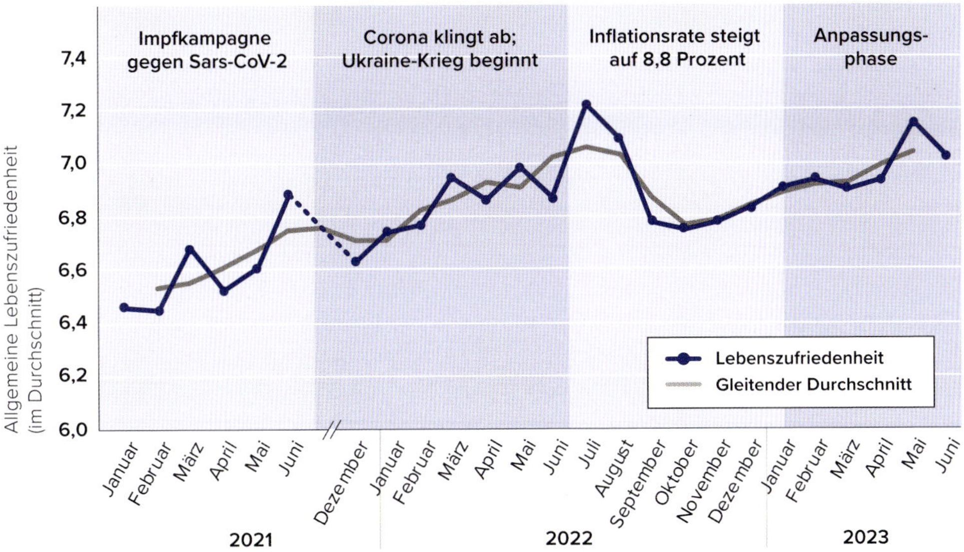

Anmerkungen: Allgemeine Lebenszufriedenheit von 0 (»ganz und gar nicht zufrieden«) bis 10 (»völlig zufrieden«). Für die Repräsentativität wurden Gewichtungsfaktoren genutzt. **Quelle:** Eigene Berechnungen auf Grundlage der Glücksatlas-Datenbank 2021 bis 2023.

Unsere Befragungen im vorigen Jahr (2022) ergaben, dass sich etwa die Hälfte der Deutschen durch den im Februar 2022 ausgebrochenen Ukraine-Krieg »stark« oder »sehr stark« belastet fühlten.[13] Steigende Energiepreise, abgeschaltete Atommeiler und eine ungewisse Gasversorgung führten dann zu Versorgungsängsten, die im Sommer 2022 unter anderem an dem steigenden Absatz von Heizlüftern abzulesen waren.[14] Trotzdem stieg die Lebenszufriedenheit im Juli auf 7,22 Punkte. Nach den Einschränkungen während der Corona-Pandemie schien die wiedergewonnene Freiheit stärker zu wiegen als die neuen Sorgen um Krieg und Energie (**Abbildung 2**). Im Herbst desselben Jahres wurden die Preissteigerungen allerdings spürbar, das Lebensglück sank im Oktober wieder auf 6,75 Punkte. Diese Schwankungen zwischen Herbst/Winter mit eher niederen und Frühjahr/Sommer mit eher höheren Zufriedenheitswerten sind teilweise auch saisonaler Natur. Insgesamt zeigt aber die Trendlinie nach oben, wenn auch nur leicht.

Man könnte den Deutschen auch eine neue »Krisenresistenz« bescheinigen[15] oder es schlicht als »Gewöhnungseffekt« bezeichnen. Aus der Sozialpsychologie sind die sogenannten »shifting baselines« bekannt, wonach wir unsere Vorstellung von Normalität an die Realität anpassen.[16] Was gestern noch eine schlimme Nachricht war, wird bei längerer Wiederholung zur Normalität und irgendwann kaum mehr wahrgenommen. Das zweite Kriegsjahr, die Waldbrände in sommerlicher Dauerschleife, die Affenpocken oder neue Flüchtlingsströme lassen die Menschen »abstumpfen«.

Anteil an Hochzufriedenen nimmt leicht zu, Optimismus steigt

Im Jahr 2023 hat sich nicht nur die durchschnittliche Lebenszufriedenheit der Deutschen leicht verbessert, sondern auch der Anteil an Zufriedenen in der Bevölkerung hat sich erhöht. 43 Prozent der Deutschen ab 16 Jahren geben (auf der Skala zwischen 0 und 10) Werte zwischen 8 und 10 an und gelten damit als hochzufrieden (**Abbildung 3**). Das ist ein Prozentpunkt mehr als 2022 (42 %) und 6 Prozentpunkte mehr als 2021, aber immer noch 6 Prozentpunkte unterhalb der Vor-Corona-Werte (49 %). Aufgrund der Repräsentativität unserer Daten können wir für 2023 demnach festhalten, dass etwa 30,5 Millionen der über 16-jährigen Deutschen zu der Gruppe der Hochzufriedenen gehörten.[17] 11 Prozent sind hingegen extrem unzufrieden, das sind circa 7,5 Millionen Personen. Dieser Wert hat sich gegenüber dem Vorjahr nicht verändert.

Die Gruppe der extrem Unzufriedenen ist uneinheitlich. Zu ihr gehören sowohl Personen mit langfristigen psychischen Erkrankungen (Angststörungen, Depressionen, Traumata) als auch einsame und sozial isolierte Menschen sowie Personen, die sich derzeit in einer Lebenskrise befinden (z. B. den Tod ei-

Abb. 3 **Wieder etwas mehr Hochzufriedene 2023, Anteil an extrem Unzufriedenen stagniert**

2023 liegt der Anteil der Hochzufriedenen mit 43 Prozent wieder etwas höher als 2022 (42 %). Der Anteil an sehr Unglücklichen stagniert weiterhin bei 11 Prozent, 2019 waren es nur 8 Prozent.

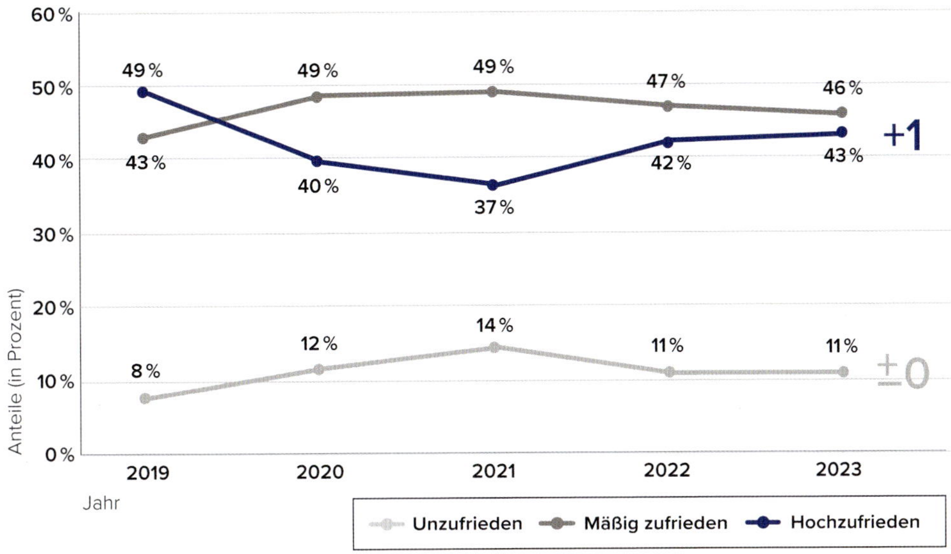

Anmerkungen: Für die Repräsentativität wurden Gewichtungsfaktoren genutzt. Unzufrieden: Werte von 0 bis 4; Mäßig zufrieden: 5 bis 7; Hochzufrieden: 8 bis 10. **Quelle:** Eigene Berechnungen auf Grundlage der Glücksatlas-Datenbank 2019 bis 2023.

nes geliebten Menschen betrauern).[18] Aus Sicht der Glücksforschung ist es ein zentrales Anliegen, den Anteil der extrem Unzufriedenen so klein wie möglich zu halten.[19]

Wichtig für die Lebenszufriedenheit ist auch, wie die Menschen in die Zukunft blicken: Überwiegen da die Sorgen oder die Zuversicht? 22 Prozent der Deutschen blicken optimistisch in die Zukunft, weitere 45 Prozent sind eher optimistisch als pessimistisch (**Abbildung 4**). Damit sind etwa zwei Drittel der Bevölkerung guter Dinge. Die Kehrseite davon ist, dass knapp ein Drittel (eher) pessimistisch in die Zukunft blickt. 7 Prozent und damit jeder Vierzehnte sieht sogar schwarz für die Zukunft.

Das positive Bild erweitert sich etwas, wenn man nach der empfundenen Belastung im Vergleich zur Corona-Zeit fragt (**Abbildung 5**). Tatsächlich fühlen sich 31,8 Prozent heute weniger belastet als zur Zeit der Pandemie. Gemessen daran, wie groß die Einschränkungen während der Lockdowns waren, wie hoch auch die Angst vor Ansteckung war und wie schlimm die Folgen für Kinder und Jugendliche waren, ist das Befragungsergebnis, dass 45 Prozent keinen Unterschied in ihrer Belastung im Vergleich zur Pandemie sehen, allerdings ziemlich ernüchternd. Fast ein Viertel der Bevölkerung, genau: 23,2 Prozent, geben an,

Abb. 4 **Großteil der Deutschen im Jahr 2023 ist optimistisch**

Etwa zwei Drittel der Deutschen sehen die Zukunft (eher) optimistisch. Etwa jeder vierte ist allerdings eher pessimistisch. Jeder Vierzehnte (7 %) sieht schwarz für die Zukunft.

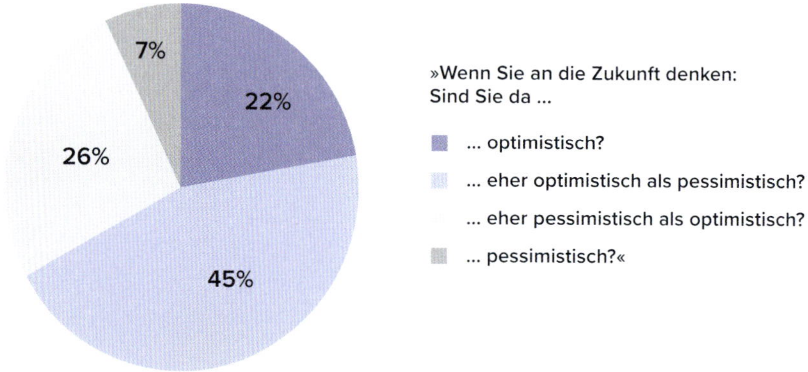

Anmerkungen: Für die Repräsentativität wurden Gewichtungsfaktoren genutzt. **Quelle:** Eigene Berechnungen auf Grundlage der Glücksatlas-Datenbank 2023.

Abb. 5 **Deutsche fühlen sich heute etwas weniger belastet als in der Corona-Pandemie**

31,8 Prozent der Deutschen fühlen sich 2023 in der Rückschau weniger belastet als in der Pandemie, 23,2 Prozent fühlen sich etwas mehr oder viel mehr belastet.

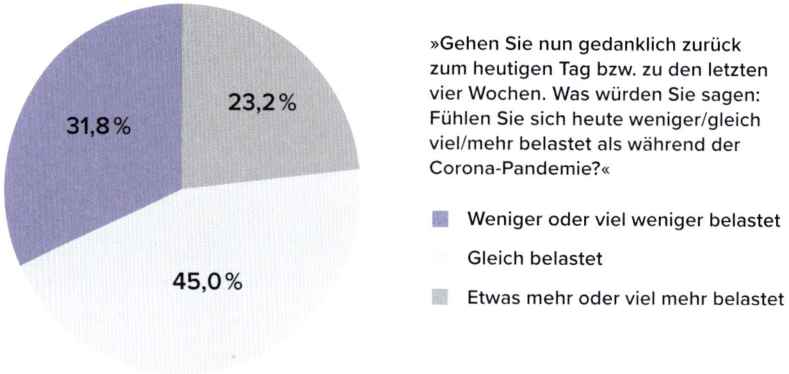

Anmerkungen: Für die Repräsentativität wurden Gewichtungsfaktoren genutzt. **Quelle:** Eigene Berechnungen auf Grundlage der Glücksatlas-Datenbank 2023.

aktuell sogar stärker als zur Corona-Zeit belastet zu sein. Das ergibt zwar unterm Strich eine rückläufige Belastung, zeigt aber auch, dass die Corona-Zeit noch vielen in den Knochen steckt.

Angstgefühle nehmen zu, Ungleichheit im Lebensglück steigt

Einige Angst- und Unsicherheitsindikatoren, wie der Angstindex der R+V oder der Unsicherheitsindex des Dortmunder Forschungszentrums DoCMA, zeigen konstant nach oben. Der R+V-Index stieg von 36 auf 42 Punkte und liegt damit wieder ähnlich hoch wie 2016 mitten in der Flüchtlingskrise und nach den islamistischen Terroranschlägen in Nizza und London.[20] **Abbildung 6** bestätigt diese Entwicklung: 2023 gaben 14 Prozent der Deutschen an, sich oft oder sehr oft zu ängstigen, ein Viertel plagen diese Gefühle manchmal. 2017 ängstigten sich nur 7 Prozent oft oder sehr oft und jeder fünfte manchmal. Im Zeitraum zwischen 2017 und 2023 nahm die Häufigkeit an Angstgefühlen somit eindeutig zu. Manchmal beziehungsweise sehr oft ängstigen sich aktuell 39 Prozent der Deutschen, 2017 waren es nur 24 Prozent. Interessant ist auch im Langfristvergleich, dass die Häufigkeit von Ängsten lange Zeit ziemlich stabil war.[21]

Wovor haben die Deutschen Angst? Um dies zu beantworten, ist zunächst einmal zwischen individuellen pathologischen Angststörungen (Phobien) und diffusen Ängsten vor Katastrophen oder Krisen zu unterscheiden. Ein steigender Anteil der Deutschen leidet seit der Corona-Pandemie unter Stress- und Angstsymptomen – besonders junge Menschen gehören zu den neuen Patienten. Unter dem medizinischen Begriff der Angststörung leiden etwa 5 bis 10 Prozent der Bevölkerung.[22] In unserer Befragung gehören diese Personen sicherlich zu denen, die manchmal bis sehr oft Angstgefühle entwickeln – von den insgesamt 39 Prozent (manchmal plus oft und sehr oft) können wir somit etwa 10 Prozentpunkte in diese Gruppe einordnen.

29 Prozent fallen daher in die Gruppe, die diffuse Ängste gegenüber der eigenen Umgebung entwickelt. Deren Anteil dürfte zugenommen haben. Die größten Ängste sind aktuell Verlustängste, etwa den Wohlstand, den Frieden, die Gesundheit (weitere Pandemien, Hitzetote usw.), und die Folgen der Klimaerwärmung betreffend. Dabei verstärken die Medien oft den politischen Alarmismus etwa des UN-Generalsekretärs Guterres, der sagte, die Welt befinde sich auf einem »Highway in die Klimahölle«.[23] Der neue Präsident des Weltklimarats IPCC, Jim Skea, hielt dem entgegen, dass die Welt bei 1,5 Grad Erwärmung nicht untergehe: »Wenn man ständig nur die Botschaft aussendet, dass wir alle dem Untergang geweiht sind, dann lähmt das die Menschen und hält sie davon ab, die nötigen Maßnahmen zu ergreifen.« Eine Angstwelle löst die nächste ab. Zuletzt mahnten Top-Forscher auf dem Gebiet der künstlichen Intelligenz an: »Die Verringerung des Risikos, dass die Menschheit durch KI ausstirbt, sollte neben Pandemien und Atomkrieg eine globale Priorität sein.«[24] So wird die Bevölkerung ständig durch neue Horrorszenarien verängstigt. Die langfristige Entwicklung des R+V-Angstindex zeigt allerdings, dass sich die Intensität dieser Ängste mit der Zeit verringert, weil sich die Menschen daran

Abb. 6 **Ängste nehmen in Deutschland seit 2017 zu**

Ein immer größer werdender Anteil erlebt oft oder manchmal Angstgefühle. Seit 2017 hat sich der Anteil derjenigen, die oft oder sehr oft Ängste empfinden, verdoppelt.

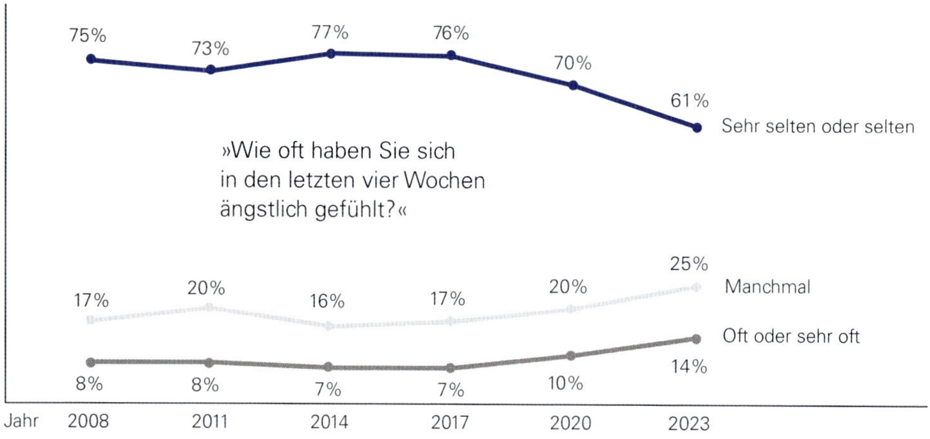

Anmerkungen: Die Umfrage wurde im Juni 2023 von Ipsos durchgeführt (siehe Methodenbox). Für die Repräsentativität wurden Gewichtungsfaktoren genutzt. **Quelle:** Eigene Berechnungen auf Grundlage des Sozio-oekonomischen Panels 2008 bis 2020 sowie der Glücksatlas-Datenbank 2023.

gewöhnen oder die Medien andere Themen in den Vordergrund schieben. Die Angst vor islamistisch motivierten Terroranschlägen ist dafür ein passendes Beispiel.

Obwohl manche Angstzustände nur von kurzer Dauer sind, beeinträchtigen diese das Wohlbefinden der Menschen immens. Häufiges Auftreten von Ängsten hängt stark mit der Unzufriedenheit mit dem eigenen Leben zusammen.[25] Wer sehr oft oder oft Angstgefühlen ausgesetzt ist, beurteilt sein Leben mit 4,54 Punkten deutlich schlechter als Personen, die nur selten oder sehr selten Ängste empfinden (6,89 Punkte). Eine Reaktion auf die erlebten Angstszenarien ist der Rückzug ins Private. Einer Studie des Kölner Rheingold-Instituts zufolge klammern immer mehr Deutsche die (scheinbar) bedrohliche Wirklichkeit weitgehend aus und richten ihren Fokus auf ihre persönliche Lebenswelt. Danach gaben 93 Prozent der Befragten an, es sich daheim so behaglich wie möglich zu machen, Nachrichten werden weniger konsumiert, die Auseinandersetzung mit Andersdenkenden wird vermieden.[26]

Die Inflation vergrößert die Kluft in der Zufriedenheit zwischen Arm und Reich

Die Ungleichheit in der Lebenszufriedenheit zwischen den Wohlhabenden und den Ärmeren hat zugenommen (siehe Kasten *Wie entsteht Ungleichheit im Lebensglück, und warum ist sie ein Problem?*). **Abbildung 7** zeigt die Lebenszufriedenheit der Befragten mit einem Einkommen, das doppelt so hoch wie das Durchschnittseinkommen ausfällt (3,1 Prozent der Befragten, obere Kurve). Die untere Kurve zeigt die Lebenszufriedenheit der Befragten mit einem Einkommen, das weniger als zwei Drittel des Durchschnittseinkommens beträgt. Das ist die sogenannte »Armutsgefährdungsgrenze« (22,6 Prozent der Befragten). Die Kluft zwischen diesen beiden Gruppen wird seit 2020 größer. Während sie 2020 noch 0,62 Punkte betrug, lag sie 2022 schon bei 0,84 Punkten. Aktuell, 2023, ist der Abstand zwischen Reich und Arm auf einen Punkt angewachsen.

Für den Anstieg der Ungleichheit in der Lebenszufriedenheit zwischen Wohlhabenden und Ärmeren in den letzten Jahren werden in der Glücksforschung mehrere Erklärungen ins Feld geführt. Erstens gebe es einen Konsumeffekt

Abb. 7 Inflation lässt Lebenszufriedenheit zwischen Reich und Arm ungleicher werden

Reich und Arm driften in ihrer Lebenszufriedenheit auseinander. 2023 liegen die obersten 3 Prozent der Einkommensbezieher und die untersten 22,6 Prozent einen Glückspunkt auseinander und damit so weit wie noch nie seit Beginn der Pandemie.

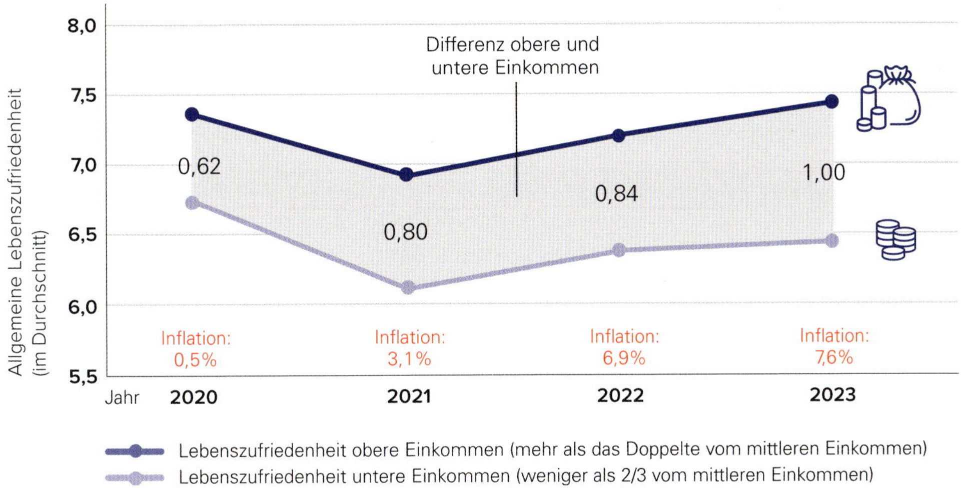

Anmerkungen: Inflationswerte sowie Anteile der Befragten wurden mithilfe des Statistischen Bundesamts berechnet. Für die Repräsentativität wurden Gewichtungsfaktoren genutzt. **Quelle:** Eigene Berechnungen auf Grundlage der Glücksatlas-Datenbank 2020 bis 2023, Statistisches Bundesamt.

METHODENBOX

Um das Glück der Deutschen zu erforschen, braucht es viele Daten. Seit dem ersten *Glücksatlas* im Jahr 2011 greifen wir deshalb auf verschiedene Befragungen zurück. Im Zentrum steht immer die Frage nach der allgemeinen Lebenszufriedenheit und ihren Ursachen. Die Frage dazu lautet: »Alles in allem – wie zufrieden sind Sie gegenwärtig mit Ihrem Leben?« Dazu wird eine Antwortskala von 0 (»ganz und gar nicht zufrieden«) bis 10 (»völlig zufrieden«) vorgelegt. Zwei wichtige Quellen nutzen wir:

- Unsere eigenen Primärdaten: Das *Glücksatlas*-Team beauftragt Meinungsforschungsinstitute mit der Abfrage der Lebenszufriedenheit. Der Hauptteil wird vom Institut für Demoskopie Allensbach (IfD Allensbach) mithilfe von mündlich-persönlichen Befragungen erhoben. Sonderumfragen zu aktuellen Themen erfolgen mittels Online-Umfragen – dieses Jahr z. B. mit Ipsos zu den Themen Ost-West-Unterschiede, Wohnkosten und Jugend.

- Sekundärdaten: Nicht immer reicht unser großer »Datenschatz« aus, um zu validen Ergebnissen zu kommen. Dann greifen wir auch auf Daten des Sozio-oekonomischen Panels (SOEP) des Deutschen Instituts für Wirtschaftsforschung (DIW) zurück – zuweilen auch auf die Allgemeine Bevölkerungsumfrage (ALLBUS).

Mit unserem neuen Sponsor, der »Süddeutschen Klassenlotterie«, können wir seit 2022 unsere Stichprobengröße deutlich ausweiten. Folgende Erweiterungen wurden im Vergleich zur Zeit von 2011 bis 2021 vorgenommen:

- Mit Beginn des Jahres 2022 fragen wir monatlich mit mindestens 1.000

Abb. 8 Die Befragungen für den *Glücksatlas 2023*: Ein Überblick

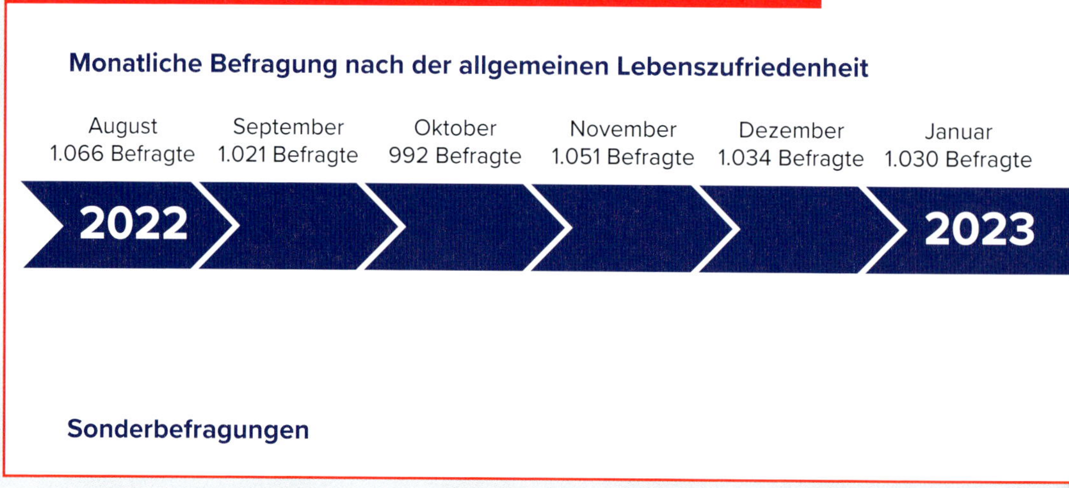

Befragten – repräsentativ für die deutsche Gesamtbevölkerung – die Lebenszufriedenheit der Deutschen mithilfe des Instituts für Demoskopie Allensbach (IfD Allensbach) ab. So können wir zeitnah und aktuell gesamtgesellschaftliche Ereignisse und deren Effekte auf das Wohlbefinden der Deutschen erfassen und auf eine **jährliche Stichprobe von mindestens 12.000 Befragten** zurückgreifen.

- Durch die hohe Anzahl an Befragten können wir die Entwicklung des Lebensglücks auch anteilsmäßig kleiner Bevölkerungsteile statistisch sauber beobachten (z. B. junge Erwachsene, Alleinerziehende). Außerdem gehen wir regional weiter in die Tiefe: Statt nurmehr die Unterschiede zwischen den 16 Bundesländern vergleichen wir darüber hinaus **die Lebenszufriedenheit von 32 Regionen**.

- Nicht nur die allgemeine Lebenszufriedenheit, sondern auch die **Zufriedenheiten mit einzelnen Bereichen des Lebens** wollen wir besser verstehen lernen. Deshalb fragen wir zusätzlich dreimal pro Jahr nach den Zufriedenheiten mit dem Arbeitsleben, dem Einkommen, der Gesundheit sowie der Familie.

Die Befragungsdaten werden anschließend von den Meinungsforschungsinstituten (v. a. IfD Allensbach und Ipsos) an das Institut für Finanzwissenschaft und Sozialpolitik (Universität Freiburg) gesendet. Dort werden diese von Prof. Raffelhüschen und seinem Team mithilfe des Datenanalyseprogramms SPSS (IBM, Version 29) ausgewertet und nach Mustern und Zusammenhängen »durchforstet«. Die Auswertungsmethoden reichen von einfachen Mittelwertanalysen über lineare Regressionstechniken bis hin zu komplexeren Mustererkennungstechniken.

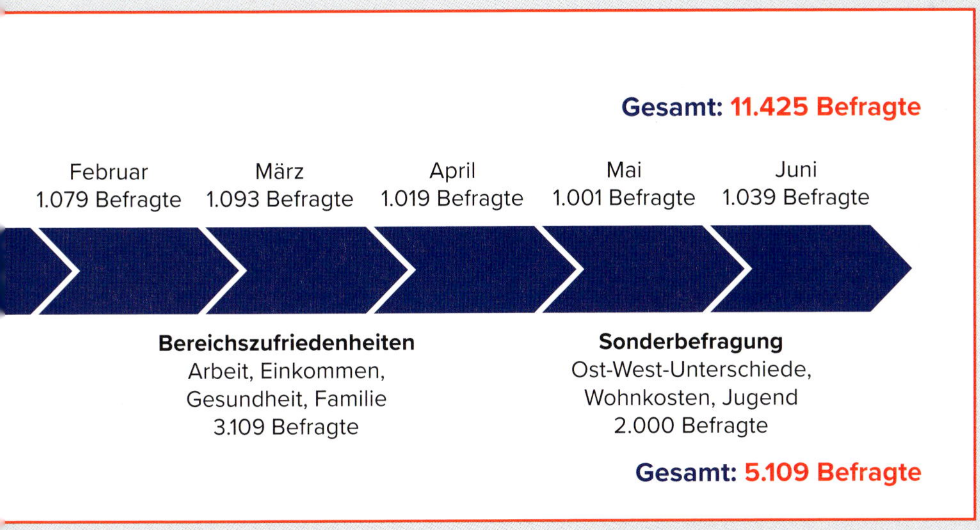

bei den Wohlhabenden. Mit dem globalen Ausklingen der Corona-Maßnahmen können die Reichen wieder reisen, auf Kulturveranstaltungen gehen und das Leben in vollen Zügen genießen. Das hatten sie vorher vermisst, und das holen sie jetzt nach. Diese Konsumerlebnisse schlagen unmittelbar auf das höhere Lebensglück der oberen 3 Prozent durch. Aufseiten der Ärmeren gibt es zwei Effekte, die einer Erholung beim Lebensglück im Wege stehen. Zum einen war deren Alltag stärker von der Corona-Pandemie belastet. Kellner verloren ihren Job, während Banker ins Homeoffice wechselten. Zum anderen treffen die Preissteigerungen (seit 2020) insbesondere Geringverdiener, die auf keine Vermögensbestände zurückgreifen können. Die Einkommen der unteren 20 Prozent steigen zwar, kommen aber der Inflation kaum hinterher. Ein großer Teil

WIE ENTSTEHT UNGLEICHHEIT IM LEBENSGLÜCK, UND WARUM IST SIE EIN PROBLEM?

Die eigene Lebenszufriedenheit hängt – neben vielen weiteren Faktoren – auch davon ab, wie zufrieden die Menschen um uns herum sind. Wenn wir durch eine schwierige Lebensphase gehen, zum Beispiel nach dem Tod eines geliebten Menschen, nehmen wir unser eigenes Unglück besonders stark wahr, da sich unsere Lebenszufriedenheit – im Gegensatz zu der der anderen – nach unten verschoben hat. Andersherum fällt einem umso stärker der Trübsinn vieler Menschen auf, wenn man selbst gerade das Hochgefühl einer bestandenen Prüfung erlebt. Das eigene Empfinden ist somit stark mit dem Wohlbefinden der Menschen um uns herum verknüpft.

Seit einigen Jahren wird deshalb nicht nur die wirtschaftliche Ungleichheit gemessen (Ungleichheit im Einkommen oder Vermögen), sondern auch die *Ungleichheit im Glück*. So hat man herausgefunden, dass eine Gesellschaft im Durchschnitt umso unglücklicher ist, je ungleicher die Lebenszufriedenheit zwischen den Gruppen ausfällt. Dies gilt besonders für Länder, die im Glücksgefälle nur wenig durchlässig sind, das heißt eine geringe soziale Mobilität zwischen »unten« (unglücklichen Menschen) und »oben« (glücklichen Menschen) aufweisen.[27] Wer in glücksimmobilen Ländern heute unzufrieden ist, bleibt dies in Zukunft wahrscheinlich auch. Diese in Stein gemeißelte Unzufriedenheit wird umso größer, je zufriedener eine andere Gruppe wirkt. Deshalb ist man dahin gekommen, politisch die Ungleichheit im Glück bekämpfen zu wollen oder die Glücksdurchlässigkeit zu erhöhen. Dies kann über verschiedene sozial- oder ordnungspolitische Maßnahmen erreicht werden. Zum Beispiel zeigte sich, dass Langzeitarbeitslose zu den unglücklichsten Gesellschaftsmitgliedern gehören und deren Zufriedenheit wesentlich gesteigert werden kann, indem man Voraussetzungen dafür schafft, den sozialen Austausch mit anderen Arbeitssuchenden leichter zu ermöglichen.

Abb. 9 **Hohe Wohnnebenkosten treffen untere Einkommen und Unzufriedene**

Wer unzufrieden ist und finanziell einen schweren Stand hat, empfindet am ehesten die Energiepreise als finanziell belastend. Nur knapp zwei von zehn Befragten in der Gruppe der Unzufriedenen sehen keine finanzielle Belastung durch gestiegene Energiepreise.

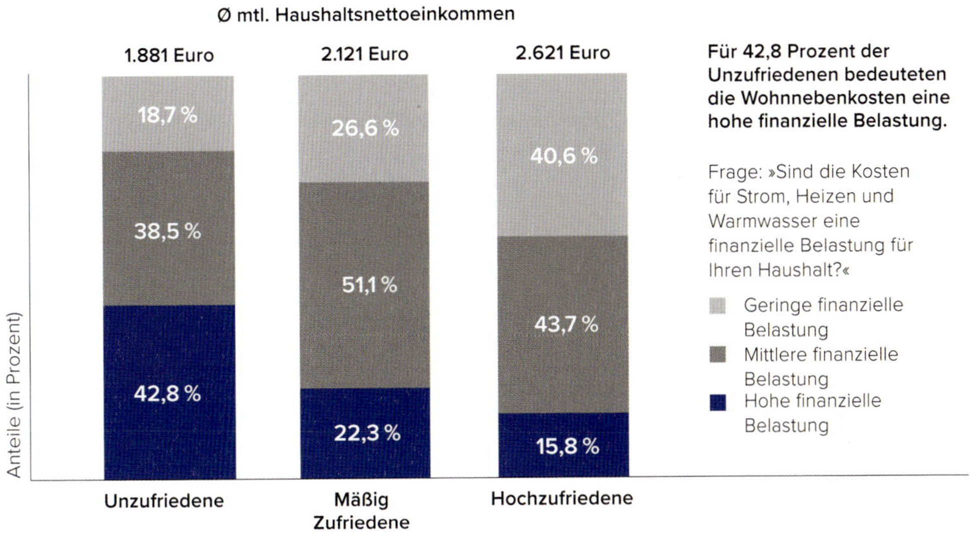

Anmerkung: Für die Repräsentativität wurden Gewichtungsfaktoren genutzt. **Quelle:** Eigene Berechnungen auf Grundlage der Glücksatlas-Datenbank 2023.

des Einkommens wird bei Menschen, die unterdurchschnittlich verdienen (das sind 56 % aller Erwerbstätigen), für Lebensmittel aufgewendet – und hier waren die Preissteigerungen besonders hoch. Butter war im Januar 2023 zum Beispiel 50 Prozent teurer als im Januar 2020, Käse sogar 58 Prozent. Seit 2020 haben sich die monatlichen Heizkosten im Schnitt von 64 Euro auf 123 Euro verdoppelt. 2022 war die Nachfrage nach Mietwohnungen doppelt so hoch wie im Jahr zuvor. Seit Ende 2020 sinken wegen der hohen Inflation die Reallöhne in Deutschland: Im Jahr 2021 betrug der Wohlstandsverlust im Schnitt über 4 Prozent, bei den ärmeren Einkommensgruppen dürften die Verluste weit höher ausfallen. Von 2019 bis heute (Juni 2023) betragen die Reallohnverluste 5,9 Prozent. Die Kaufkraftgewinne der zweiten Hälfte der 2010er-Jahre – insbesondere für die unteren Einkommen – sind somit wieder verloren.

Ein Treiber der Inflation waren die steigenden Energiepreise, auch die Verteuerung von Vorprodukten und Lieferkettenprobleme (Chips) spielten eine Rolle, ebenso Zinserhöhungen und übersteigerte Unternehmensgewinne. Löhne trugen nur mit 0,6 Prozentpunkten zur Gesamtinflationsrate bei, weshalb eine Lohn-Preis-Spirale bislang noch nicht in Gang gesetzt wurde. Wir fragten dieses Jahr die Menschen, inwiefern sie selbst die Kosten für Strom, Heizen und Warmwasser als eine finanzielle Belastung für den Haushalt wahrnehmen.[28] **Abbildung 9** bestätigt die Verbindung zwischen geringem Einkommen, Unzufriedenheit und der Belastung durch steigende Preise. 42,8 Prozent der Unzufriedenen, also jener, die auf der Skala zwischen 0 und 10 Werte zwischen 0 und 4 angeben, sehen in den Energiekosten eine hohe finanzielle Belastung. Gleichzeitig gehört diese Gruppe mit einem durchschnittlichen Haushaltsnettoeinkommen (Summe aller Einkünfte inkl. Transfers wie Kindergeld) von 1.881 Euro zu den Ärmsten. Nur 18,7 Prozent dieses Teils der Bevölkerung berichten von keiner Belastung, das sind aber vor allem junge Einpersonenhaushalte (Studenten). Eine hohe Belastung empfinden insbesondere Familien, auch in den höheren Einkommens- und Zufriedenheitsgruppen. Selbst bei den Hochzufriedenen empfinden immer noch 15,8 Prozent die Energiekosten als finanzielle Bürde – das sind besonders Familien mit zwei oder mehr Kindern, die mit ihrem Leben grundsätzlich sehr zufrieden sind, aber finanzielle Sorgen haben.

Was von Corona bleibt: Junge Erwachsene und Frauen erholen sich nur langsam

HAUPTERGEBNISSE

- **Die Corona-Pandemie hinterlässt Spuren in vielen Lebensbereichen – die meisten davon wirken sich negativ auf die Lebenszufriedenheit aus.**
- **Der Happiness-Gender-Gap hält sich hartnäckig: Auch 2023 sind Frauen 0,06 Punkte unzufriedener mit ihrem Leben als gleichaltrige Männer. Das ist ein zwar deutlich geringerer Wert als 2020 (Gap: 0,19 Punkte), aber immer noch höher als vor Corona, als Frauen sogar leicht glücklicher waren als gleichaltrige Männer.**
- **Jugendliche und junge Erwachsene gehören zur langfristig am stärksten betroffenen Gruppe durch Corona. 16 Prozent berichten 2023 von (sehr) häufigen Angstgefühlen. 2019 waren es noch knapp 8 Prozent.**
- **Die Kontakteinschränkungen in der Pandemie senkten das Lebensglück der jungen Menschen um knapp 0,8 Punkte. Auch der Online-Unterricht senkte das Wohlbefinden und förderte Einsamkeit.**

Die Corona-Pandemie hat den gewohnten Gang der Alltagsdinge in Deutschland ab März 2020 schlagartig beendet: Belegschaften gingen zu großen Teilen ins Homeoffice, Kindertagesstätten schlossen, und Schüler und Studenten wurden größtenteils zu Hause unterrichtet usw. Für eine große Mehrheit der Gesellschaft war dies eine teilweise extrem belastende Zeit. Kinder und Jugendliche saßen in ihren Zimmern fest, es stieg die Belastung in den Familien und bei älteren Menschen die Angst vor Ansteckung.

Aus dem Blickwinkel der empirischen Sozialforschung war Corona eine Art »natürliches Experiment«, denn es konnte zum Beispiel der Wert sozialer Beziehungen gemessen werden (siehe **Tabelle 1**). Ein pandemiebedingt besonders einprägsames Merkmal der Corona-Krise war das Abstandsgebot. Kontakte sollten so weit wie möglich vermieden und auf das Digitale begrenzt werden. Das bedeutete: keine Familien- oder Betriebsfeiern, kein gemeinsames »Abhängen« unter Jugendlichen, keine sozialen Kontakte außerhalb der Familie für Säuglinge und Kleinkinder, keine Kaffeekränzchen in Seniorenheimen.

Tab. 1 **Überblick: Was von Corona mit Blick auf die Lebenszufriedenheit bleibt**

Bereich	Positiv für die Lebenszufriedenheit	Negativ für die Lebenszufriedenheit
Digitalisierung	• Kontakte können erhalten und vertieft werden • Effizienzgewinne in und zwischen Unternehmen (z. B. Absprache unter Mitarbeitern)	• Fehlende Selbstkontrolle bei sozialen Medien; Suchtgefahr • Frustrierender Aufwärtsvergleich in den sozialen Medien • »Echokammern« und »Wutspiralen« • »Realitätsverlust« vor allem bei Jugendlichen (Videospiele, Metaversum, Instagram)
Wirtschaft und Arbeit	• Homeoffice schafft neue Möglichkeiten • Weniger Geschäftsreisen (aber länger andauernde) • Geringere Pendelzeit	• Lieferkettenprobleme schufen Misstrauen (»De-Coupling«) • Zunehmende Vermischung von Arbeits- und Freizeitwelt • Höhere Mitarbeiterfluktuation • Zunehmende Arbeitsverdichtung[29]
Familien	• Neuer Zusammenhalt in manchen Familien	• Neue Ressourcenkonflikte innerhalb von Familien (z. B. um digitale Endgeräte) • Bestehende Probleme vertieften sich (z. B. innerfamiliäre Gewalt)
Gesundheit	• Bessere Körperwahrnehmung, höheres Gesundheitsbewusstsein	• Vorzeitiges Versterben geliebter Menschen • Long-Covid, Impfschäden • Zunahme von Depressionen • Zunahme von Essstörungen, Adipositas, Bewegungsmangel • Verschobene Operationen
Politik und Gesellschaft	• Vergewisserung über Zusammenhalt in Krisen (besonders in der Anfangszeit der Pandemie)	• Verstärktes Misstrauen gegenüber der Politik in Teilen der Bevölkerung • Rückzug ins Private, Passivität
Soziale Beziehungen		• Anzahl Freunde und vertraulicher Gesprächspartner gesunken

Anmerkung: Kein Anspruch auf Vollständigkeit. **Quelle:** Sortierung der Bereiche in Anlehnung an Shek 2021.

Weltweit sind Glücksforscher ausgeschwärmt, um den Effekt dieses Allein- und Isoliertseins zu messen. Die Kontaktvermeidung gehört zum größten Unglücksfaktor der Pandemie, soziale Isolation und Einsamkeit waren in den Lockdowns allgegenwärtig.

In der Corona-Pandemie litten nicht nur die sozialen Beziehungen, sondern auch viele Wirtschaftsbranchen wurden in Mitleidenschaft gezogen. In vielen

Dienstleistungsberufen kam es zu einer regelrechten Zäsur: Zahlreiche Mitarbeiter verließen die Gastronomie und wechselten in den Einzelhandel, Pflegepersonal und Lehrer gingen vermehrt in Frührente, und Solo-Selbstständige gaben im Laufe der Pandemie auf. Darüber hinaus zerbrachen zahlreiche Familien. Psychotherapeutische Stellen vermeldeten eine hohe Nachfrage insbesondere vonseiten von Kindern und Jugendlichen.

Der Digitalisierungsschub hielt in vielen Unternehmen den Betrieb am Laufen. Als »Lebensader« für die Wirtschaft beschrieben die Ökonomen Lai und Widmar (2021) das Internet in der Corona-Zeit. In den Schulen und Universitäten ermöglichte der digitale Fernunterricht überhaupt erst die wochenlange Schließung dieser Einrichtungen. So manche Familie hat sich seit Corona an die Nutzung der Videotelefonie gewöhnt. Das alles soll aber nicht darüber hinwegtäuschen, dass gerade die sozialen Medien schnell zum Gift für das Wohlbefinden werden können – vor allem ist es auch hier die Dosis, die das Gift ausmacht. Zu lange Nutzungsdauer geht in allen Studien einher mit schlechteren Lernerfolgen, Aufmerksamkeitsschwächen und geringerer Lebenszufriedenheit. In der Corona-Pandemie ist die Nutzungsdauer unter jungen Menschen geradezu ins Obsessive gewachsen, was Psychologen und Glücksforscher eher unruhig werden lässt. Es ist lange bekannt, dass sich Jugendliche in ihrer Identitätssuche mit Vorbildern und Gleichaltrigen vergleichen. Sie konfrontieren sich auf TikTok, Instagram und Co. mit dem perfekt inszenierten Leben von »Influencern« – demgegenüber ihr eigenes unspektakulär erscheint – und sind unzufrieden. Der Neuromediziner Joachim Bauer weist darauf hin, dass die betroffenen Jugendlichen ausdrücklich bestätigen, dass ein Hauptmotiv, warum sie sich in Videospielwelten oder Instagram-Reels verlieren, die Flucht aus der Wirklichkeit sei.[30] Dieser Mechanismus ist nicht nur auf junge Menschen begrenzt, allerdings ist man im jungen Alter anfälliger dafür. Aber auch Ältere können durch verstärkte Nutzung unzufriedener werden.

Zwei Gruppen fielen während der Pandemie überproportional in ihrer Lebenszufriedenheit ab: Jugendliche und Frauen. Die 16- bis 24-Jährigen erlebten einen Einbruch in ihrer Lebenszufriedenheit bis 2021 von fast einem Punkt. Die Kontaktverbote engten sie in ihrem jugendtypischen Aufbruch ins Leben massiv ein. Nun, im Jahr 2023 und nach dem Wegfall der Beschränkungen, möchte man meinen, dass die Lebenszufriedenheit längst wieder auf das Vor-Corona-Niveau zurückkehrte – aber mitnichten: Die 16- bis 24-Jährigen sind 2023 immer noch 0,34 Punkte vom Vor-Corona-Niveau entfernt. Die Lücke im Lebensglück zwischen Frauen und Männern existiert ebenfalls noch, auch wenn sie von 0,19 Punkten (2020) auf 0,06 Punkte (2023) geschrumpft ist. Trotz der Beendigung der meisten Maßnahmen seit dem Frühjahr 2022 bleibt die Lebenszufriedenheit von vielen Frauen und Jugendlichen weiterhin auf geringem Niveau.

Happiness-Gender-Gap bleibt 2023 bestehen

Relativ früh in der Corona-Pandemie zeigte sich, dass sich das Wohlbefinden der Geschlechter auseinanderentwickelte. Bereits Daten aus dem Frühjahr 2020 – der Zeit des ersten Lockdowns – legten offen, dass berufstätige Frauen unter höherem zusätzlichen Stress, starken Angstsymptomen und einem geringeren psychischen Wohlbefinden litten.[31] Auch das Wohlergehen der gleichaltrigen Männer litt unter der Pandemie und ihren Eindämmungsmaßnahmen, allerdings weniger stark. Das führte zu einer Geschlechterlücke im Lebensglück, einem Happiness-Gender-Gap.

Abbildung 10 zeigt, dass die Differenz zwischen Männern und Frauen 2020 mit 0,19 Punkten am höchsten war, 2021 mit 0,11 Punkten am zweithöchsten. Seitdem schließt sich die Lücke wieder langsam: 2022 und 2023 sind es jeweils nur noch 0,06 Punkte. Überraschend ist aber der Umstand, dass es diese Lücke heute immer noch gibt. Denn vor Corona waren Männer und Frauen – abhängig von Alter und Lebenssituation – insgesamt ähnlich glücklich, Frauen waren sogar tendenziell etwas zufriedener mit ihrem Leben. Diese Umkehrung vom Lebensglück hin zu den Männern hält sich seit Corona hartnäckig. Offenbar strahlen die Belastungen der Corona-Pandemie über das Ende der Beschränkungen hinaus.

Abb. 10 **Happiness-Gender-Gap ist hartnäckig**

Auch wenn der Abstand im Lebensglück zwischen Frauen und Männern 2023 nicht mehr ganz so groß ist wie noch 2020, ist er nach wie vor messbar: Frauen sind auch 2023 etwas unglücklicher als Männer. Vor Corona lag die Lebenszufriedenheit der Frauen leicht über der der Männer.

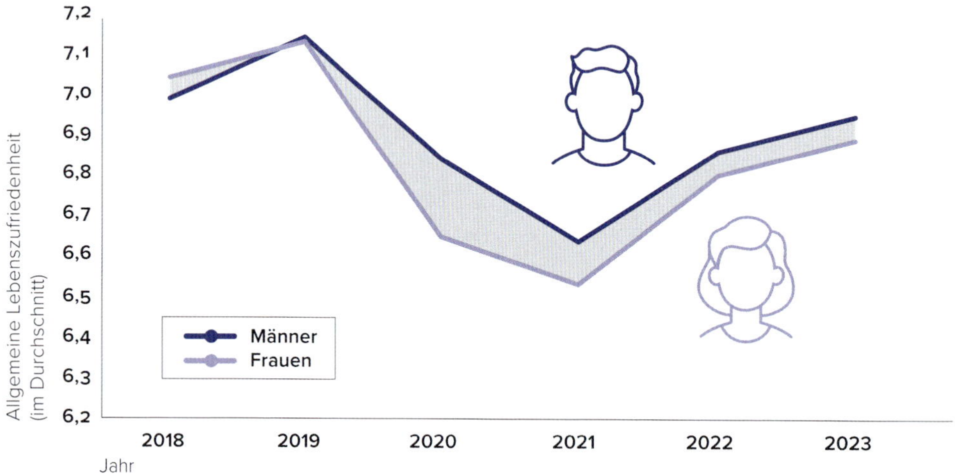

Anmerkung: Für die Repräsentativität wurden Gewichtungsfaktoren genutzt. **Quelle:** Eigene Berechnungen auf Grundlage der Glücksatlas-Datenbank 2019 bis 2023.

Für den Happiness-Gender-Gap werden drei Erklärungsmuster bemüht:

- **Erklärung 1: Die Jobthese**
  Frauen arbeiten anteilsmäßig häufiger in Dienstleistungsberufen als Männer. Gerade die stark von Frauen frequentierten Berufe in der Pflege oder im Bildungswesen waren aber besonders von dem Corona-Virus und den Maßnahmen betroffen. Darüber hinaus erfuhren viele weibliche Selbstständige in körpernahen Dienstleistungsbranchen (z. B. Friseurgeschäfte, Nagelstudios, Fußpflege) Existenzsorgen.

- **Erklärung 2: Die »Multitasking-Falle«**
  Gerade berufstätige Frauen mit Kindern im Schulalter standen während der Pandemie unter dauerhaftem Druck. Sie mussten gleichzeitig im Homeoffice arbeiten, Kinder betreuen und sich um den Haushalt kümmern (»Multitasking«). Zwar haben auch die Männer, sogar überproportional, ihren Arbeitsanteil im Haushalt erhöht, allerdings leisteten die Frauen, ausgehend von einem schon höheren Vor-Corona-Niveau, noch mehr Stunden im Haushalt.

- **Erklärung 3: Stärkere Ängste und mehr Einsamkeit**
  Frauen scheinen auf externe Schocks wie eine Pandemie stärker affektiv zu reagieren und passen ihr Verhalten in größerem Maße an. So hielten sich Frauen eher an die Eindämmungsmaßnahmen und Kontaktbeschränkungen als Männer. Daraus ergaben sich aber mehr Situationen des Alleinseins und der Isolation, was wiederum das Potenzial für Einsamkeit erhöhte.

Die Einsamkeitshypothese (Erklärung 3) gewinnt in der Glücksforschung immer größere Bedeutung. Ein neuerer Fachartikel, der die Daten einer Sonderbefragung des SOEP nutzt, sieht gar den größten Teil der Geschlechterlücke im Glück durch diesen Faktor erklärt.[33] Tatsächlich waren die Einsamkeitswerte der Frauen in der Pandemie (2021) höher als die der Männer (**Abbildung 11**): Mit 9,03 Punkten (auf einer Skala von 0 bis 12) lag ihr Wert 0,46 Punkte höher als der der Männer (8,57 Punkte). Allerdings zeigt **Abbildung 11** auch, dass diese Einsamkeitswerte 2023 wieder deutlich niedriger liegen. Mit 4,63 Punkten für die Männer und 4,50 Punkten für die Frauen hat sich die Einsamkeit wieder mehr als halbiert.

Abb. 11 **Frauen in der Pandemie besonders von Einsamkeit betroffen**

2021 liegt das durchschnittliche Einsamkeitsniveau bei den Frauen bei 9,03 Punkten und damit 0,46 Punkte höher als bei den Männern. 2023 hat sich der Grad an Einsamkeit etwa halbiert und liegt sogar bei den Männern etwas höher.

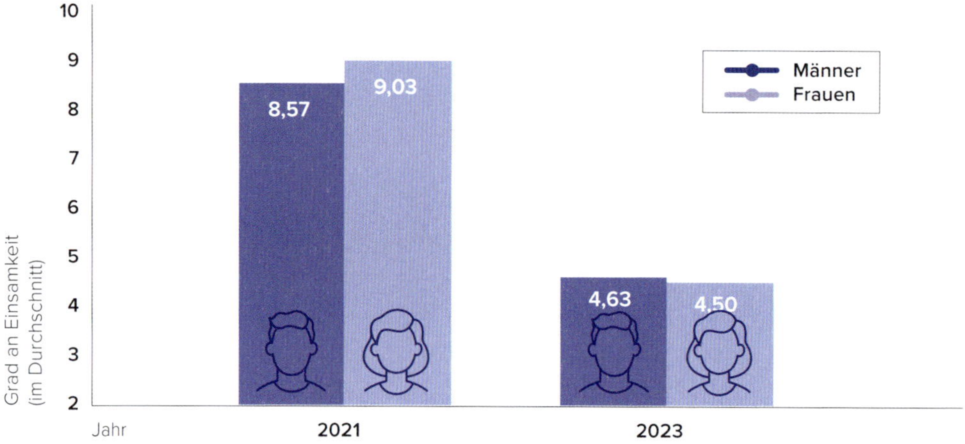

Anmerkungen: Siehe Box *Was Einsamkeit ist, und wie man sie misst.* Für die Repräsentativität wurden Gewichtungsfaktoren genutzt.
Quelle: Eigene Berechnungen auf Grundlage des Sozio-oekonomischen Panels 2019 und der Glücksatlas-Datenbank 2023.

Kontaktbeschränkungen trübten das Lebensglück junger Menschen; Ängste und Einsamkeit nehmen zu

Bereits in den *Glücksatlanten 2021* und *2022* bemerkten wir einen besonders drastischen Einbruch in der Lebenszufriedenheit bei jüngeren Menschen während der Corona-Pandemie. Während die jüngeren Altersgruppen unter 40 Jahren zwischen 0,7 und 1,1 Punkten verloren, blieb der Glücksverlust in den älteren Kohorten in der Pandemie moderat und lag zwischen 0,2 und 0,3 Punkten.[34] Schon früh während der Pandemie warnten Jugendpsychologen und Psychotherapeuten (meist vergeblich) vor den psychischen Belastungen für Kinder und Jugendliche.[35] Der Abschlussbericht einer Interministeriellen Arbeitsgruppe vom Frühjahr 2023 fasst unterschiedlichste Studien aus Deutschland zusammen, die die zunehmende Prävalenz an psychischen Erkrankungen (Angststörungen, Depressionen etc.) sowie die gesunkene mentale Gesundheit unter jungen Menschen dokumentieren. Die Verfasser fordern, die »Sekundärfolgen der Pandemie für Kinder und Jugendliche als zentrale gesellschaftspolitische Aufgabe anzugehen«.[36] Junge Menschen hatten in der Pandemie dabei an »mehreren Fronten zu kämpfen«: Neben den Kontaktbeschränkungen und dem schlechten Gewissen bei dennoch stattfindenden Treffen galt es, mit der Familie auf engem Raum langfristig klarzukommen und die Motivation aufzu-

WAS EINSAMKEIT IST, UND WIE MAN SIE MISST

Einsamkeit beschreibt die empfundene Diskrepanz in der Qualität zwischen den *tatsächlichen* und den *gewünschten* sozialen Beziehungen. Wenn die Beziehungsqualität mit dem Partner/der Partnerin, mit Verwandten, Freunden und Bekannten schlechter als gewünscht ist, fühlen Menschen sich einsam. Es geht somit nicht nur um die bloße Anzahl an Bekannten. Eine Person kann sich trotz großer Zahl an Bekanntschaften einsam fühlen. Selbst in Partnerschaften und Ehen fühlen sich Menschen einsam, wenn die Beziehung nicht die erwünschte »Tiefe« erreicht. Auf der anderen Seite gibt es Menschen, die kaum Kontakte haben und sich trotzdem nicht einsam fühlen.

In der empirischen Sozialforschung hat sich zur Messung von Einsamkeit die sogenannte »UCLA-Skala«[32] der University of California durchgesetzt. Hier werden 20 Aussagen von den Befragten bewertet, u. a. wie oft man sich isoliert fühlt oder wie gut man mit dem Alleinsein umgehen kann. Im Sozio-oekonomischen Panel wird eine sehr kurze, aber ähnliche Ergebnisse wie die UCLA-Skala produzierende Skala aus drei Aussagen verwendet. Um die Ergebnisse mit dem SOEP vergleichen zu können, nutzten auch wir in unserer diesjährigen Sonderbefragung diese Form. Die Befragten können hierbei die Fragen mit »nie« (= 0) bis »sehr oft« (= 4) beantworten:

- Wie oft haben Sie das Gefühl, dass Ihnen die Gesellschaft anderer fehlt?
- Wie oft haben Sie das Gefühl, außen vor zu sein?
- Wie oft haben Sie das Gefühl, dass Sie sozial isoliert sind?

Die Werte werden addiert, woraus sich eine Einsamkeitsskala von 0 (= überhaupt nicht einsam) bis 12 (= sehr einsam) ergibt. Die Skala wird u. a. in **Abbildung 11** verwendet.

Seit den 2010er-Jahren wird in Deutschland eine Diskussion um zunehmende Einsamkeit geführt. Viele Kommentatoren gehen davon aus, dass die steigende Zahl von Einpersonenhaushalten (d. h. Alleinlebenden), sinkendes soziales Kapital (z. B. abnehmendes Engagement in Vereinen) und Digitalisierung zur Einsamkeit unter den Menschen beitragen. Verschiedene Studien kommen aber zum Schluss, dass zwar die durchschnittliche Zahl an Kontakten in den letzten Jahrzehnten abgenommen hat (z. B. sank die Zahl vertraulicher Gesprächspartner), die Menschen sich aber heute (2023) nicht wirklich einsamer fühlen als noch vor 30 oder 40 Jahren. In der Corona-Pandemie nahmen die Einsamkeitswerte aber weltweit zu.

bringen, trotz zahlreicher Ablenkungen (»Zocken«, Streaming, soziale Medien) zu lernen. Bei Heranwachsenden werden Bewältigungsstrategien im Umgang mit Wut und Ärger noch entwickelt und erprobt, so stellte sich schnell bei vielen Jugendlichen Frustration und Trauer ein.

Abbildung 12 zeigt den Weg, den die unterschiedlichen Altersgruppen noch zurücklegen müssen, um die Lebenszufriedenheit der Vor-Corona-Zeit zu erreichen. Die jungen Alterskohorten liegen mit 0,33 (16- bis 29-Jährige) beziehungsweise 0,34 Punkten (30- bis 44-Jährige) noch deutlich hinter dem Vor-Corona-Niveau. Die älteren Gruppen mit 0,21 (45- bis 59-Jährige) beziehungsweise 0,20 Punkten (60 Jahre und älter) sind nicht mehr so weit davon entfernt. Trotzdem gibt es für die jungen Menschen auch Grund zur Hoffnung: Vergleichen wir diese Unterschiede zu 2019, so zeigt sich, dass sich die Lebenszufriedenheit im Vergleich zum Jahr 2022 schon deutlich erholt hat. Im letzten Jahr lagen die jungen Generationen noch 0,4 bis 0,5 Punkte unterhalb des Vor-Corona-Niveaus.[37] Die bereits vor gut anderthalb Jahren erfolgten Aufhebungen der Corona-Beschränkungen zeigen somit Wirkung. Trotzdem: Ein Teil der Jugendlichen und jungen Erwachsenen leidet bis heute an der Krise.

Die in **Abbildung 12** thematisierte Lebenszufriedenheit ist kognitiver Art, das heißt, die Befragten werden aufgefordert, über ihr Leben aktiv *nachzudenken* und eine Bewertung abzugeben. Das Ergebnis der Befragungen zu den Gefühlen junger und älterer Erwachsener ist in **Abbildung 13** dargestellt (Fragebeispiel: »*Wie oft haben Sie sich in den letzten vier Wochen ängstlich gefühlt?*«). 2019 berichten demnach 7,6 Prozent der jungen Erwachsenen (*hier*: 18- bis 29-Jährige) von häufigen oder sehr häufigen Angstgefühlen. 2023 – nach der Corona-Pandemie – sind es 16,4 Prozent. Dies entspricht einer Steigerung um 115 Prozent, das heißt mehr als eine Verdopplung. Laut Statistischem Bundesamt sind etwa 10 Prozent der Bevölkerung zwischen 18 und 29 Jahre alt, das heißt, zu dieser Altersgruppe gehören in Deutschland etwa 8,3 Millionen Personen. Das bedeutet umgerechnet, dass in der Corona-Zeit etwa 730.000 Personen im jungen Alter zu der Gruppe mit häufigen oder sehr häufigen Angstgefühlen hinzugekommen sind.[38] Alle älteren Altersgruppen erfuhren diesbezüglich ebenfalls einen immensen Zuwachs: Der Anteil derjenigen, die häufig oder sehr häufig von Angstgefühlen geplagt werden, stieg von 4,2 (2019) auf 13,6 Prozent, bleibt aber unter dem Niveau der jungen Menschen. Auch bei der Häufigkeit von Traurigkeit und Ärger gibt es bei den jungen Erwachsenen im Vergleich zu 2019 deutliche Sprünge nach oben. Bei der Emotion »Ärger« haben die älteren Gruppen sogar abgenommen.[39]

Während unsere Befragung nur die über 17-Jährigen erfasst, zeigen Studien, die auch jüngere Personen miteinschließen, dass die psychischen Belastungen noch weit höher ausfallen, je jünger die Befragten sind. Die GUCK-Hin-Studie befragte im Sommer 2022 über 4.000 Schüler der 7.–9. Klassen nach ihrem Wohlbefinden.[40] Hier klagten 37 Prozent über eine verminderte Lebensqua-

Abb. 12 Unter 44-Jährige sind noch am weitesten vom Glück der Vor-Corona-Zeit entfernt

Trotz des diesjährigen Aufwärtstrends ist die Lebenszufriedenheit der Jugendlichen und jungen Erwachsenen immer noch 0,33 Punkte vom Vor-Corona-Niveau entfernt. Bei den 30- bis 44-Jährigen sind es sogar 0,34 Punkte. Bei den Älteren sind es nur 0,21 bzw. 0,20 Punkte.

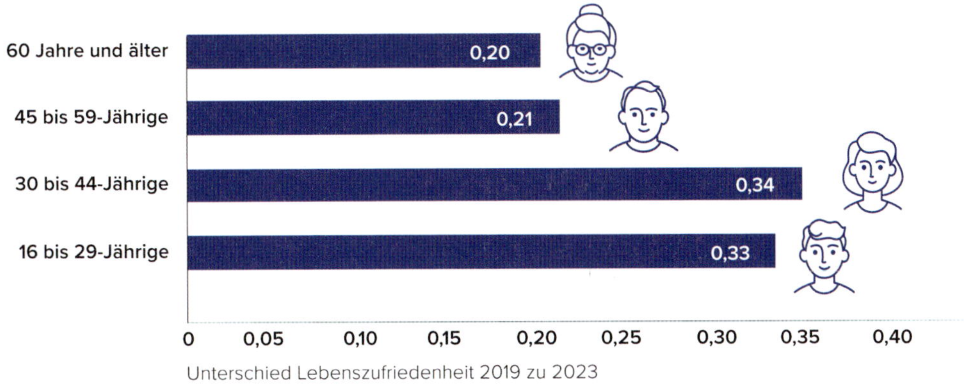

Anmerkung: Für die Repräsentativität wurden Gewichtungsfaktoren genutzt. **Quelle:** Eigene Berechnungen auf Grundlage der Glücksatlas-Datenbank 2019 bis 2023.

Abb. 13 Junge Erwachsene sind häufiger ängstlich, traurig und verärgert als ältere Personen

Besonders die Häufigkeit des Ärgers ist bei jungen Menschen gestiegen: 2019 gaben noch 18 Prozent der 18- bis 29-Jährigen an, sich häufig zu ärgern. 2023 sind es schon 26,1 Prozent. Bei den älteren Altersgruppen ist dieser Anteil seit 2019 hingegen leicht von 21,4 % auf 20,8 % gesunken.

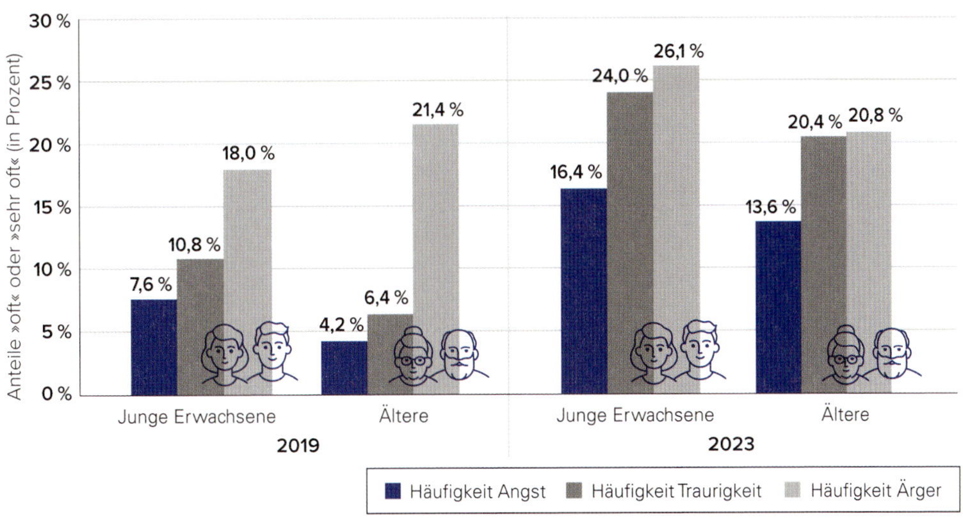

Anmerkungen: Junge Erwachsene: 18- bis 29-Jährige. Ältere: 30 Jahre und älter. Für die Repräsentativität wurden Gewichtungsfaktoren genutzt.
Quelle: Eigene Berechnungen auf Grundlage des Sozio-oekonomischen Panels 2019 und der Glücksatlas-Datenbank 2023.

Abb. 14 Junge Menschen, die nur selten Freunde treffen, sind deutlich unglücklicher

Junge Erwachsene, die seltener als einmal im Monat Freunde oder Bekannte treffen, sind mit 6,08 Punkten deutlich unzufriedener als Gleichaltrige, die häufiger Kontakt haben. Von der Gruppe derjenigen, die sich mindestens einmal im Monat treffen, trennt sie 0,79 Punkte.

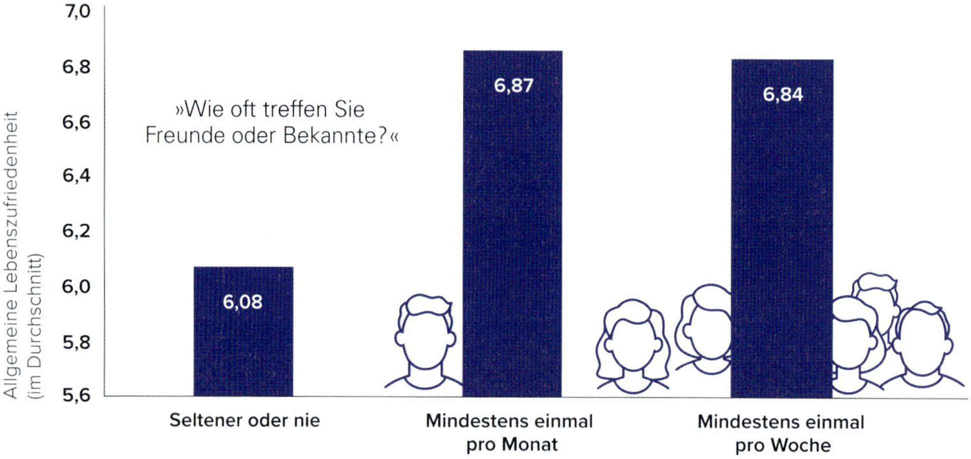

Anmerkungen: Nur Personen zwischen 18 und 29 Jahren. Alter und Geschlecht sind konstant gehalten. Für die Repräsentativität wurden Gewichtungsfaktoren genutzt. **Quelle:** Eigene Berechnungen auf Grundlage der Glücksatlas-Datenbank 2020 bis 2023.

lität, eine Mehrheit berichtete von Angst- und Depressionssymptomen, über Einsamkeit und fehlende Selbstwirksamkeit und -kontrolle. Diese und ähnliche Studien geben einen Warnhinweis dafür, dass junge Menschen noch unter erheblichen Belastungen – unter anderem aus der Corona-Pandemie – leiden.

In einem ist man sich einig: Der Hauptgrund für die hohen psychischen Belastungen junger Menschen während der Pandemie findet sich in den Kontaktbeschränkungen.[41] **Abbildung 14** zeigt, wie die Häufigkeit von Treffen mit Freunden und Bekannten die Lebenszufriedenheit beeinflusst. Wer im jungen Alter seltener als einmal im Monat sozial aktiv wird, ist um 0,79 beziehungsweise 0,76 Punkte unglücklicher als jemand, der dies monatlich oder wöchentlich tut. In unseren Daten zeigt sich zudem, dass die Kontaktmuffel unter den 18- bis 29-Jährigen sich häufiger einsam und sozial isoliert fühlen, häufiger Angstgefühle erleben und die Corona-Pandemie als extrem belastend empfanden. Personen, die bereits vor der Pandemie Schwierigkeiten hatten, Kontakte aufzubauen und zu halten, waren in der Corona-Krise umso stärker auf sich selbst zurückgeworfen.

Eine weitere Herausforderung – neben den Kontaktbeschränkungen – war für die Schüler und Studenten das Homeschooling. Das Lernen am digitalen Endgerät wurde zum Normalfall in der Pandemie, zumeist alleine im eigenen Zimmer, da Lerngruppen zeitweise ebenso verboten waren. Wir fragten im Juni diesen Jahres die Schüler und Studenten zwischen 18 und 29 Jahren (n = 428), wie groß der Anteil der Online-Lehre in der Pandemie-Zeit war: 36 Prozent gaben dabei an, dass mehr als 50 Prozent der Lehre online stattfand. Ebenso viele, dass weniger als 50 Prozent der Lehre online und damit das meiste in Präsenz stattfand. 28 Prozent sagten, es habe sich in etwa die Waage gehalten.

Gemäß **Abbildung 15** lässt sich feststellen, dass eine vermehrte Teilnahme am Online-Unterricht mit einer geringeren Lebenszufriedenheit und höheren Einsamkeitswerten einherging. Der Online-Unterricht hatte zur Folge, dass den Schülern wichtige Faktoren fehlten, die für die Lebenszufriedenheit gerade von jungen Menschen wichtig sind. Dazu zählen soziale Kontakte, Abwechslung, neue Lebenserfahrungen und die Autonomieentwicklung. Diese Versäumnisse müssen nachgeholt werden.

Abb. 15 **Je mehr Online-Unterricht in der Pandemie, desto unzufriedener und einsamer**

Wer in der Corona-Pandemie hauptsächlich online unterrichtet wurde, ist noch heute mit seinem Leben unzufriedener und leicht einsamer. Der fehlende Austausch unter Gleichaltrigen konnte durch den Online-Unterricht nicht vollständig kompensiert werden.

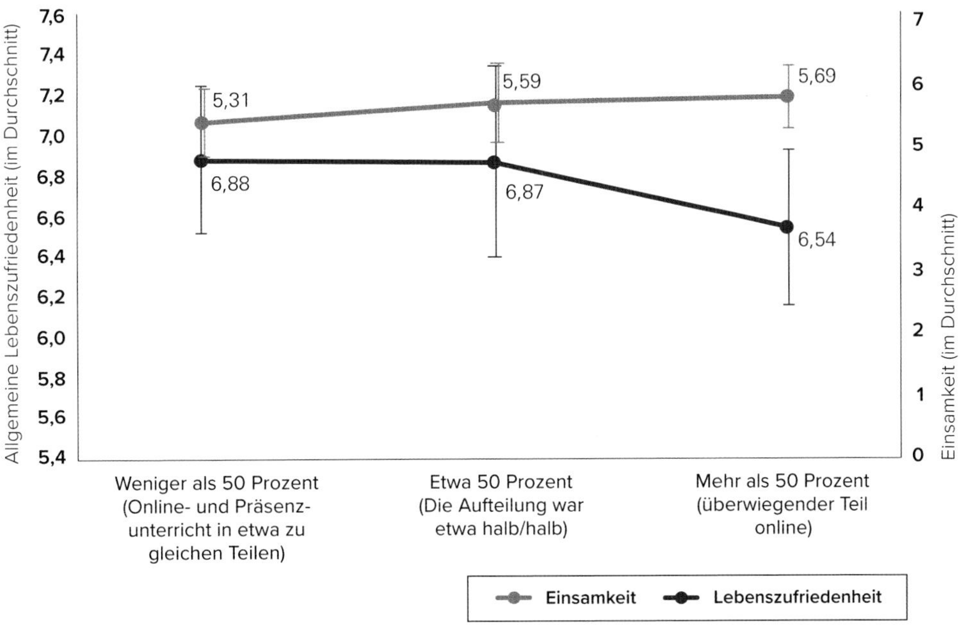

Anmerkungen: Nur 18- bis 29-Jährige sowie nur Studenten oder Schüler. Siehe Box *Was Einsamkeit ist, und wie man sie misst*. Für die Repräsentativität wurden Gewichtungsfaktoren genutzt. Die Balken geben die 95%-Konfidenzintervalle an. **Quelle:** Eigene Berechnungen auf Grundlage der Glücksatlas-Datenbank 2023.

Warum die Ostdeutschen etwas unzufriedener sind als die Westdeutschen

HAUPTERGEBNISSE

- **West- und Ostdeutsche haben sich seit der Wiedervereinigung im Lebensglück angenähert. Während Corona schrumpfte der Unterschied zeitweise auf nur 0,05 Punkte. 2023 liegt die Differenz zwischen beiden Landesteilen wieder bei 0,2 Punkten.**
- **In den Bereichen Gesundheit und Einkommen sind die Ostdeutschen unzufriedener als die Westdeutschen. Die Einkommens- und Vermögenssituation ist bis heute schwächer als im Westen.**
- **Ostdeutschland hat eine ältere Bevölkerung als Westdeutschland. Der ostdeutsche Altenquotient liegt bei 47,5 Prozent, der westdeutsche nur bei 36,2 Prozent. Ältere sind mit ihrem Leben im Schnitt unzufriedener als Jüngere.**
- **Das Gefühl, »Bürger zweiter Klasse« zu sein, ist bei den Ostdeutschen stark verankert und beeinflusst die Lebenszufriedenheit negativ. Zudem fühlen sich die Ostdeutschen in Führungspositionen von Unternehmen, Staat und Medien unterrepräsentiert.**

33 Jahre nach der Wiedervereinigung (1990) löste der Literaturwissenschaftler Dirk Oschmann mit seinem Buch *Der Osten: eine westdeutsche Erfindung* eine neue Ost-West-Debatte aus. Darin beschreibt er, wie die Westdeutschen die öffentliche Deutungshoheit über Geschichte und Kultur Ostdeutschlands dominieren. In den drei Jahrzehnten bundesdeutschen Zusammenlebens haben die Westdeutschen laut Oschmann negative Vorurteile und Ressentiments gegenüber Ostdeutschen in der öffentlichen Meinung etabliert – insbesondere gegenüber Sachsen, dem »Osten des Ostens« –, und diese Stereotypisierung wird auf die jüngere, nächste Generation übertragen.[42]

Die Glücksforschung beschäftigt sich schon lange mit der Ost-West-Debatte. 1990 stellte das Wohlfahrtssurvey erstmals eine deutlich geringere Lebenszufriedenheit der Ostdeutschen im Vergleich zu den Westdeutschen fest – und das über alle Geschlechter, Alters- und Einkommensgruppen hinweg. Insgesamt zeigte sich eine Glücksdifferenz zwischen West und Ost von etwa

Abb. 16 **Die Ostdeutschen sind heute gar nicht mehr viel unglücklicher als die Westdeutschen**

Zwar sind die Ostdeutschen auch heute noch etwas unzufriedener mit ihrem Leben als die Westdeutschen. Seit 2015 aber und spätestens seit Corona ist der Abstand zueinander nur noch gering und schwankt zwischen 0,15 und 0,2 Punkten. 1991 betrug die Differenz noch 1,18 Punkte.

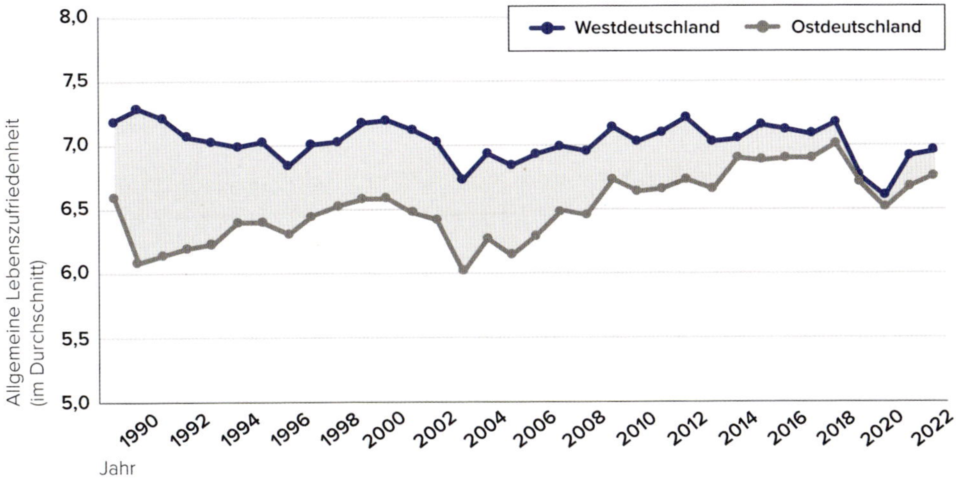

Anmerkung: Für die Repräsentativität wurden Gewichtungsfaktoren genutzt. **Quelle:** Eigene Berechnungen auf Grundlage des Sozio-oekonomischen Panels 1990 bis 2010 und der Glücksatlas-Datenbank 2011 bis 2023.

0,8 Punkten.[43] 1990 begann das Sozio-oekonomische Panel (SOEP), im Osten nach dem subjektiven Wohlbefinden zu fragen. Auch in dieser Befragung ergab sich eine hohe Differenz von etwa 0,6 Punkten (**Abbildung 16**). Ein Jahr später, mitten im Wende-Stress, stieg die Differenz sogar auf beinahe 1,2 Punkte an. Bis 2010 – und damit knapp 20 Jahre lang – blieb die Kluft in der Lebenszufriedenheit zwischen Ost und West hartnäckig bestehen und schwankte zwischen 0,5 (2009) und 1,2 Punkten (1991). Die Haupterklärungen dafür waren überwiegend »handfeste« Faktoren, wie etwa die deutlich höhere Arbeitslosenquote im Osten, die über viele Jahre doppelt so hoch wie im Westen war. 2004 und 2005 näherte sich die Quote im Osten der 20-Prozent-Marke, im Westen ging es nicht über 10 Prozent (2005) hinaus.[44] Zahlreiche Papiere wurden in der Glücksforschung zu den negativen Effekten der Arbeitslosigkeit veröffentlicht. Inzwischen gilt es als gesichert, dass ein wesentlicher Unzufriedenheitsfaktor nicht der geringere Lebensstandard ist, sondern vielmehr das soziale Stigma. Arbeitslosigkeit wurde im Osten als deutlich heftiger und ungerechter wahrgenommen als im Westen.[45]

Negative Indikatoren waren auch die geringeren Einkommen und die schlechtere Wohnsituation, die sich alle negativ auf das ostdeutsche Glücksniveau auswirkten. Auch die Abwanderung von 2,5 bis 4 Millionen meist jungen

Menschen senkte das Niveau, während das westdeutsche Glücksniveau dadurch stieg.[46] Eine weitere Rolle spielte die Enttäuschung der Ostdeutschen, dass ihr Lebensstandard, trotz der Transformation einer sozialistischen Zentralverwaltungswirtschaft in eine kapitalistische Marktwirtschaft, bei der kaum ein Ostdeutscher nicht seinen Arbeitsplatz mehrfach verlor, nicht das westdeutsche Niveau erreichte. Das ist bis heute so und hat vielfältige Gründe.

Schließlich schrumpfte der Abstand in der Lebenszufriedenheit zwischen Ost und West in den 2010er-Jahren (**Abbildung 16**). Waren es 2013 noch 0,49 Punkte, ging die Differenz bis 2019 auf nur noch 0,17 Punkte zurück. Das war zu erwarten, denn die sozioökonomischen Indikatoren Ostdeutschlands hatten sich vielfach deutlich verbessert: Die Arbeitslosenquote halbierte sich in diesen Jahren von 12 auf 6 Prozent, zudem stieg die Kaufkraft, und der westliche Lebensstandard schien erreichbar. Das (nominale) Bruttoinlandsprodukt wuchs im Osten von 284 Milliarden Euro 2010 auf 382 Milliarden Euro 2019 (+34 Prozent).[47] Während der Osten wirtschaftlich im Aufstieg begriffen war, wurde die öffentliche Debatte allerdings von »Pegida«-Demonstrationen und ähnlichen Ereignissen bestimmt.

Die Corona-Pandemie löste die Unterschiede dann kurzfristig sogar ganz auf. Zeitweise betrug die Glücksdifferenz zwischen Ost und West nur noch 0,05 Punkte und war statistisch nicht mehr signifikant (**Abbildung 16**). Zudem schafften es ostdeutsche Bundesländer seit 2020, westdeutsche Länder im Glücksranking zu überholen, so wie auch dieses Jahr (siehe Seite 84). Bis dahin lagen die sechs Ostländer geschlossen im letzten Drittel des Bundesländer-Rankings.

Als Gründe für die Annäherung zwischen Ost und West konnten wir in den *Glücksatlanten 2020* bis *2022* dreierlei feststellen: Erstens trafen die Auswirkungen der Corona-Maßnahmen und Lockdowns die Menschen in Ostdeutschland im Vergleich zu den Westdeutschen weniger stark. Dies ist auf weniger strenge und kürzere Maßnahmen in den ostdeutschen Ländern zurückzuführen. Zudem ist ein großer Teil des Ostens ländlich geprägt, wodurch die Bewältigung von Kontakteinschränkungen und Schließungen auf dem Land besser möglich ist als in städtischen Gebieten. Daher brach auch die Zufriedenheit mit der Freizeit im eher ländlichen Osten weniger stark ein als im Westen. Zweitens verwandelte sich ein bisheriger Nachteil in einen Vorteil: Die durch Lockdowns und Schließungen erzwungenen Konsumeinschränkungen (z. B. weniger Urlaube und Restaurantbesuche) trafen den reicheren Westen härter als den ärmeren Osten. Wer weniger Einkommen hat, kann auch weniger ausgeben. Damit fielen aber auch die Glückseinbußen geringer aus. Zudem zeichnet sich der Osten Deutschlands durch eine ältere und männlichere Bevölkerungsstruktur aus. Allerdings waren gerade junge Menschen und Frauen in besonderem Maße von den Auswirkungen der Pandemie auf ihre Lebenszufriedenheit betroffen (siehe Seite 41), weshalb ihre größere Unzufriedenheit stärker ins Gewicht fiel.

Mit dem Auslaufen der meisten Corona-Beschränkungen drehen sich diese Effekte wieder. Es war zu erwarten, dass die Westdeutschen, die in der Corona-Zeit stärkere Glücksverluste hinnehmen mussten, schneller wieder aufholen würden als die Ostdeutschen, die von einem tieferen Glücksniveau nur geringfügig abgesunken waren. 2023 sind die Westdeutschen um 0,20 Punkte zufriedener als die Ostdeutschen. Damit liegt die Differenz wieder auf ähnlichem Niveau wie in der zweiten Hälfte der 2010er-Jahre.

Drei Faktoren dürften für die weiter bestehende Zufriedenheitslücke zwischen Ost und West ausschlaggebend sein.

Faktor 1: Ostdeutsche haben geringere Einkommen und Vermögen

Menschen mit vergleichsweise hohen Einkommen und Vermögen zeigen in der Regel eine höhere Lebenszufriedenheit im Vergleich zu denen mit geringeren Einkommen und ohne Vermögen. West- und Ostdeutsche tendieren dazu, ihre Einkommen und Vermögen mit dem gesamten Durchschnitt der Deutschen zu vergleichen. Jedoch liegt der Lebensstandard im Osten bis heute im Durchschnitt etwas niedriger als im Westen. Die verfügbaren Einkommen sind um etwa 20 Prozent geringer, obwohl die Kaufkraft (Einkommen bereinigt um die Preise) nur noch wenige Prozent unterhalb des Westens liegt. Aber: Im Osten wird nach wie vor ein größerer Anteil der Konsumausgaben für Grundbedürfnisse aufgewendet (z. B. Nahrungsmittel, Kleidung, Haushaltsgeräte), was laut dem aus der Ökonomik stammenden Engel'schen Gesetz für ein geringeres Entwicklungsniveau als im Westen spricht.[48] Dafür geben Westdeutsche mehr für Wohnen und Gesundheitsdienstleistungen aus. Im Osten wird zudem etwas mehr für Freizeit und Kultur ausgegeben. Die geringeren Einkommen spiegeln sich auch in einer geringeren Einkommenszufriedenheit im Osten wider (**Abbildung 17**). Während die Westdeutschen ihr Einkommen mit durchschnittlich 6,66 Punkten beurteilen, sind es im Osten lediglich 6,23 Punkte.

Wichtiger noch als die Unterschiede in den Einkommen sind diejenigen im Vermögen. Westdeutsche haben im Durchschnitt etwa 50 Prozent mehr Geldvermögen und doppelt so hohe Immobilienvermögen. Nur etwa ein Viertel der Ostdeutschen besitzt ein Einfamilienhaus, etwa 6 Prozent eine Eigentumswohnung. Im Westen nennen hingegen ein Drittel ein Einfamilienhaus ihr Eigen, und fast 15 Prozent besitzen im »früheren Bundesgebiet« Eigentumswohnungen. Das liegt natürlich daran, dass Ostdeutsche im Sozialismus kein Immobilienvermögen aufbauen konnten und es dementsprechend auch weniger ererbtes Immobilienvermögen gibt. Seit Mitte der 2000er-Jahre stagniert die Eigentumsquote in beiden Teilen Deutschlands und zeigt nun sogar Anzeichen einer rückläufigen Entwicklung. Während in Ostdeutschland seit der Verbrau-

Abb. 17 **Ostdeutsche besonders mit ihrem Einkommen unzufrieden**

Altersbedingt liegt die Gesundheitszufriedenheit im Osten 0,25 Punkte unterhalb der des Westens. Besonders unzufrieden sind die Ostdeutschen aber mit ihrem Einkommen: Diese Zufriedenheit ist sogar 0,43 Punkte niedriger.

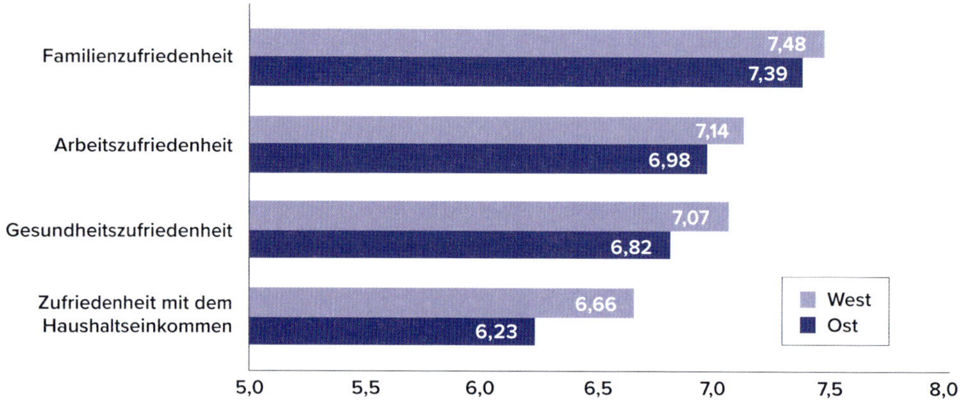

Anmerkung: Für die Repräsentativität wurden Gewichtungsfaktoren genutzt. **Quelle:** Eigene Berechnungen auf Grundlage der Glücksatlas-Datenbank 2022 bis 2023.

cherbefragung 2003 etwa 31 Prozent im Eigentum leben, verharrt der Anteil in Westdeutschland bei knapp 45 Prozent. Die Ostdeutschen leben mit durchschnittlich 81,1 m^2 (2018) auch auf einer kleineren Wohnfläche als im Westen mit 96,4 m^2. Die geringere Zufriedenheit mit Bereichen wie Arbeit, Einkommen, Familie deutet darauf hin, dass in vielen Bereichen des Lebens noch – wenn auch geringe – Unterschiede im Zufriedenheitsniveau bestehen, die auch zu einer geringeren allgemeinen Lebenszufriedenheit beitragen.

Faktor 2: Ostdeutschland hat eine stärkere Überalterung

Der Zusammenhang zwischen Lebenszufriedenheit und Alter lässt sich wie ein U darstellen: In jungen Jahren sind wir mit unseren Leben sehr zufrieden, sind voller Tatendrang und denken optimistisch. Der Tiefpunkt im Lebensglück kommt in den mittleren Jahren (»Midlifekrise«) zwischen 40 und 60 Jahren. Die Verantwortung für Familie und Beruf sowie der einsetzende Alterungsprozess machen uns zu schaffen. Mit dem Renteneintritt im Alter zwischen 60 und 70 Jahren gibt es dann einen kurzen Aufwärtstrend in der Lebenszufriedenheit. Aber: Dieses kleine Hoch ist erstens nur von kurzer Dauer, und zweitens erreichen wir lange nicht mehr die Glückswerte, die wir in unserer Jugend hatten. Aus diesem Zusammenhang lässt sich schließen, dass alternde Gesellschaften im Durchschnitt an Lebenszufriedenheit verlieren.

Abb. 18 **Altenquotient steigt im Osten stärker als im Westen**

2021 beträgt der Altenquotient – das Verhältnis aus Rentnern und Erwerbspersonen – in den ostdeutschen Flächenländern (ohne Berlin) bereits 47,5 Prozent, im Westen sind es 36,2 Prozent. Seit 2001 wächst der Anteil der Senioren im Osten stärker als im Westen, bedingt durch die Abwanderung junger Menschen.

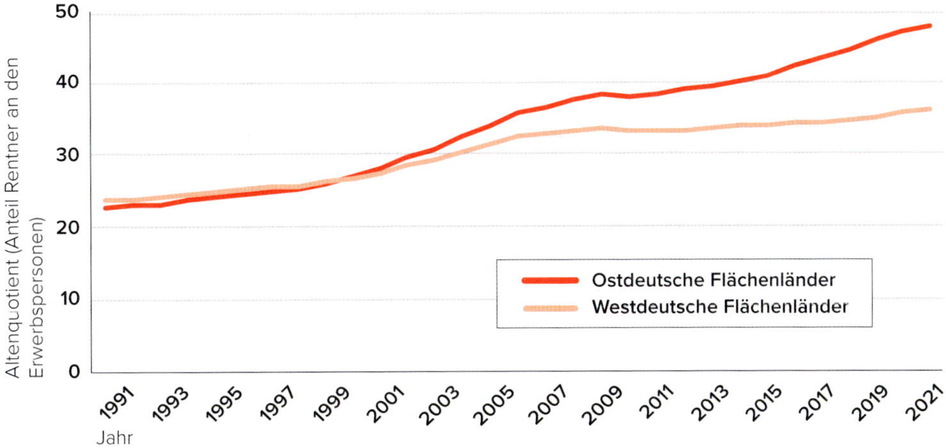

Anmerkung: Ostdeutsche Flächenländer: ohne Berlin; westdeutsche Flächenländer: ohne Hamburg und Bremen. **Quelle:** Statistisches Bundesamt.

Der Altenquotient, das heißt der Anteil der Rentnerinnen und Rentner an allen Erwerbspersonen (= Erwerbstätige plus Arbeitssuchende), steigt im Osten seit Beginn der 2000er-Jahre stärker an als im Westen (**Abbildung 18**). 2021 kommen in Ostdeutschland fast zwei Erwerbspersonen (im Alter zwischen 20 und 65 Jahren) auf einen Rentner (Altenquotient: 47,5 Prozent). Im Westen liegt der Altenquotient 2021 noch bei 36,2 Prozent. Grund dafür ist weniger die Geburtenrate (die im Osten eher höher als im Westen ist), sondern die hohe Abwanderung junger Menschen – vor allem junger Frauen – in den 2000er-Jahren. Zeitweise sind in einem einzelnen Jahr je 1.000 Einwohner 35 Frauen mehr weg- als zugezogen (hier: 18- bis 29-Jährige). Sachsen-Anhalt verlor zwischen 2002 und 2010 zum Beispiel auf diese Art mehr als 40.000 junge Frauen, die ihr Glück besonders oft im Süden der Bundesrepublik suchten. Mobile kinderlose, ledige Frauen sind tendenziell eher abwanderungsbereit als Männer. Nach dem Mauerfall traf dies besonders für die Altersgruppe bis 29 Jahre zu. Erst seit 2017 ist der Wanderungssaldo zwischen Ost und West insgesamt ausgeglichen.

Die Abwanderung hatte gravierende Folgen: Strukturschwache Regionen, etwa in Vorpommern und Brandenburg, bluteten regelrecht aus, zumal auch junge Männer mehr weg- als zuzogen. Diese Entwicklungen verschlimmerten den Überalterungsprozess weiter, was die Lebenszufriedenheit negativ beeinflusst. Allerdings macht die jüngere Entwicklung Hoffnung: Während 2001 noch über 60.000 Menschen im Alter von 18 bis 24 Jahren vom Osten in den Westen gezogen sind, waren es 2018 nur noch etwa 20.000. Ein Grund dafür ist der Aufholprozess in Ostdeutschland. Es gibt heute deutlich geringere Anreize, in den Westen zu gehen, als noch vor einigen Jahren.[49]

Faktor 3: Ostdeutsche als »Bürger zweiter Klasse« in der Bundesrepublik

Die von Oschmann ausgelöste Debatte über die Diskriminierung der Ostdeutschen und ihre negative Stigmatisierung betont, dass ein erheblicher Teil der Unzufriedenheit der Ostdeutschen damit zusammenhängt.[50] Die Ost-Identität ist ein kollektives Ergebnis identischer biografischer Erfahrungen und umfasst den ostdeutschen Transformationsprozess, Erfahrungen der Erschöpfung und des Verlusts. Zudem beinhaltet sie die Erfahrung, dem strengen Urteil der Westdeutschen nicht standhalten zu können. Dies führt dazu, dass viele lieber ihre Ostherkunft verschweigen und nicht aufbegehren, wenn beinahe sämtliche Führungspositionen mit Westdeutschen besetzt werden.[51]

In der von uns beauftragten Sonderbefragung vom Frühjahr 2023 möchten wir gerne erfahren: *»Nun eine Frage zu Ihrem Identitätsempfinden. Fühlen Sie sich eher als Westdeutsche(r) oder als Ostdeutsche(r)?«* Dabei ist unerheblich, *wo* die befragte Person ihren Wohnsitz hat. Ganz bewusst wollen wir sowohl die sich als ostdeutsch Identifizierenden mit Wohnsitz in Ostdeutschland als auch mit Wohnsitz im Westen erfassen. Nach der Abwanderung vieler junger Menschen in den 1990er/2000er-Jahren lebt ein gewichtiger Anteil ehemals Ostdeutscher in den westdeutschen Bundesländern. Einige von ihnen identifizieren sich auch weiterhin als Ostdeutsche. In unserer Sonderbefragung geben 23,1 Prozent eine Ostidentität (462 Befragte), 76,9 Prozent (1.538 Befragte) hingegen eine Westidentität an.

Es zeigt sich, dass die Identifikation mit Ost- oder Westdeutschland keine überholte Kategorie ist und sich beide Gruppen in Politik, Staat, Wissenschaft, Medien und Unternehmen entsprechend repräsentiert sehen möchten.[53] Laut den Ergebnissen der Be-

Identität und Lebenszufriedenheit

Die Frage, womit man sich identifiziert, spielt für die Lebenszufriedenheit eine große Rolle, denn es beeinflusst in hohem Maße Selbst- und Fremdbild. Wie ich mich selber sehe bzw. wie ich von anderen gesehen werde, bestimmt sowohl meine empfundene Stellung in der Gesellschaft als auch den Lebensalltag. So weiß man aus der Glücksforschung, dass Arbeitslose in Umgebungen mit hoher Arbeitslosigkeit weniger unglücklich sind, da Stigma und Abwertung weniger stattfinden, was das individuelle Selbstbild aufwertet. Außerdem sind Personen aus der LGBTQIA+-Gemeinschaft umso glücklicher, je höher der Anteil an Personen, die sich dieser Gemeinschaft zugehörig fühlen, in einer Umgebung ist.[52]

Abb. 19 **Hoher Anteil Ostdeutscher fühlt sich unterrepräsentiert – besonders in den Führungsetagen großer Unternehmen**

Wer sich mit Ostdeutschland identifiziert, sieht sich in Führungs- und Entscheiderpositionen stärker unterrepräsentiert als Personen, die sich mit Westdeutschland identifizieren. Besonders signifikant ist die empfundene Unterrepräsentation in der oberen Etagen großer Unternehmen.

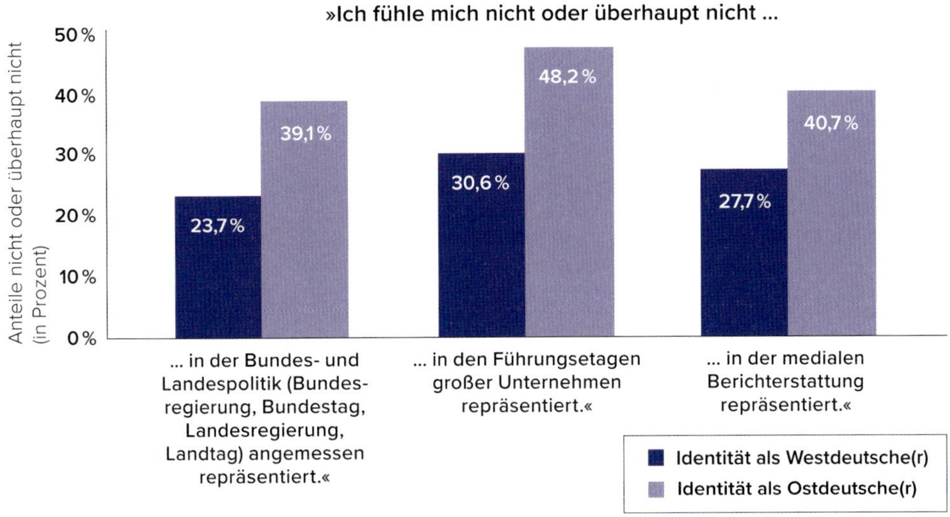

Anmerkungen: Frage: »Inwieweit fühlen Sie sich als West-/Ostdeutscher in [...] repräsentiert?« Für die Repräsentativität wurden Gewichtungsfaktoren genutzt. **Quelle:** Eigene Berechnungen auf Grundlage der Glücksatlas-Datenbank 2023.

fragung fühlen sich Menschen, die sich als Ostdeutsche identifizieren, deutlich unterrepräsentiert im Vergleich zu Westdeutschen (siehe **Abbildung 19**). Für die Bundes- und Landespolitik zeigen sich 39 Prozent von der Repräsentation enttäuscht, von der medialen Berichterstattung sind es knapp 41 Prozent der Ostdeutschen. Diese Zahlen liegen etwa ein Viertel bis ein Drittel höher als bei den Westdeutschen.

Besonders deutlich zeigt sich der Unterschied im Repräsentationsempfinden bei großen Unternehmen: Fast jeder Zweite, der sich mit Ostdeutschland identifiziert, fühlt sich in den Führungsetagen großer Unternehmen nicht repräsentiert. Im Gegensatz dazu fühlen sich Westdeutsche in diesem Bereich »nur« zu 30,6 Prozent nicht repräsentiert. **Abbildung 19** zeigt hierbei nur den Anteil der Ostdeutschen, die sich nicht oder überhaupt nicht repräsentiert fühlen. Würde man noch diejenigen hinzuzählen, die sich in den Managementetagen großer Unternehmen nur »teils, teils« repräsentiert fühlen, käme man auf 87 Prozent, das heißt, gerade mal 13 Prozent der Ostdeutschen fühlen sich in den großen Unternehmen wirklich repräsentiert.[54]

Und der Schein trügt nicht: In den Führungspositionen von Unternehmen, aber auch in staatlichen Organisationen (Justiz, Hochschulen und Forschungsinstituten, Bundeswehr, Verlagswesen etc.) finden sich tatsächlich nur geringe Anteile an Ostdeutschen. Eine Untersuchung aus dem Jahr 2016 kommt zu dem Schluss, dass gerade mal »1,7 Prozent der betrachteten Spitzenpositionen [...] von Ostdeutschen besetzt [sind] – bei einem Bevölkerungsanteil von bundesweit 17 Prozent«.[55] Der geringe Anteil in diesen Positionen ist zum Politikum geworden und gilt als ein gewichtiger Erklärungsfaktor für das Phänomen, dass sich viele Ostdeutsche als »Bürger zweiter Klasse« wahrnehmen. Fehlende Repräsentation, Partizipation und damit Macht der Ostdeutschen in der vereinten Bundesrepublik führen regelmäßig zu dem Gefühl, dass vonseiten Westdeutscher »über die eigenen Köpfe hinweg« entschieden wird. Dieses Empfinden erhöht die Unzufriedenheit mit Politik und Gesellschaft und schafft Misstrauen.[56]

37 Prozent der Ostdeutschen geben an, sich etwas oder sehr als »Bürger zweiter Klasse« zu fühlen, weitere 30 Prozent teils, teils (**Abbildung 20**). Somit sagen nur ein Drittel derjenigen, die sich mit Ostdeutschland identifizieren, dass sie Herabwürdigungen nicht oder überhaupt nicht empfinden. Das Gefühl, als Bürger in der Bundesrepublik in der zweiten Reihe zu stehen, steht in einem negativen Zusammenhang mit der persönlichen Lebenszufriedenheit: Insbesondere diejenigen, die sich eher oder sehr als »Bürger zweiter Klasse« sehen, weisen mit durchschnittlich 6,01 Punkten eine signifikant niedrigere Lebenszufriedenheit auf im Vergleich zu denen, die solche Empfindungen nicht oder überhaupt nicht haben (7,05 Punkte).

Der Zusammenhang mit der Lebenszufriedenheit könnte durch unterschiedlich hohe Einkommen begründet sein. So könnte die These lauten, dass gerade diejenigen Ostdeutschen sich als »Bürger zweiter Klasse« sehen, die wirtschaftlich weniger erfolgreich und deshalb mit ihrem Leben unzufrieden sind. Das ist aber nicht der Fall, wie **Abbildung 21** zeigt: Wenn wir Einkommen, Geschlecht, Alter und Wohnortgröße konstant halten, so bleibt der Negativeffekt auf die Lebenszufriedenheit erhalten. Ostdeutsche, die sich sehr als »Bürger zweiter Klasse« fühlen, sind mit 5,87 Punkten um über einen Punkt unglücklicher als Ostdeutsche, die dies überhaupt nicht empfinden (6,95 Punkte).[57] Ähnlich intensiv wie das Gefühl, »Bürger zweiter Klasse« zu sein, wirken auf die Lebenszufriedenheit nur Faktoren wie zum Beispiel die Arbeitslosigkeit. Wer arbeitslos ist, ist etwa um 1,5 Punkte unglücklicher als ein Erwerbstätiger. Das zeigt, wie stark das Gefühl der mangelnden Sichtbarkeit im Osten ausgeprägt ist.

Und wie gesagt: Der in **Abbildung 21** aufgezeigte Zusammenhang hat nichts oder nur wenig mit dem Einkommen der Befragten zu tun. Befragen wir zwei Ostdeutsche mit gleich hohen Einkommen, so wird derjenige, der sich als »Bürger zweiter Klasse« fühlt, eine deutlich geringere Lebenszufriedenheit aufweisen als derjenige ohne diese Empfindung. Das zeigt die hohe Relevanz von Identitätsfragen für die Lebenszufriedenheit der Ostdeutschen.

Abb. 20 Nur ein Drittel der Ostdeutschen sieht sich nicht als »Bürger zweiter Klasse«

37 Prozent fühlen sich etwas oder sehr als »Bürger zweiter Klasse«, 30 Prozent teils, teils. Wer sich als Ostdeutscher als »Bürger zweiter Klasse« fühlt, ist mit seinem Leben deutlich unzufriedener.

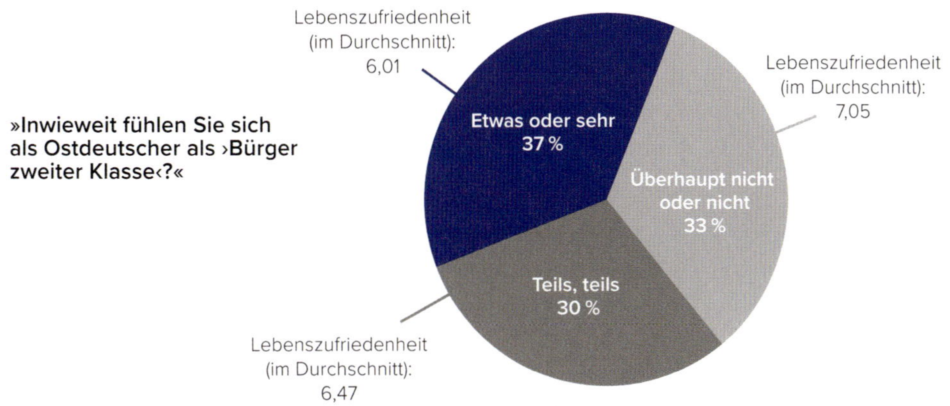

Anmerkung: Für die Repräsentativität wurden Gewichtungsfaktoren genutzt. **Quelle:** Eigene Berechnungen auf Grundlage der Glücksatlas-Datenbank 2023.

Abb. 21 Das Gefühl, »Bürger zweiter Klasse« zu sein, hängt negativ mit der Lebenszufriedenheit zusammen

Der negative Effekt des »Zweite-Klasse-Bürgers« auf die Lebenszufriedenheit bleibt erhalten, wenn zwei Personen mit identisch hohem Einkommen verglichen werden.

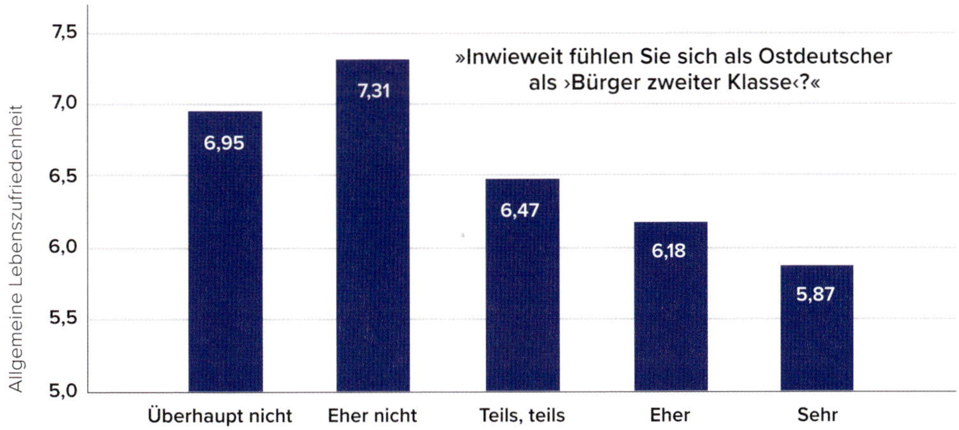

Anmerkungen: OLS-Regression unter Konstanthaltung individueller Faktoren wie Haushaltsnettoeinkommen, Geschlecht, Alter und Wohnortgröße. Für die Repräsentativität wurden Gewichtungsfaktoren genutzt. **Quelle:** Eigene Berechnungen auf Grundlage der Glücksatlas-Datenbank 2023.

Glück in verschiedenen Lebensbereichen

von Bernd Raffelhüschen und Timon Renz

Die Zufriedenheiten mit den Bereichen des Lebens: Ein Überblick über die Ergebnisse

HAUPTERGEBNISSE

- **Die Familienzufriedenheit erholt sich 2023 um 0,06 Punkte auf 7,48. Trotzdem liegt dieser Wert noch deutlich unter dem Vor-Corona-Niveau (8,02). Die Familien sind noch immer nicht so zufrieden wie vor der Corona-Pandemie.**
- **Die Gesundheitszufriedenheit bleibt stabil (7,00 Punkte) und liegt seit 2021 auf einem höheren Niveau als in der Zeit davor.**
- **Die Arbeitszufriedenheit (7,11 Punkte) nimmt nur geringfügig zu. Der Unterschied im Glücksniveau zwischen der Branche mit den am wenigsten glücklichen Mitarbeitern und jener Branche mit den glücklichsten Mitarbeitern beträgt 0,74 Punkte.**
- **Die Einkommenszufriedenheit stabilisiert sich wieder leicht auf 6,64 Punkte, nachdem sie drei Jahre in Folge gesunken ist. Noch liegt die Zufriedenheit mit dem Einkommen aber deutlich unterhalb des Niveaus der 2010er-Jahre.**

Die Lebenszufriedenheit hat sich, wie auf Seite 18 dargestellt, 2023 leicht (um 0,06 Punkte) erholt. Die gute Nachricht ist, dass sich auch die Zufriedenheit mit einzelnen Lebensbereichen, etwa mit der Arbeit, dem Einkommen und der Familie, erholt hat, teilweise sogar recht ordentlich, etwa die Zufriedenheit mit dem Einkommen (+0,15 Punkte). Generell gilt: Auch hier ist das Vor-Corona-Niveau noch längst nicht erreicht.

Abbildung 1 zeigt, wie sich die einzelnen Bereichszufriedenheiten zwischen 2015 und 2023 entwickelt haben. Dabei fällt zunächst auf, dass es zwischen ihnen deutlich Niveauunterschiede gibt. Die Zufriedenheit mit dem eigenen Familienleben wird über den Zeitraum 2015 bis 2023 unter den vier betrachteten Lebensbereichen mit Durchschnittswerten zwischen 7,2 und 8,0 Punkten am höchsten bewertet. An zweiter Stelle kommt die Arbeitszufriedenheit, welche sich im Korridor zwischen 6,9 und 7,4 Punkten bewegt. Die Zufriedenheit mit dem eigenen Haushaltseinkommen lag bis 2021 stets knapp unterhalb der Arbeitszufriedenheit – beide Bereiche verliefen dabei sehr ähnlich. 2022 fiel

Abb. 1 Zufriedenheit in einzelnen Lebensbereichen (2015 bis 2023)

2023 können sich sämtliche Bereichszufriedenheiten erholen. Die Zufriedenheit mit dem eigenen Einkommen kann um 0,15 Punkte zunehmen, die Familienzufriedenheit um 0,06 Punkte. Der Anstieg bei der Arbeit (+0,02 Punkte) ist hingegen nur geringfügig.

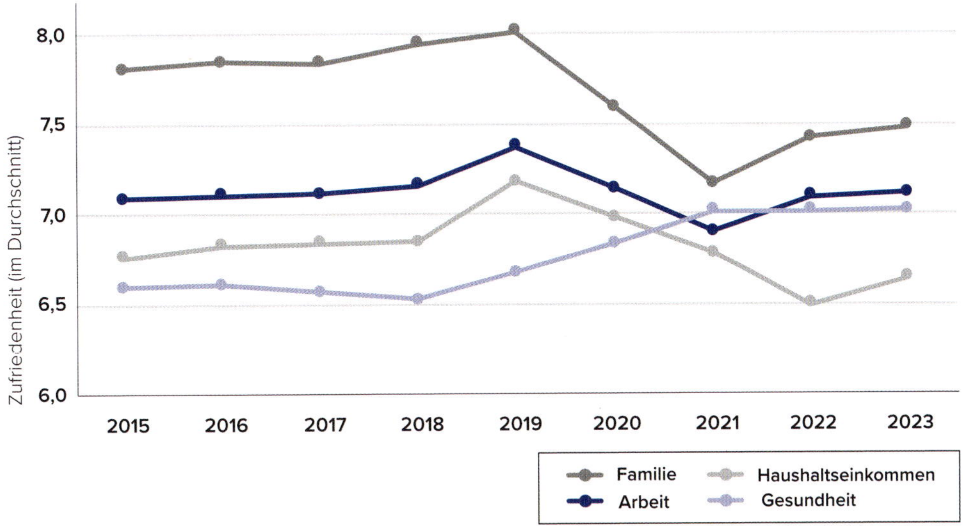

Anmerkungen: Zufriedenheit von 0 (»ganz und gar nicht zufrieden«) bis 10 (»völlig zufrieden«). Für die Repräsentativität wurden Gewichtungsfaktoren genutzt. Modeeffekte zwischen den Befragungen wurden bestmöglich herausgerechnet. **Quelle:** Eigene Berechnungen auf Grundlage des Sozio-oekonomischen Panels 2015 bis 2020 sowie der Glücksatlas-Datenbank 2021 bis 2023.

die Einkommenszufriedenheit aber ab. Die Zufriedenheit mit der eigenen Gesundheit war bis 2020 am geringsten, ausgerechnet seit der Pandemie bewegt sie sich auf ähnlichem Niveau wie die Arbeitszufriedenheit und hat sogar die Einkommenszufriedenheit überholt.

Bei der Bewertung der einzelnen Bereichszufriedenheiten ist das Niveau zwar nicht unwichtig, noch interessanter ist aber, in welche Richtung es sich entwickelt. Aus **Abbildung 1** lässt sich ablesen, dass die Richtung insgesamt bis 2019 nach oben zeigte – mit Ausnahme der Gesundheitszufriedenheit, die zwischen 2016 und 2018 kurzzeitig leicht absank. Besonders zwischen 2018 und 2019 nahmen die Zufriedenheiten zu: Die Zufriedenheit mit dem Haushaltseinkommen gewann am stärksten und stieg von 6,85 auf 7,18 Punkte.

Dann kam 2020 die Corona-Pandemie. Am heftigsten traf es die Familienzufriedenheit, die in den zwei Jahren, 2020 und 2021, um 0,85 Punkte absackte. Auch die Einbußen in der Arbeits- (minus 0,47 Punkte) und der Einkommenszufriedenheit (minus 0,40 Punkte) waren hoch. Nur die Gesundheitszufriedenheit stieg im Pandemie-Zeitraum um 0,34 Punkte. Erklärt wird diese – zunächst überraschende – Entwicklung mit dem Kontrasteffekt: Während Corona nahm man eigene Beschwerden weniger wichtig und beurteilte im Kontrast zu den

Corona-Erkrankten und den Medienberichten die eigene Gesundheit positiver als in der Zeit vor dem Auftreten des Covid-19-Virus. Seitdem stagniert die Gesundheitszufriedenheit und liegt 2023 bei 7,00 Punkten. Interessant ist darüber hinaus, dass die Zufriedenheit mit der Gesundheit seit 2021 auf einem höheren Niveau verbleibt als in der Zeit davor: Im Mittel der Jahre 2015 bis 2020 lag sie bei 6,64 Punkten, seit 2021 hält sich die Gesundheitszufriedenheit konstant bei knapp 7 Punkten.

Nach dem Ende der Pandemie kann sich die Familienzufriedenheit wieder erholen: Sie stieg seit dem Tiefpunkt 2021 wieder um 0,31 Punkte auf 7,48 Punkte im Jahr 2023 (**Abbildung 1**). Vom Vor-Corona-Niveau (8,02 Punkte) ist sie aber noch weit entfernt. Die Familien in Deutschland müssen sich nicht nur von den Corona-Strapazen erholen: Die Stimmung trüben die Preiserhöhungen, die besonders Familien mit Kindern belasten, weil deren Haushaltbudgets einen hohen Konsumanteil haben.

Auch die Zufriedenheit mit der Arbeit erholt sich vom Tiefpunkt 2021 (6,90 Punkte) um 0,21 Punkte und legt auf 7,11 zu. Obwohl das Vor-Corona-Niveau (2019) mit 7,38 Punkten noch weit entfernt ist, hat die Arbeitszufriedenheit in diesem Jahr mit 7,11 Punkten wieder den Stand der Jahre 2015 bis 2018 (Ø 7,12 Punkte) erreicht. Daran hat das inzwischen weitverbreitete Homeoffice einen großen Anteil, weil es der Arbeitswelt neue Flexibilitätsmöglichkeiten eröffnet hat.

Am schlechtesten wurde seit Corona die Zufriedenheit mit dem Haushaltseinkommen beurteilt. Sie brach von einem Spitzenwert (7,18) kontinuierlich ein und erreichte 2022 lediglich 6,49 Punkte, was einem Minus von 0,69 Punkten entspricht. 2023 kann sie sich aber wieder leicht auf 6,64 Punkte erholen. Zusätzlich spielte der Schock eine Rolle, den die rasant auf bis zu 10 Prozent hochschießende Inflation auslöste: In der Zeit seit 2008 hatten sich die Reallöhne stabil entwickelt. Die erheblichen Reallohnverluste seit Anfang 2019 stellen eine ungewohnte Situation dar.

Arbeitszufriedenheit: Große branchenspezifische Unterschiede

HAUPTERGEBNISSE

- **Die Arbeitszufriedenheit liegt 2023 wieder auf dem Stand der Jahre 2014 bis 2018 – abgesehen vom »Ausreißer-Jahr« 2019. Die Deutschen sind somit heute wieder so zufrieden mit ihrer Arbeit wie in den 2010er-Jahren.**
- **Selbstständige Frauen sind nun ebenso zufrieden wie ihre nicht selbstständigen Kolleginnen und selbstständige Männer. Während der Corona-Pandemie zählten sie zu den am wenigsten zufriedenen Gruppen überhaupt.**
- **Im Vergleich der Lebenszufriedenheit zwischen neun verschiedenen Wirtschaftsbranchen sind Beschäftigte in der Finanz- und Versicherungsbranche (7,06 Punkte) die glücklichsten, in Handel und Gastronomie (6,32 Punkte) arbeiten die unglücklichsten Personen. Die Differenz beträgt 0,74 Punkte.**
- **Die Unterschiede im Glücksempfinden zwischen den verschiedenen Branchen lassen sich zu 20 Prozent durch die Einkommenshöhe erklären. Die verbleibenden 80 Prozent werden von den Arbeitsbedingungen in den jeweiligen Sektoren beeinflusst. Beispielsweise ist im Gesundheits- und Sozialwesen der höchste Zeitdruck und Stress zu verzeichnen.**

Mit 7,11 Punkten liegt die Arbeitszufriedenheit 2023 nur 0,02 Punkte über dem Wert des Vorjahrs und damit 0,27 Punkte unterhalb des Vor-Corona-Werts von 2019 – wobei dieses Jahr ein außergewöhnlicher »Ausreißer« nach oben gewesen war (**Abbildung 2**). Im Schnitt der Jahre 2014 bis 2018 lag die Arbeitszufriedenheit bei 7,10 Punkten. Zieht man das in Betracht, ist die Zufriedenheit mit der beruflichen Situation dieses Jahr wieder auf dem Vor-Corona-Stand. Der geringe Stand von 2021 (6,90 Punkte) ist in jedem Falle überwunden.

Einen Überblick über die Entwicklung verschiedener Wohlfahrtsindikatoren der Arbeitswelt von 2019 bis 2023 gibt **Tabelle 1**. Die Arbeitslosenquote gilt als entscheidender Faktor für die Arbeits- und Lebenszufriedenheit. Inmitten der

Abb. 2 **Arbeitszufriedenheit der Deutschen erholt sich weiter**

Die Zufriedenheit mit dem eigenen Erwerbsleben ist in der Corona-Pandemie bis auf 6,90 Punkte gesunken und kann sich 2023 wieder auf 7,11 Punkte erholen. Damit liegt die Arbeitszufriedenheit wieder auf dem Niveau von 2016. Von den 7,38 Punkten 2019 ist man aber noch weit entfernt.

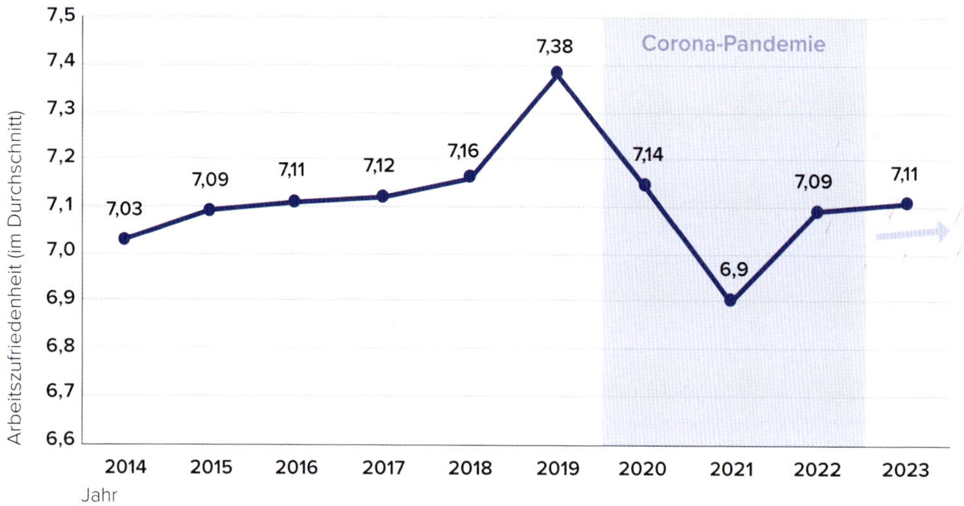

Anmerkungen: Zufriedenheit von 0 (»ganz und gar nicht zufrieden«) bis 10 (»völlig zufrieden«). Für die Repräsentativität wurden Gewichtungsfaktoren genutzt. Modeeffekte zwischen den Befragungen wurden bestmöglich herausgerechnet. **Quelle:** Eigene Berechnungen auf Grundlage des Sozio-oekonomischen Panels 2014 bis 2020 sowie der Glücksatlas-Datenbank 2021 bis 2023.

Corona-Pandemie, besonders im ersten Jahr 2020, führte der Lockdown vorübergehend zu erheblicher Unsicherheit am Arbeitsmarkt. Große Unternehmen stoppten die Produktion, rund sechs Millionen Beschäftigte erhielten Kurzarbeitergeld. Während der Pandemie blieben Unsicherheiten überwiegend auf bestimmte Dienstleistungsbereiche beschränkt, wobei die Gastronomie besonders unter ständigen Veränderungen litt. Insgesamt blieb die Arbeitslosenquote während Corona mit 6,1 (2020) beziehungsweise 5,9 Prozent (2021) moderat und betraf nicht die Masse der Bevölkerung. 2022 sank die Quote wieder auf 4,9 Prozent. Mit dem Jahr 2023 (5,5 Prozent) verändern sich die ökonomischen Bedingungen: Zur Bekämpfung der Inflation erhöhte die Europäische Zentralbank den Leitzins, was die Konjunktur in Deutschland dämpft. Höhere Zinsen hemmen private und staatliche Investitionen, und die Nachfrage nach Arbeitskräften vermindert sich.

Die Unterbeschäftigtenquote erweitert den Arbeitslosenbegriff um Personen, die sich in Qualifizierungsmaßnahmen oder Altersteilzeit befinden, sowie Erwerbspersonen, die kurzfristig erkrankt sind. Auch Unterbeschäftigte sind mit ihrer Arbeitssituation oft unzufrieden, da die meisten unter ihnen gerne mehr arbeiten möchten, aber nicht können. Mit 7,3 Prozent liegt die Unterbeschäftigtenquote 2023 aber nur unwesentlich über dem Wert von 2019 (6,8 %). Ebenso verhält es sich mit der Aufstocker-Quote, das heißt dem Anteil an den Erwerbspersonen, die Bürgergeld-berechtigt sind: Sie steigt mit 8,4 Prozent nur gering und liegt auf dem Niveau von 2019.

Die Entwicklung der Arbeitszufriedenheit seit 2020 ist weniger auf »harte Faktoren« wie Gehalt, Arbeitszeit etc. zurückzuführen, sondern stärker auf die »weichen Faktoren«. Die Auswirkungen von Corona waren in manchen Betrieben und Abteilungen spürbar disruptiv: Die Kommunikation wandte sich verstärkt digitalen Kanälen zu, Arbeits- und Freizeit verschwammen zunehmend, und die Arbeitsmethoden gewannen an Autonomie. Für einige Mitarbeiter waren diese Veränderungen tiefgreifend. In der Folge wuchs 2022 der Krankenstand stark an: Laut der IAB-Arbeitszeitrechnung wurde jeder Arbeitnehmer durchschnittlich 15 Arbeitstage im letzten Jahr krankgemeldet, in den Jahren zuvor waren es stets circa 11 Arbeitstage. Der Krankenstand nahm zu, obwohl das Arbeitsvolumen im Zuge der Corona-Pandemie abnahm: Statt noch 1.291 Stunden pro Jahr (2019) arbeitete der durchschnittliche Arbeitnehmer im Jahr 2022 noch 1.266 Stunden pro Jahr – und damit 2 Prozent weniger. Eine Zunahme von Teilzeit (z. B. Vier-Tage-Woche) trug zur Arbeitszeitverkürzung bei.

Tab. 1 Wohlfahrtsindikatoren in der Arbeitswelt

Indikator	Beschreibung	Jahr				
		2019	2020	2021	2022	2023
1. Arbeitslosenquote[a]	Arbeitslosenquote aller zivilen Erwerbspersonen in Prozent	4,9	6,1	5,9	4,9	5,5
2. Unterbeschäftigtenquote[a, b]	Unterbeschäftigte aller zivilen Erwerbspersonen in Prozent	6,8	7,7	7,4	6,5	7,3
3. Aufstocker-Quote[c]	Erwerbstätige erwerbsfähige Leistungsberechtigte aller zivilen Erwerbspersonen in Prozent	8,4	8,4	8,2	8,0	8,4
4. Krankenstand	In Arbeitstagen, je Arbeitnehmer pro Jahr	10,9	11,2	11,2	15,0	n. e.
5. Arbeitszeit	In Stunden pro Jahr, Voll- und Teilzeit	1.291	1.249	1.267	1.266	n. e.

Quellen: Bundesagentur für Arbeit 2023a (1,2,3), Statistisches Bundesamt (3), IAB-Arbeitszeitrechnung (4,5). [a] Quoten in jedem Jahr für den Monat Mai. [b] Zu den Unterbeschäftigten zählen zusätzlich zu den Arbeitslosen Erwerbspersonen, die kurzfristig erkrankt sind, sich in einer Qualifizierungsmaßnahme oder Altersteilzeit befinden, sowie angehende Selbstständige mit Gründungszuschüssen.[58] [c] Zahlen jeweils im Durchschnitt der Jahre, eigene Berechnungen.

Abb. 3 **Selbstständige noch unter Vor-Corona-Niveau**

Die Lebenszufriedenheit von weiblichen Selbstständigen hat sich erholt und liegt 2023 wieder auf dem gleichen Niveau wie die der männlichen Selbstständigen.

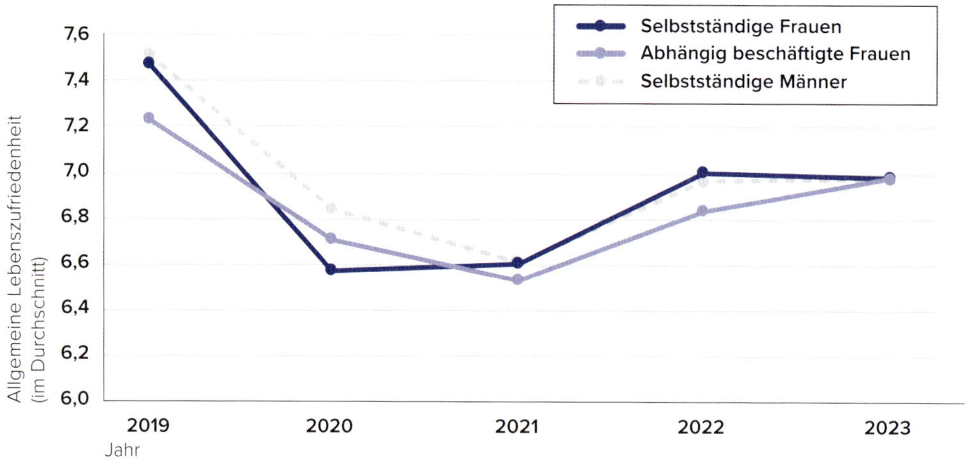

Anmerkungen: Zufriedenheit von 0 (»ganz und gar nicht zufrieden«) bis 10 (»völlig zufrieden«). Für die Repräsentativität wurden Gewichtungsfaktoren genutzt. Modeeffekte zwischen den Befragungen wurden bestmöglich herausgerechnet. **Quelle:** Eigene Berechnungen auf Grundlage des Sozio-oekonomischen Panels 2019 bis 2020 sowie der Glücksatlas-Datenbank 2021 bis 2023.

Selbstständige noch nicht ganz aus dem Corona-Tief

Eine Berufsgruppe, die in der Corona-Pandemie besonders gelitten hatte, waren die weiblichen Selbstständigen. Im Jahr 2020 lag deren Lebenszufriedenheit 0,91 Punkte niedriger als 2019, während bei den männlichen Selbstständigen ein Rückgang von 0,68 Punkten verzeichnet wurde (**Abbildung 3**). Ein ähnliches Ergebnis stellen Ahlheim et al. (2020) fest. Sie sahen besonders hohe Glückseinbußen bei Solo-Selbstständigen und Frauen und vermuteten, dass Frauen – neben den Schwierigkeiten mit den Corona-Beschränkungen – zusätzlich familiären Zwängen unterworfen waren und sich deswegen weniger um Unterstützungen durch den Staat kümmern konnten. Wir vermuten zudem, dass Frauen sich häufiger in körpernahen Dienstleistungsbereichen wie Friseurläden, Massage- und Nagelstudios usw. selbstständig machen als Männer – alles Berufszweige, die in der Pandemie wiederholt geschlossen werden mussten.

Was ist ein »Selbstständiger«?

Selbstständig ist, wer seinen Lebensunterhalt eigenständig erwirtschaftet und den Alltag selbstbestimmt gestaltet. Das erfordert ein hohes Maß an Selbstdisziplin, außerdem trägt man das alleinige Risiko. Unterschieden werden dabei Selbstständige, die als »Freiberufler« wie Ärzte, Notare oder Ingenieure tätig sind, und »Unternehmer« mit eigenem Gewerbe (z. B. Handwerker).

Die männlichen Selbstständigen finden sich eher im Handwerk, das von den Corona-Beschränkungen weniger betroffen war.

Bereits 2021 gab es zwischen weiblichen und männlichen Selbstständigen keine Unterschiede mehr. Darüber hinaus waren selbstständige Frauen im zweiten Corona-Jahr bereits wieder um 0,07 Punkte zufriedener als nicht selbstständige Frauen. 2022 erholten sich die Selbstständigen wieder schneller als die Unselbstständigen, während sich 2023 alle drei Gruppen in **Abbildung 3** bei 6,98 Punkten wiederfinden. Damit liegen die weiblichen Selbstständigen immer noch knapp 0,5 Punkte vom Vor-Corona-Niveau entfernt und somit weiter als die Gesamtbevölkerung (0,22 Punkte zum Vor-Corona-Niveau).

In welcher Branche die glücklichsten Beschäftigten arbeiten

Im *Glücksatlas 2021* stellten wir fest, dass Erwerbstätige mit eher geistigen Tätigkeiten (sogenannte »Angestellte«, z. B. Büroarbeiten oder Dienstleistungen) mit ihrem Leben zufriedener sind als Erwerbstätige, die eher körperlich arbeiten (»Arbeiter«). Mit Abstand am glücklichsten waren (im Zeitraum von 2011 bis 2019) Beamte mit 7,66 Punkten, gefolgt von (nicht) leitenden Angestellten (7,15 Punkte) und zuletzt den Arbeitern (6,64 Punkte).[59] Zu den wichtigsten Erklärungen für die Glücksunterschiede gehören ein im Durchschnitt noch immer geringeres Einkommen von Arbeitern sowie stärkere gesundheitliche Belastungen insbesondere in den Jahren vor Renteneintritt.

In diesem Jahr wollten wir es genauer wissen und fragten in unserer Sonderbefragung aus dem Juni 2023[60] die Erwerbstätigen nach der Branche, in der sie arbeiten. Die Unterscheidung der Branchen richtete sich nach der Klassifikation der Wirtschaftszweige des Statistischen Bundesamtes (siehe Box *Klassifikation der Wirtschaftszweige*). Zur Auswahl standen 17 Branchen, darunter das verarbeitende Gewerbe, das Gastgewerbe, die öffentliche Verwaltung oder das Gesundheits- und Sozialwesen. Um statistisch robuster zu arbeiten, wurde die Zahl der Branchen von 17 auf 9 reduziert. So wurde aufgrund ähnlicher Tätigkeiten das Grundstücks- und Wohnungswesen (z. B. Immobilienbewerter) der Finanz- und Versicherungsbranche zugeordnet oder die Energie- und Wasserversorgung dem Baugewerbe zugerechnet.

Abbildung 4 zeigt die Ergebnisse. Mit 7,06 Punkten arbeiten in der Finanz- und Versicherungsbranche die mit Abstand Glücklichsten – gefolgt von Mitarbeitern im Bereich Information und Kommunikation mit 6,94 Punkten (z. B. IT-Dienstleister, Marketing) sowie der öffentlichen Verwaltung (6,88 Punkte). Die glücklichste Branche, in der noch überwiegend körperlich gearbeitet wird, ist die Baubranche mit 6,81 Punkten. Mit etwas Abstand folgt das verarbeitende Gewerbe mit 6,50 Punkten. Weit abgeschlagen liegen Berufe und Branchen, in denen man im weitesten Sinne »mit Menschen« zu tun hat. Im Gesundheits- und Sozialwesen (Ärzte, Pfleger, Sozialarbeiter) beurteilen die Erwerbstätigen ihre Lebenszufriedenheit mit durchschnittlich 6,47 Punkten, in der Kategorie Erziehung und Unterricht (z.B. Lehrer, Erzieher) sind es gerade mal 6,33 Punkte. Am unteren Ende liegt die Handels- und Gastrobranche (z.B. Einzelhandelskaufmann/-frau, Restaurantfachmann/-frau) mit 6,32 Punkten. Aber auch die Kunst- und Unterhaltungsbranche liegt bei nur 6,44 Punkten und reiht sich unter die Branchen mit eher unglücklichen Erwerbstätigen.

Dabei sind die Glücksunterschiede zwischen den Branchen nicht nur auf die unterschiedlich

Klassifikation der Wirtschaftszweige

Die hier gewählte Gliederung der Branchen richtet sich nach den Vorgaben der statistischen Systematik der Wirtschaftszweige in der Europäischen Gemeinschaft (EG). Die Unterscheidung sollte möglichst alle Berufe und Branchen umfassen. Außerdem sollten die Zweige sich gegenseitig ausschließen. Laut Statistischem Bundesamt waren an der Erarbeitung eine Reihe von »Datennutzern und Datenproduzenten in Verwaltung, Wirtschaft, Forschung und Gesellschaft« beteiligt.[61]

Abb. 4 **In der Finanz- und Versicherungsbranche arbeiten die Zufriedensten, in der Handels- und Gastrobranche die Unzufriedensten**

Mit 7,06 Punkten arbeitet es sich in der Finanz- und Versicherungsbranche am glücklichsten. Die Branchen, die eher körperliche Tätigkeiten umfassen, landen im Mittelfeld. Am unzufriedensten sind die Menschen in Branchen, in denen »mit Menschen« gearbeitet wird.

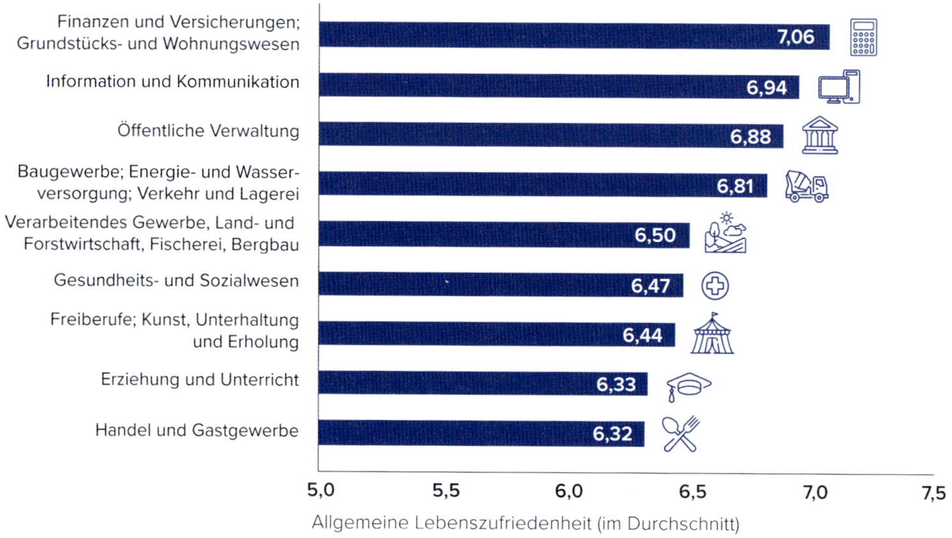

Anmerkungen: Lebenszufriedenheit von 0 (»ganz und gar nicht zufrieden«) bis 10 (»völlig zufrieden«). Für die Repräsentativität wurden Gewichtungsfaktoren genutzt. Branchenunterscheidung nach WZ (2008) des Statistischen Bundesamts. **Quelle:** Eigene Berechnungen auf Grundlage der Glücksatlas-Datenbank 2023.

Abb. 5 Anteil der Beschäftigten mit viel Druck und Stress im Gesundheits- und Sozialwesen am höchsten

Das Gefühl von Zeitdruck und Gehetztheit ist im Gesundheits- und Sozialwesen am verbreitetsten: 41,7 Prozent geben hier an, sich »etwas« oder »sehr« häufig unter Zeitdruck zu fühlen. Im Finanz- und Versicherungswesen ist es noch nicht einmal jeder Dritte.

Frage: »Wie häufig kam es in den vergangenen vier Wochen vor, dass Sie sich gehetzt oder unter Zeitdruck fühlten?«
Anteile »etwas« oder »sehr«

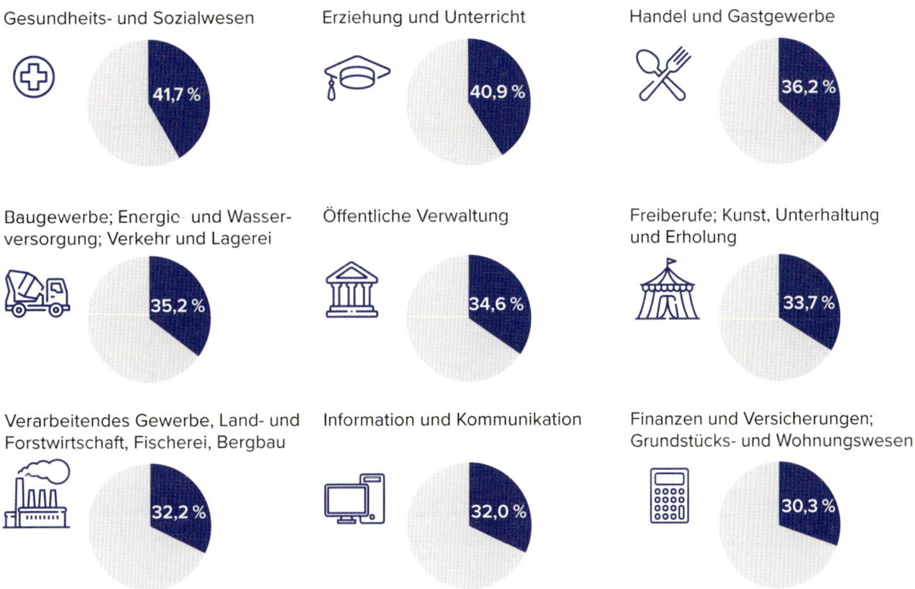

Anmerkung: Anteile »etwas häufig« und »sehr häufig« sich in den letzten vier Wochen gehetzt oder unter Zeitdruck gefühlt.
Quelle: Eigene Berechnungen auf Grundlage der Glücksatlas-Datenbank 2023.

hohen Einkommen zurückzuführen. Eine statistisch genauere Betrachtung legt offen, dass gerade mal 20 Prozent durch Einkommensunterschiede erklärt werden können.[62] Die restlichen 80 Prozent hängen mit vielen anderen Lebensumständen zusammen, darunter soziodemografische Faktoren wie Geschlecht und Alter und viele andere. Ein Faktor, den wir näher untersuchen konnten, ist zeitliche Flexibilität, die sich zwischen den Branchen immens unterscheidet: So sind öffentliche Verwaltung und die Finanz- oder Informationsbranche zeitlich sehr flexibel, und es steht oftmals das Homeoffice zur Verfügung, während es in anderen Branchen Anwesenheitspflichten am Arbeitsplatz sowie Schichtsysteme gibt. Das führt im Alltag auch zu einer höheren Abhängigkeit von Schulen, Kitas oder Verwandten, zudem muss täglich zum Arbeitsort gependelt werden. Außerdem ist es in Jobs in der Gastrobranche oder im verarbeitenden Gewerbe auch schwerer möglich, Neben- oder Freizeitbeschäftigungen nachzugehen.

Ein weiterer wichtiger Faktor, der die Glücksunterschiede zwischen den Branchen zu etwa 12 Prozent erklären kann, sind die verschiedenen Niveaus an Stress und Zeitdruck in den Berufen. In unserer Sonderbefragung fragten wir nach dem in den letzten vier Wochen erlebten Zeitdruck. Dabei zeigt sich, dass es für Personen, die im Gesundheits- und Sozialwesen arbeiten, zu 41,7 Prozent »etwas« oder »sehr häufig« vorkommt, dass sie sich gehetzt und unter Zeitdruck fühlen (**Abbildung 5**). In der Finanz- und Versicherungsbranche sind es gerade mal 30,3 Prozent der Beschäftigten, die das angeben, und damit knapp ein Viertel weniger. Großen Zeitdruck verspürt auch ein hoher Anteil in der Branche Erziehung und Unterricht (40,9 %). Relativ gering scheint der Zeitdruck in den Branchen Information und Kommunikation sowie im verarbeitenden Gewerbe zu sein.

Einkommenszufriedenheit: Mehrheit gewöhnt sich an die Inflation

HAUPTERGEBNISSE

- **Inflation und Einkommenszufriedenheit stehen zueinander in enger Beziehung. Eine hohe Inflation und damit einhergehende sinkende Reallöhne führen zu einer Verringerung der Zufriedenheit mit der finanziellen Situation.**
- **Die Einkommenszufriedenheit steigt 2023 wieder leicht auf 6,64 Punkte an, nachdem sie drei Jahre in Folge deutlich einbrach. Im langjährigen Vergleich liegt die Zufriedenheit mit dem Einkommen aktuell auf dem Niveau der 2010er-Jahre.**
- **Auch die unteren Einkommen sind 2023 etwas zufriedener mit ihrer finanziellen Situation. Der Anteil derjenigen, die mit ihrem Einkommen extrem unzufrieden sind, steigt aber von 6,3 auf 9 Prozent der unteren Einkommenshälfte an.**

Die Reallöhne sinken in Deutschland seit 2020 (**Tabelle 2**) – bis zum ersten Quartal 2023 gingen sie um 5,8 Prozent zurück. Das hatte in jedem Jahr unterschiedliche Ursachen und führte auch zu unterschiedlichen Reaktionen hinsichtlich der Einkommenszufriedenheit. Da die verlorene Kaufkraft 2020 mit der coronabedingten hohen Zahl von Kurzarbeitern zusammenhing und in der zweiten Jahreshälfte unter anderem durch die halbjährig gesunkene Mehrwertsteuer kompensiert wurde, wurden die fallenden Reallöhne von der Mehrheit der Bevölkerung kaum wahrgenommen. Die Einkommenszufriedenheit 2020 lag mit 6,98 Punkten zwar unterhalb derer von 2019 (7,18 Punkte), aber immer noch höher als in den Jahren 2014 bis 2018 (**Abbildung 6**). 16,4 Prozent des Bruttoinlandsprodukts konnten 2020 sogar gespart werden, 2019 waren es »nur« 10,8 Prozent. Auch 2021 wurde mit 15,1 Prozent viel gespart. Dieses zuvor von den Privathaushalten gehortete Finanzvermögen wurde aber im Laufe des zweiten Corona-Jahres zunehmend ausgegeben und trieb auf den Märkten die Preise in die Höhe. Hinzu kamen gegen Ende 2021 Lieferkettenprobleme, in einigen Branchen Rohstoffmangel. Diese Unsicherheiten ließen die Einkommenszufriedenheit auf 6,78 Punkte weiter sinken, was aber noch nicht außergewöhnlich gering ist.

Abb. 6 **Je höher die Inflation, desto geringer die Einkommenszufriedenheit**

Wenn die Inflation steigt (und die Reallöhne sinken), sinkt die Einkommenszufriedenheit. Der starke Absturz der Reallöhne seit 2019 fraß alle Glücksgewinne der 2010er-Jahre auf, und die Einkommenszufriedenheit ist 2023 wieder so hoch wie 2014. Nur 2022 lag sie mit 6,49 Punkten unter dem Durchschnitt

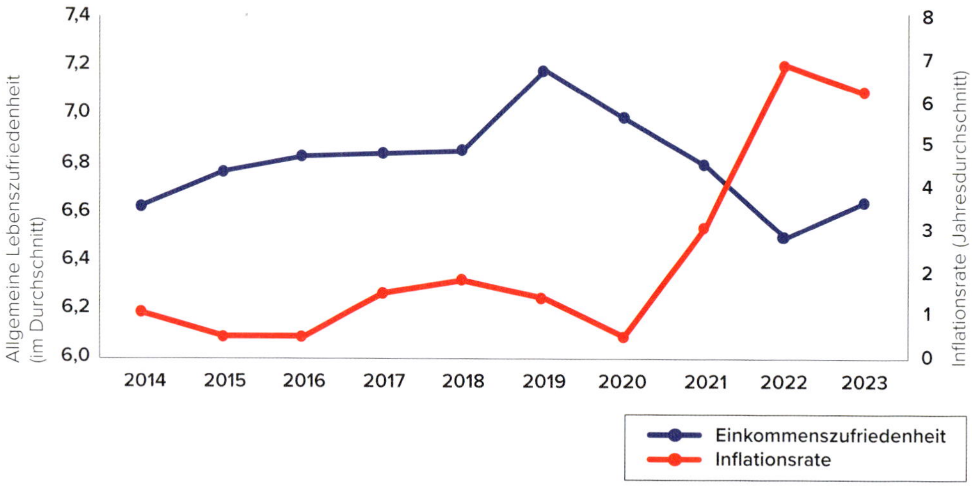

Anmerkungen: Zufriedenheit von 0 (»ganz und gar nicht zufrieden«) bis 10 (»völlig zufrieden«). Für die Repräsentativität wurden Gewichtungsfaktoren genutzt. Modeeffekte zwischen den Befragungen wurden bestmöglich herausgerechnet. **Quelle:** Eigene Berechnungen auf Grundlage des Sozio-oekonomischen Panels 2014 bis 2020 sowie der Glücksatlas-Datenbank 2021 bis 2023.

Im Laufe des Jahres 2022 wurde die Inflation für zunehmende Teile der Bevölkerung im Geldbeutel spürbar. Für Deutschland und die EU, anders als für die USA, hatten die im Zuge des Ukraine-Kriegs gegen Russland erhobenen Sanktionen eine preistreibende Wirkung vor allem auf Energie. Die Reallöhne sanken um 4 Prozent (**Tabelle 2**). Teilweise konnte die Verschlechterung der finanziellen Situation durch »Corona-Boni« oder die Mindestlohnerhöhung auf zwölf Euro im Oktober 2022 gebremst werden. Allerdings erlebten die Menschen die steigenden Preise hautnah: Lebensmittel verteuerten sich zum Beispiel deutlich stärker, als die über alle Güter und Dienstleistungen errechneten Inflationsraten suggerierten. Hinzu kam eine große Unsicherheit bezüglich der Heiz- und Stromkosten. Die Zufriedenheit mit der eigenen finanziellen Situation sank auf 6,49 Punkte (**Abbildung 6**): Dieses Mal waren die Deutschen mit ihrem Einkommen deutlich unzufriedener – Konsummöglichkeiten gingen verloren, Urlaube wurden gestrichen und größere Anschaffungen verschoben. In vielen Bereichen wurde verzichtet. Das war nach den Corona-Jahren, die bereits einiges an Verzicht mit sich brachten, besonders hart. Die Preissteigerungen bleiben auch 2023 hoch, doch scheint eine Mehrheit sich mit der neuen finanziellen Situation arrangiert zu haben: Die Einkommenszufriedenheit steigt wieder auf 6,64 Punkte und liegt damit auf dem Niveau von 2014. Das passt mit dem veränderten Wohlstandsniveau zusammen: Auch der materielle Wohlstand ist durch die bisherigen Preissteigerungen auf das Niveau von 2014 zurückgefallen.

In dieser Gemengelage ist es geradezu ein Wunder, dass die ökonomische Ungleichheit kaum gestiegen zu sein scheint. Der Gini-Koeffizient sank 2022 sogar auf 28,8 Punkte (Skala von 0 = vollkommene Gleichheit bis 100 = vollkommene Ungleichheit) von zuvor 31,2 Punkten (**Tabelle 2**). Der Anteil derer, die weniger als 60 Prozent des mittleren Einkommens verdienen, lag 2022 bei 16,7 Prozent – 2021 waren es 16,9 Prozent. Die deutschen Einkommen sind während Corona und Ukraine-Krieg also kaum ungleicher geworden. Sogar die Verschuldungsquote geht auf 8,5 Prozent zurück.

Der Rückgang der Verschuldungsquote ist insoweit überraschend, als man erwarten würde, dass gerade die unteren Einkommen in Inflationszeiten unter Druck geraten – auch finanziell. Auf Seite 27 haben wir bereits gesehen, dass die Lebenszufriedenheit der unteren Einkommen tatsächlich stagniert (wenn auch nicht fällt), während sie bei den obersten Einkommen zunimmt und die Ungleichheit im Lebensglück somit steigt. Bei der Einkommenszufriedenheit liegt der Fall etwas anders: Die Zufriedenheit mit der finanziellen Situation steigt auch unter Personen, die unterdurchschnittlich verdienen – und zwar von 6,05 (2022) auf 6,15 Punkte (2023). In der oberen Einkommenshälfte nimmt die Einkommenszufriedenheit von 2022 auf 2023 um 0,16 Punkte von 7,31 auf 7,47 Punkte zu. **Abbildung 7** zeigt die Verteilung der Werte von 0 (»ganz und

Tab. 2 Wohlfahrtsindikatoren für die Einkommenszufriedenheit

Indikator	Beschreibung	Jahr				
		2019	2020	2021	2022	2023
1. Reallohn-entwicklung[a]	Reallohnindex im produzierenden Gewerbe und Dienstleistungsbereich im Vergleich zum Vorjahr	1,1	–1,1	–0,1	–4,0	–2,3[a]
2. Einkommens-ungleichheit	Gini-Koeffizient (100 = vollkommene Ungleichheit, 0 = vollkommene Gleichheit)[b]	29,7	30,5	31,2	28,8	n. e.
3. Sparquote	Verhältnis zwischen der Ersparnis und dem BIP	10,8	16,4	15,1	11,3	n. e.
4. Armutsgefährdungsquote	Anteil der Personen mit einem Pro-Kopf-Einkommen von weniger als 60 Prozent des Medianeinkommens	15,9	16,2	16,9	16,7	n. e.
5. Überschuldungsquote	Anteil der Verbraucher, die ihre Rechnungen nicht mehr zahlen können, in Prozent	10,0	9,9	8,9	8,5	n. e.

Quellen: Statistisches Bundesamt (1, 3), Eurostat (2), Statistische Ämter des Bundes und der Länder (4), SchuldnerAtlas 2022 (5).
Anmerkungen: [a] 2023 Januar bis März. [b] Gini-Koeffizient des Nettoäquivalenzeinkommens nach der OECD-Methode.

gar nicht zufrieden«) bis 10 (»völlig zufrieden«) der Einkommenszufriedenheit – und zwar nur der unteren Einkommenshälfte, das heißt der 50 Prozent der Befragten, die weniger als den Durchschnitt (hier: Median[63]) verdienen. Offenbar hat sich auch ein großer Teil der unteren Einkommen vom Preisschock etwas erholt: Die Werte 3 bis 6 haben abgenommen, und die Zahl derjenigen, die die Werte 7, 9 oder 10 angegeben haben, stieg an. Während 2022 lediglich 26,1 Prozent der unteren Einkommenshälfte mit ihrer finanziellen Situation hochzufrieden waren (Werte von 8 bis 10), sind es 2023 schon wieder 28,2 Prozent. Im Mittelfeld (Werte von 5 bis 7) ist der Anteil von 49 (2022) auf 47,2 Prozent (2023) gefallen. Was man allerdings ebenso sieht, ist eine Zunahme der mit ihrem Einkommen extrem Unzufriedenen (Werte 0 bis 2): Dieser Anteil hat von 6,3 auf 9 Prozent zugenommen. Diese Gruppe ist eher männlich, eher jung, berufstätig (als »Arbeiter«) und Hauptverdiener im Haushalt. Zudem ist die Hälfte von ihnen verheiratet und hat Kinder. Besonders ausgeprägt ist die Unzufriedenheit mit dem Einkommen bei einem bestimmten Typus: Stellen wir uns bildhaft einen 40-jährigen verheirateten Familienvater vor, der ein derart bescheidenes Gehalt bezieht, dass es nicht ausreicht, die Familie zu ernähren. Seine Partnerin kann aufgrund der Kinderbetreuung nur in Teilzeit arbeiten, und die stetig steigenden Preise bereiten der Familie ernsthafte Schwierigkeiten, über die Runden zu kommen. Gerade Familien im unteren Einkommensbereich leiden unter den Reallohnverlusten der letzten Jahre.

Abb. 7 **Auch untere Einkommen gewöhnen sich an Inflation – der Anteil der Werte 0 bis 2 nimmt aber zu**

Die meisten aus der unteren Einkommenshälfte sind mit ihrem Einkommen mäßig zufrieden: Etwa 50 Prozent geben Werte zwischen 5 und 7 an. Der Anteil derjenigen, die mit ihrem Einkommen extrem unzufrieden sind (Werte von 0 bis 2), steigt aber auf 9 Prozent an.

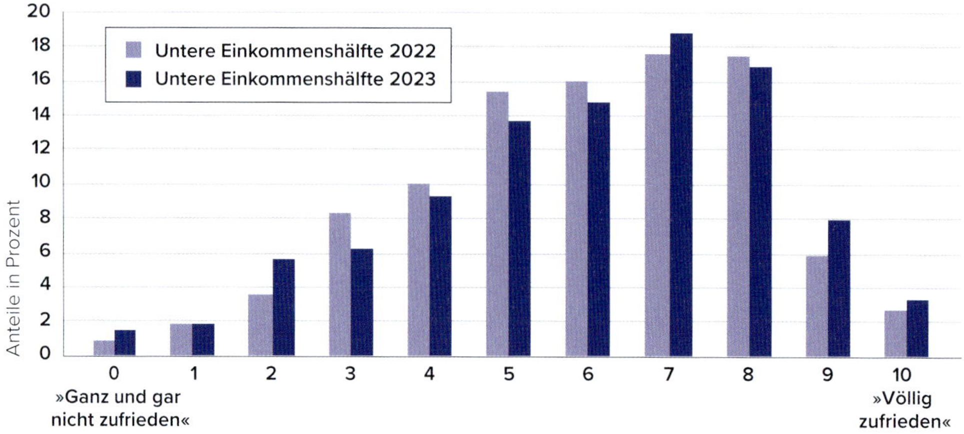

Anmerkungen: Zufriedenheit von 0 (»ganz und gar nicht zufrieden«) bis 10 (»völlig zufrieden«). Für die Repräsentativität wurden Gewichtungsfaktoren genutzt. **Quelle:** Eigene Berechnungen auf Grundlage der Glücksatlas-Datenbank 2022 und 2023.

Gesundheitszufriedenheit bleibt stabil, Einsamkeit und Stress nehmen aber zu

HAUPTERGEBNISSE

- **Noch ist die Gesundheitszufriedenheit mit 7,00 Punkten auf hohem Niveau stabil. Das liegt aber vor allem an der zahlenmäßig großen Generation der Baby-Boomer, die derzeit in ihrer Renteneintrittsphase einen »zweiten Frühling« erleben.**
- **Viele Indikatoren für die Gesundheitszufriedenheit sind aber einer negativen Entwicklung unterworfen: Die Pflegequote nimmt zu, ebenso psychische Erkrankungen. Außerdem nahm infolge der Corona-Pandemie die gesundheitsschädliche Internet-Nutzungsdauer erheblich zu, inklusive Bewegungsmangel und Schlafproblemen.**
- **32,6 Prozent der Deutschen fühlen sich gehetzt und unter Zeitdruck – im Zeitraum seit 2002 ein Rekord. Darüber hinaus fühlt sich etwa jeder fünfte sozial isoliert oder einsam. Zeitdruck und Einsamkeit verringern gleichermaßen die Lebenszufriedenheit.**

Im Jahr 2023 weist die Gesundheitszufriedenheit eine Stagnation bei 7,00 Punkten auf. In den Jahren 2022 und 2021 lag dieser Wert bei 7,01 beziehungsweise 7,00 Punkten (siehe **Abbildung 8**). In der Zeitspanne von 2018 bis 2021 konnte eine nahezu 0,5 Punkte umfassende Steigerung verzeichnet werden. Die Deutschen sind in der Corona-Pandemie also mit ihrer Gesundheit zufriedener geworden. Im *Glücksatlas 2022* erklärten wir diesen Anstieg mit drei Effekten. Erstens sind dem Corona-Virus besonders Menschen mit einem bereits zuvor schlechten Gesundheitszustand zum Opfer gefallen. Personen, die gesundheitlich beeinträchtigt waren, waren zudem mit ihrer Gesundheitssituation unzufrieden. Fallen diese Personen aufgrund des Versterbens aus der Statistik, steigt die durchschnittliche Gesundheitszufriedenheit an. Zweitens gab es einen psychologischen »Kontrasteffekt«. Im Kontrast zu den Covid-19 Ereignissen stehend, schätzen die Menschen ihre eigene Gesundheit besser ein. Heute kommt der »Kohorteneffekt« hinzu: Die zahlenmäßig größte Generation – die Baby-Boomer – erlebt derzeit eine leichte Verbesserung ihres Gesundheitszustands. Das liegt daran, dass die Gesundheitszufriedenheit im Alter zwischen

Abb. 8 **Gesundheitszufriedenheit im Zeitverlauf**

Seit 2021 stagniert die Gesundheitszufriedenheit bei 7 Punkten. In den Jahren 2018 bis 2021 stieg sie – unbeeindruckt von der Corona-Pandemie ab 2020 – um fast 0,5 Punkte an. Ein höherer Anteil an Personen im Renteneintrittsalter (in diesem Alter steigt die Zufriedenheit mit der Gesundheit noch einmal an) sowie der Kontrasteffekt in der Corona-Krise tragen zum höheren Niveau bei.

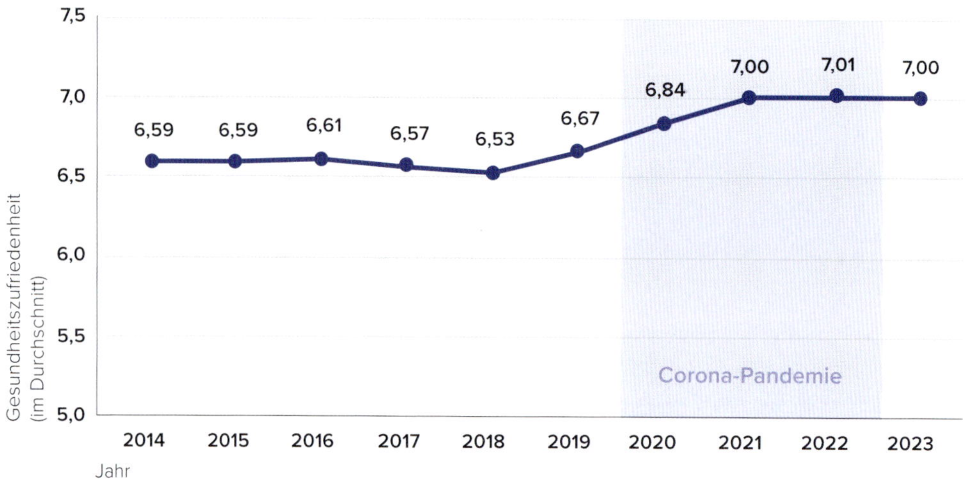

Anmerkungen: Zufriedenheit von 0 (»ganz und gar nicht zufrieden«) bis 10 (»völlig zufrieden«). Für die Repräsentativität wurden Gewichtungsfaktoren genutzt. Modeeffekte zwischen den Befragungen wurden bestmöglich herausgerechnet. **Quelle:** Eigene Berechnungen auf Grundlage des Sozio-oekonomischen Panels 2014 bis 2021 sowie der Glücksatlas-Datenbank 2022 bis 2023.

60 und 66 Jahren gewöhnlich noch einmal zunimmt (bevor sie wieder stark abnimmt). Und tatsächlich: Während die Gesundheitszufriedenheit der unter 30-Jährigen von 2022 auf 2023 um 0,33 Punkte sank, stieg diese in der Gruppe der 55- bis 65-Jährigen um 0,05 Punkte an. Durch das hohe Gewicht der Baby-Boomer-Generation in unserer repräsentativen Statistik schafft es die Gesundheitszufriedenheit folglich, auf noch hohem Niveau fortzubestehen.

Die stabile Gesundheitszufriedenheit spiegelt sich auch in der sich verbessernden durchschnittlichen Einschätzung des eigenen Gesundheitszustands (**Tabelle 3**). Der Anteil der Personen, die ihren Gesundheitszustand als »zufriedenstellend« oder besser beurteilen, stieg seit 2018 von 83,8 auf 85,9 Prozent im Jahr 2021 (neuere Daten sind noch nicht veröffentlicht). Das dürfte aber nicht so bleiben. Denn der Anteil der über 65-Jährigen wächst, ebenso steigen die Pflegefälle: Je 1.000 Einwohner ab 65 Jahren sind inzwischen 269 Personen pflegebedürftig, 2018 waren es noch 193.

Nicht nur die Zahl der Älteren steigt, auch die Gesundheit der Jüngeren leidet. **Tabelle 3** zeigt auch die steigende Anzahl an Arbeitsunfähigkeitstagen aufgrund psychischer Erkrankungen. 2018 waren es noch 236 Tage je 100 Versicherte, 2022 waren es schon 301 psychisch bedingte Fehltage je 100 Versicherte. Auch eine exzessive Internetnutzung kann die Gesundheit und die Zufriedenheit mit ihr beeinträchtigen. 2022 verbrachten die Deutschen täglich 284 Minuten im Netz. Seit Beginn der Corona-Pandemie ist die Nutzungsdauer somit noch mal um 46 Prozent gestiegen – von 260 Minuten pro Tag auf die besagten 284 Minuten. Die vielen Stunden vor dem PC führen zu Schlafproblemen, Konzentrationsproblemen sowie Bewegungsmangel und einer einseitigen Körperhaltung.

Etwa ein Drittel der Deutschen steht unter Zeitdruck und fühlt sich gehetzt. Im langfristigen Vergleich ist das ein Rekord. Zwar gab es immer wieder Jahre, in denen knapp 30 Prozent angaben, sich oft oder sehr oft unter Zeitdruck oder gehetzt zu fühlen – so etwa 2002 und 2014. Allerdings sank der Anteil kurz darauf wieder – ob dies auch dieses Mal so wird, bleibt abzuwarten. Wer steht genau unter Zeitdruck? In **Abbildung 5** auf Seite 65 sahen wir bereits, dass bestimmte Berufsgruppen – Beschäftigte aus dem Gesundheits- und Erziehungswesen – besonders unter Zeitdruck stehen. Außerdem sind unter den Gestressten bestimmte Merkmale häufiger anzutreffen: Sie sind eher weiblich, im Alter zwischen 30 und 44 Jahren (der »Rushhour« des Lebens), berufstätig, haben ein oder zwei Kinder und leben in der Stadt.

Auch Einsamkeit und soziale Isolation nehmen zu.[64] 2023 geben ein Viertel der Befragten an, dass sie sich oft oder sehr oft »außen vor« fühlen, und 21 Prozent sehen sich sozial isoliert. 22 Prozent bestätigen, dass ihnen die Gesell-

Tab. 3 **Wohlfahrtsindikatoren im Gesundheitsbereich**

Indikator	Beschreibung	Jahr				
		2018	2019	2020	2021	2022
1. Altenquotient	Anzahl Personen über 65 Jahre im Verhältnis zu Personen im erwerbsfähigen Alter (20- bis 65-Jährige)	35,9	36,4	36,9	37,3	n. e.
2. Subjektiver Gesundheitszustand	Anteil der Menschen, die ihren Gesundheitszustand als »zufriedenstellend« oder besser bezeichnen, in Prozent	83,8	84,3	85,5	85,9	n. e.
3. Pflegefälle	Je 1.000 Einwohner ab 65 Jahren	193[a]	228	n. e.	269	n. e.
4. Internetnutzung	Mediale Nutzung in Minuten pro Tag	196	195	204	227	284
5. Psychische Erkrankungen	Arbeitsunfähigkeitstage aufgrund psychischer Erkrankungen je 100 Versicherte	236	260	265	276	301

Quellen: Statistisches Bundesamt (1,3), Sozio-oekonomisches Panel (2), ARD/ZDF-Onlinestudie (4), DAK-Gesundheitsreport 2023 (5).
Anmerkung: [a] Wert für 2017.

Abb. 9 Empfundener Zeitdruck steigt 2023 auf Höchstniveau

32,6 Prozent der Befragten bestätigen 2023, dass es in den letzten vier Wochen »etwas« oder »sehr« häufig vorkam, dass sie sich gehetzt oder unter Zeitdruck fühlten. Das ist für den Zeitraum seit 2002 ein Rekord. Das letzte Mal gab es ähnlich hohe Anteile 2014 mit 30 Prozent. Im ersten Corona-Jahr 2020 sagten dies nur 23,5 Prozent.

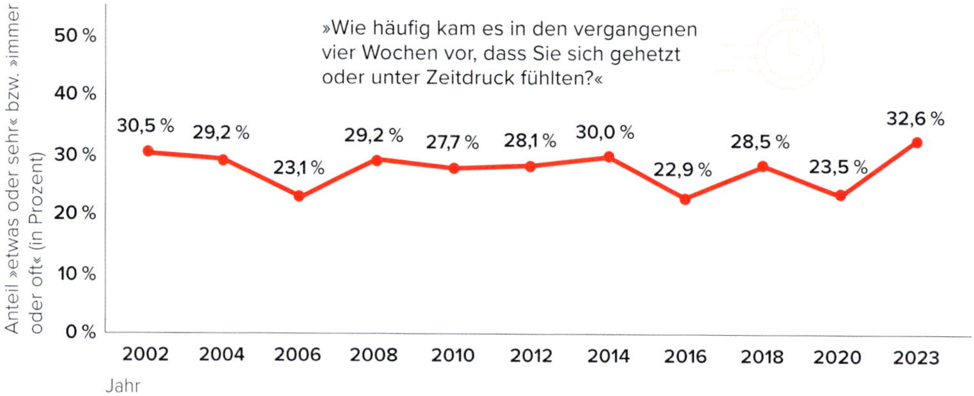

Anmerkungen: Frage: »Wie häufig kam es in den vergangenen vier Wochen vor, dass Sie sich gehetzt oder unter Zeitdruck fühlten?«. Antwortmöglichkeiten: »gar nicht/nie«, »kaum / fast nie«, »teils, teils / manchmal«, »etwas/oft«, »sehr/immer«. Modeeffekte zwischen den Befragungen wurden bestmöglich herausgerechnet. **Quelle:** Eigene Berechnungen auf Grundlage des Sozio-oekonomischen Panels 2002 bis 2020 sowie der Glücksatlas-Datenbank 2023.

Abb. 10 Soziale Isolation und Einsamkeit nehmen zu

2023 haben im Vergleich zu 2013 oder 2017 mehr als dreimal so viele das Gefühl, sozial isoliert oder außen vor zu sein. Über ein Fünftel der Befragten haben oft oder sehr oft das Gefühl, dass ihnen die Gesellschaft anderer fehlt.

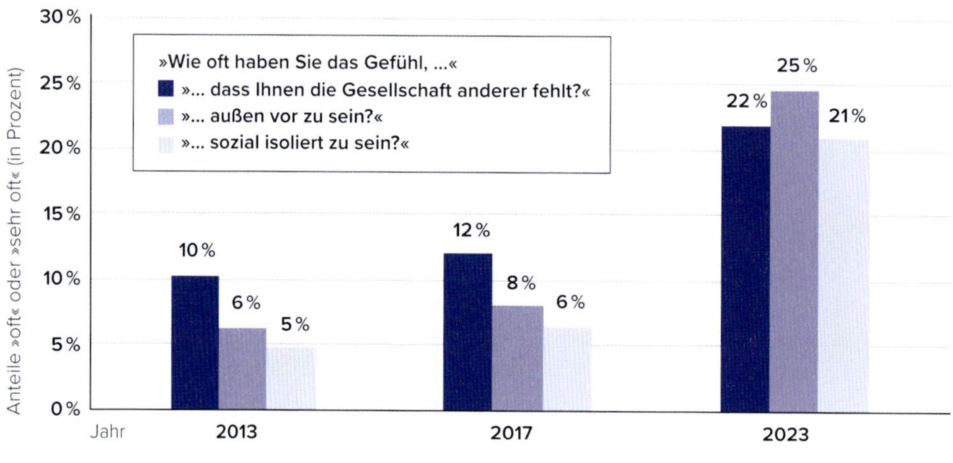

Anmerkungen: Frage: »Wie oft haben Sie das Gefühl (1), dass Ihnen die Gesellschaft anderer fehlt, (2) außen vor zu sein, (3) sozial isoliert zu sein?« Antwortmöglichkeiten: 0 = »nie« bis 4 = »sehr oft«. Modeeffekte zwischen den Befragungen wurden bestmöglich herausgerechnet. **Quelle:** Eigene Berechnungen auf Grundlage des Sozio-oekonomischen Panels 2013 und 2017 sowie der Glücksatlas-Datenbank 2023.

Abb. 11 **Einsamkeit durchweg negativ für Lebenszufriedenheit, Zeitdruck hilft manchmal**

Einsamkeit ist ein regelrechter Unglücksbringer: Wer unter hoher Einsamkeit leidet, ist um 1,3 Punkte unglücklicher. Auch hoher Zeitdruck wirkt sich mit 0,73 Punkten auf die Lebenszufriedenheit negativ aus.

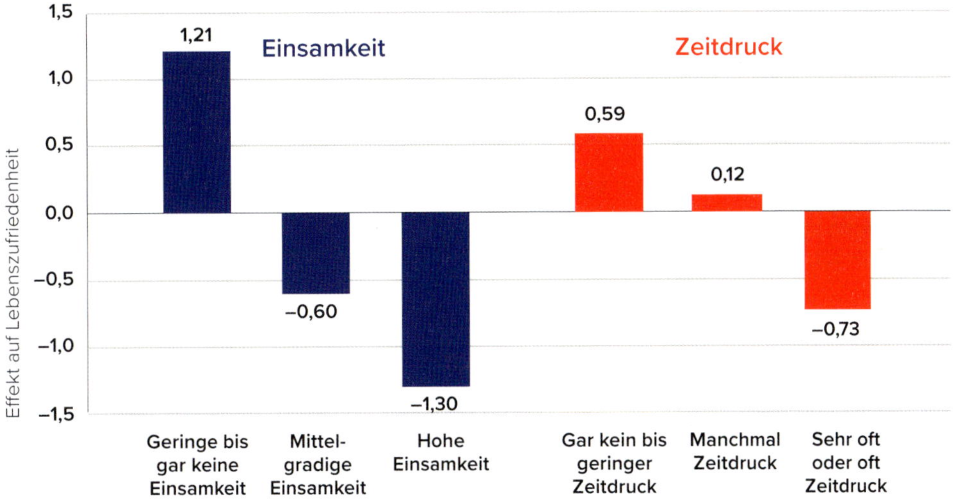

Anmerkung: Ergebnis zweier OLS-Regressionen unter Konstanthaltung von Geschlecht, Alter und Einkommen. **Quelle:** Eigene Berechnungen auf Grundlage der Glücksatlas-Datenbank 2023.

schaft anderer oft oder sehr oft fehlt (**Abbildung 10**). Das sind jeweils zwei- bis dreimal so viele wie noch 2017 oder 2013.

Sowohl Einsamkeit als auch Zeitdruck nehmen negativen Einfluss auf die Lebenszufriedenheit (**Abbildung 11**). Wer angibt, dass ihm die Gemeinschaft anderer oft fehlt und er sich sozial isoliert fühlt (= hohe Einsamkeit), ist gegenüber den weniger Einsamen um 1,3 Punkte unglücklicher – bei Konstanthaltung von Geschlecht, Alter und Einkommen. Ebenso negativ kann sich hoher Zeitdruck auswirken: Wer sich oft oder sehr oft gehetzt und unter Zeitdruck fühlt, ist um 0,73 Punkte unglücklicher. Wobei ein moderater Zeitdruck eher positiv wirken kann: Hin und wieder unter Zeitdruck zu stehen, hebt sogar die Lebenszufriedenheit um 0,12 Punkte – womöglich, weil man dann mehr Dinge erledigt bekommt.

Familienzufriedenheit: Vor-Corona-Niveau ist noch in weiter Ferne

HAUPTERGEBNISSE

- **Die Familienzufriedenheit steigt 2023 auf 7,48 Punkte und liegt damit immerhin 0,31 Punkte oberhalb des Corona-Tiefpunkts 2021. Trotzdem lag die Zufriedenheit mit dem Familienleben vor Corona auf einem deutlich höheren Niveau: Im Durchschnitt der Jahre 2014 bis 2019 waren es 7,88 Punkte.**
- **Die Häufigkeit von Treffen unter Verwandten liegt immer noch unter dem Vor-Corona-Niveau, außerdem wird noch immer weniger in den Urlaub gefahren, und es gibt weniger Eheschließungen.**
- **Wer sich mindestens einmal pro Monat mit Familienangehörigen oder Verwandten trifft, ist mit 6,67 Punkten deutlich glücklicher als jemand, der dies noch seltener tut (5,83 Punkte). Die Verbundenheit zur Verwandtschaft ist ein wichtiger Glücksfaktor.**
- **Die Deutschen fahren zwar seltener in einen längeren Urlaub, unternehmen aber heute mehr Ausflüge und Kurzreisen als noch 2019.**

Die Zufriedenheit mit dem eigenen Familienleben erholt sich nur langsam. Mit 7,48 Punkten liegt sie 2023 zwar 0,06 Punkte über dem Wert von 2022 (7,42 Punkte) und 0,31 Punkte über dem Corona-Jahr 2021 (7,17 Punkte). Allerdings ist das Niveau der Familienzufriedenheit klassischerweise deutlich höher – im Schnitt der Jahre 2014 bis 2019 lag sie bei 7,88 Punkten. Im Vergleich mit dem Vor-Corona-Niveau enttäuscht die Familienzufriedenheit somit.

Und das ist kein gutes Zeichen, denn die Zufriedenheit mit dem eigenen Familienleben ist sehr relevant für unser Wohlbefinden. In unseren Daten ist die Familienzufriedenheit noch vor den anderen Bereichen (Einkommen, Arbeit, Gesundheit) der stärkste Faktor für die Lebenszufriedenheit. Zudem betonen in Wertestudien die Befragten regelmäßig, wie wichtig ihnen die Familie ist – noch vor ihrer Religion oder einem hohen Wohlstand.[65] Warum aber ist die Familienzufriedenheit weiterhin so gering? Denn die Faktoren, die laut Zufriedenheitsforschern in der Corona-Pandemie hauptsächlich zum Sinken der Zufriedenheit

Abb. 12 Familienzufriedenheit

Die Zufriedenheit mit der Familie lag vor Corona bei 8,02 Punkten und stürzte durch die Lockdowns auf 7,17 Punkte (2021) ab. 2023 hat sich der Erholungsprozess verlangsamt. Zum Wert von 2019 fehlen noch 0,54 Punkte, zum durchschnittlichen 2010er-Niveau auch noch 0,40 Punkte.

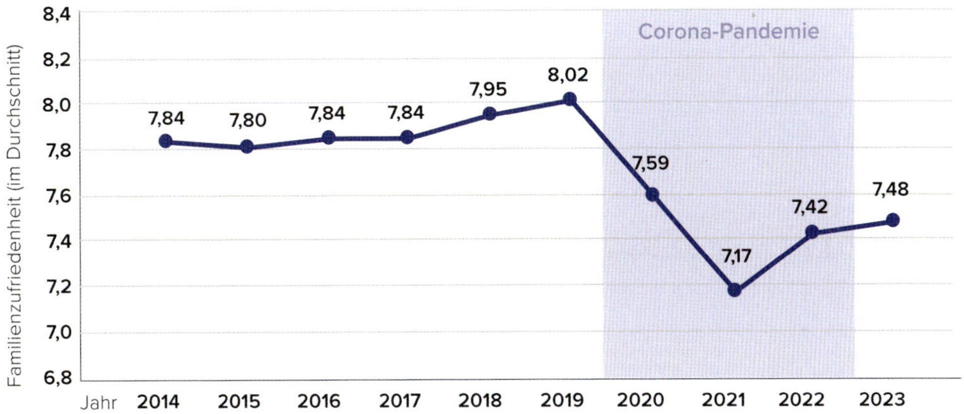

Anmerkungen: Zufriedenheit von 0 (»ganz und gar nicht zufrieden«) bis 10 (»völlig zufrieden«). Für die Repräsentativität wurden Gewichtungsfaktoren genutzt. Modeeffekte zwischen den Befragungen wurden bestmöglich herausgerechnet. **Quelle:** Eigene Berechnungen auf Grundlage des Sozio-oekonomischen Panels 2014 bis 2020 sowie der Glücksatlas-Datenbank 2021 bis 2023.

beigetragen haben, sind sämtlich wieder aufgehoben: Kindertagesstätten und Schulen sind schon lange wieder offen, Unterstützungsangebote wie die »Frühen Hilfen« sind wieder vollumfänglich verfügbar.[66]

Hinweise für die weiter eher geringe Familienzufriedenheit finden sich in **Tabelle 4**. Der Anteil Alleinlebender ist mit etwa 20 Prozent konstant hoch. Alleinlebende sind mit ihrem Familienleben besonders unzufrieden – 2023 liegt die Familienzufriedenheit unter ihnen bei geringen 6,42 Punkten (Ø Deutschland: 7,48 Punkte). Ebenso liegt die Zahl der Eheschließungen immer noch unterhalb der von 2019: Gerade aber Anlässe wie Hochzeiten erleben viele Menschen als besonders glückliche Zeit (»Honeymoon-Phase«). Auch Urlaube gehören zu den familienverbindenden Erlebnissen, bei denen (zumeist) positive gemeinsame Erfahrungen gemacht werden. 2022 sind 52,9 Millionen Deutsche in den Urlaub gereist und damit knapp 3 Millionen weniger als 2019. 2020 waren es mit 44,6 Millionen sogar fast 10 Millionen weniger – aufgrund des »Frühjahr-Lockdowns« im ersten Corona-Jahr wenig überraschend. Viele wohlhabendere Familien kauften sich damals mobile Schwimmbecken für den eigenen Garten und verbrachten ihre freie Zeit mit den Kindern in den eigenen vier Wänden.

Auch treffen sich die Deutschen weniger mit Verwandten und Familienangehörigen. 2023 waren es lediglich 69,7 Prozent, die dies einmal im Monat taten, 2019 waren es noch 74,3 Prozent und im »Aufholungsjahr« 2022 72,6 Prozent. Dabei sind Treffen mit Verwandten und Familienangehörigen wichtig für das

Tab. 4 **Wohlfahrtsindikatoren für die Familienzufriedenheit**

Indikator	Beschreibung	Jahr				
		2019	2020	2021	2022	2023
1. Anteil Alleinlebender	Prozentualer Anteil der Alleinlebenden an der Gesamtbevölkerung	21,0	20,0	20,7	20,1	n. e.
2. Urlaub	Anzahl der Urlaubsreisenden in Deutschland (in Millionen)	55,2	44,6	47,8	52,9	n. e.
3. Eheschließungen	Anzahl	416.324	373.304	357.785	390.743	n. e.
4. Ehescheidungen	Anzahl	149.010	143.801	142.751	137.353	n. e.
5. Häufigkeit Treffen mit Verwandten	Anteil an Personen, die sich mindestens einmal pro Monat mit Familienangehörigen oder Verwandten treffen	74,3	n. e.	54,4	72,6	69,7

Quellen: Statistisches Bundesamt (1–4), Sozio-oekonomisches-Panel und Glücksatlas-Datenbank (5).

Wohlbefinden (**Abbildung 13**). Wer sich mindestens einmal pro Monat mit Familienangehörigen oder Verwandten trifft, ist mit 6,67 Punkten deutlich glücklicher als jemand, der dies noch seltener tut (5,83 Punkte). Wer dies einmal pro Woche tut, liegt sogar bei 6,85 Punkten. Die Verbundenheit zur Verwandtschaft ist ein wichtiger Glücksfaktor.

Auch wenn die Zahl längerer Urlaube noch unter dem Vor-Corona-Niveau liegt (siehe **Tabelle 4**), unternehmen die Deutschen wieder deutlich mehr Tagesausflüge und kurze Reisen (**Abbildung 14**). 50 Prozent bestätigen, dies mindestens einmal pro Monat zu tun – 2022 waren es 47 Prozent und 2019 sogar nur 41 Prozent. Offenbar wurde ein Teil früherer längerer Urlaubsreisen durch Tages- und Wochenendausflüge ersetzt. Die Deutschen reisen also weniger ins ferne Ausland, Wochenend-Städtetrips oder Kurzausflüge sind aber hoch im Kurs. Im Corona-Jahr 2021 unternahmen hingegen nur 23 Prozent beschränkungsbedingt mindestens einmal im Monat Reisen. Wir erinnern uns: 2021 war das große »Impfdebattenjahr«, regelmäßig änderten sich die Vorgaben – Anzahl der Impfungen, Tests und Genesenenstatus –, um etwa Angebote wie Freizeitbäder und -parks nutzen zu dürfen (2G- und 3G-Regeln). Diese Hürden reduzierten die Ausflugs- und Reisehäufigkeit damals erheblich.

Abb. 13 **Häufigkeit von Treffen mit Familie positiv für Lebenszufriedenheit**

Wer sich mindestens einmal pro Monat mit Verwandten trifft, ist um 0,84 Punkte zufriedener als derjenige, der dies seltener tut.

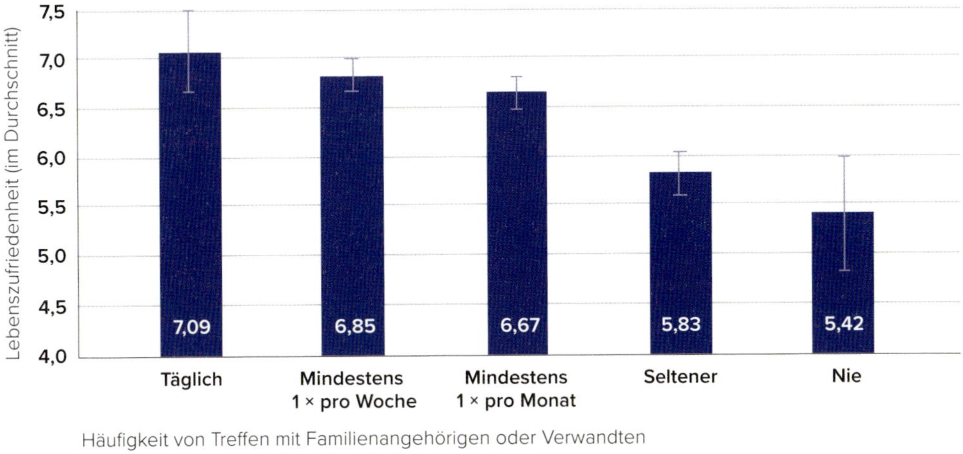

Anmerkungen: Zufriedenheit von 0 (»ganz und gar nicht zufrieden«) bis 10 (»völlig zufrieden«). Für die Repräsentativität wurden Gewichtungsfaktoren genutzt. Modeeffekte zwischen den Befragungen wurden bestmöglich herausgerechnet. Die Balken zeigen 95%-Konfidenzintervalle.
Quelle: Eigene Berechnungen auf Grundlage des Sozio-oekonomischen Panels 2014 bis 2020 sowie der Glücksatlas-Datenbank 2021 bis 2023.

Abb. 14 **Deutsche unternehmen wieder mehr – sogar mehr als 2019**

2023 unternimmt die Hälfte der Deutschen mindestens einmal pro Monat Ausflüge oder kurze Reisen. Vor Corona waren das mit 41 Prozent noch deutlich weniger. Im Corona-Jahr 2021 waren es beschränkungsbedingt nur 23 Prozent.

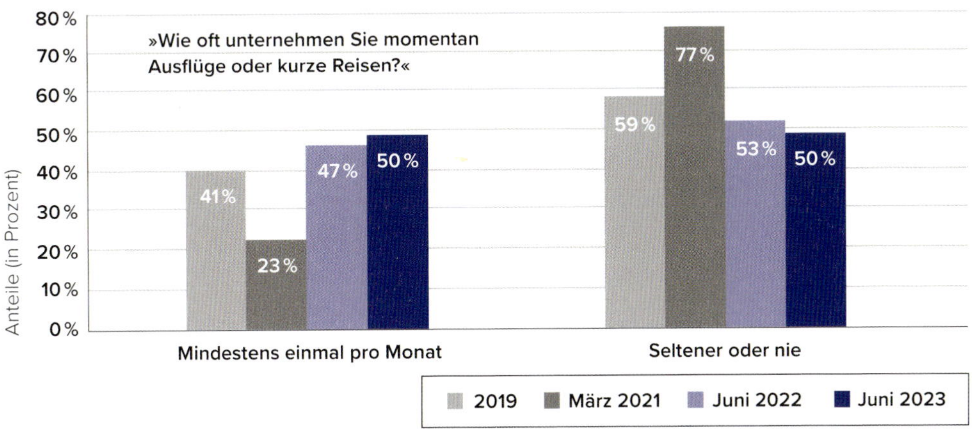

Anmerkungen: Frage: »Wie oft unternehmen Sie momentan Ausflüge oder kurze Reisen?« Antwortmöglichkeiten: »täglich«, »mindestens einmal pro Woche« und »mindestens einmal pro Monat« zu »einmal pro Monat« zusammengefasst. **Quelle:** Eigene Berechnungen auf Grundlage des Sozio-oekonomischen Panels 2019 sowie der Glücksatlas-Datenbank 2021 bis 2023.

Glück in den verschiedenen Regionen Deutschlands

von Bernd Raffelhüschen und Timon Renz

Das Bundesländer-Ranking: Ostdeutschland gewinnt, Westdeutschland schwächelt

HAUPTERGEBNISSE

- **Das glücklichste Bundesland bleibt auch 2023 Schleswig-Holstein mit 7,21 Punkten, gefolgt von Hamburg (7,11 Punkte), Bayern (7,09 Punkte) und Hessen (7,06 Punkte).**
- **Im Mittelfeld des Rankings liegen ost- und westdeutsche Länder eng nebeneinander. Hier steigen Sachsen-Anhalt, Sachsen und Thüringen auf, während die westdeutschen Flächenländer Baden-Württemberg, Niedersachsen und Rheinland-Pfalz schwächeln.**
- **Im Mittelfeld und am Ende des Bundesländer-Rankings gibt es kaum mehr signifikante Unterschiede zwischen Ost und West. Der Westen verteidigt mit hohen Zufriedenheitswerten aber die Spitzenplätze im Glücksranking.**
- **Am unteren Ende des Rankings setzen sich das Saarland mit 6,21 Punkten und Mecklenburg-Vorpommern (6,19 Punkte) fest. In beiden Bundesländern sinkt 2023 sogar das Lebensglück, womit sie zu den Sorgenkindern der Bundesrepublik gehören.**
- **Der Glücksabstand zwischen West (6,96 Punkte) und Ost (6,76 Punkte) hat sich wieder leicht auf 0,20 Punkte verringert (2022: 0,24 Punkte). Der Abstand zwischen dem glücklichsten und dem unglücklichsten Bundesland ist aber auf 1,02 Punkte stark gestiegen. 2019 lag er bei nur 0,68 Punkten.**

Sowohl West- wie Ostdeutschland erholen sich langsam von der Corona-Krise. Der Osten liegt aktuell bei 6,76 Punkten und der Westen etwas besser bei 6,96 Punkten. Allerdings hat sich der Osten 2023 etwas stärker erholt (um 0,09 Punkte) als der Westen (0,05 Punkte). Dadurch schrumpft auch der Abstand zwischen den beiden Landesteilen auf 0,20 Punkte, im Vorjahr betrug er noch 0,24 Punkte. Der Osten erweist sich folglich in diesem Anpassungsprozess als robuster. Dies ist hauptsächlich auf die Entwicklungen in den drei ostdeutschen Bundesländern Sachsen-Anhalt, Sachsen und Thüringen zurückzuführen, die ihre Positionen im Ranking jeweils um zwei bis drei Plätze verbessern konnten. Diese ostdeutschen Flächenländer beherrschen das Mittelfeld im Ranking, während die westdeutschen Flächenländer Baden-Württemberg, Niedersachsen und Rheinland-Pfalz Schwächen zeigen.

Das Lebensglück zwischen Ost und West unterscheidet sich heute somit nur noch geringfügig. Bereits in den 2010er-Jahren setzte diese positive gesamtdeutsche Entwicklung ein: Zwischen 2016 und 2019 lag die Differenz zwischen »alten« und »neuen« Bundesländern bei durchschnittlich nur noch 0,22 Punkten, in der Corona-Pandemie reduzierte sich der Glücksabstand sogar auf 0,05 Punkte, was statistisch vernachlässigbar ist. Die hohen Differenzen zwischen Ost und West, die in den 1990er- und 2000er-Jahren zwischen 0,4 und 1,2 Punkten betrugen, sind Geschichte. 2023 können wir feststellen, dass sie auf absehbare Zeit auch nicht wiederkehren werden, weil der Osten eine solide Aufwärtsbewegung zeigt.

In der gewohnten Ost-West-Debatte gerät diese positive Entwicklung Ostdeutschlands oftmals aus dem Blick. Seit dem Ausbruch der Corona-Krise vermischen sich die Rangplätze der ost- und westdeutschen Flächenländer im Bundesländer-Ranking (siehe **Tabelle 1**). Noch 2019 lagen die ostdeutschen Länder geschlossen am Ende des Rankings. Mittlerweile entspricht die Lebenszufriedenheit in einigen östlichen Regionen derjenigen im Westen oder übertrifft sie sogar. Besonders hervorzuheben sind dabei Sachsen-Anhalt, Sachsen und Thüringen, aber auch Brandenburg. Obwohl Brandenburg mit 6,79 Punkten auf Rang 13 abgerutscht ist (2022 belegte es noch Rang 5), liegt es lediglich 0,16 Punkte hinter Sachsen-Anhalt (Platz 6 mit 6,95 Punkten). Diese geringe Punktedifferenz betont die Homogenität des Mittelfelds.

Nicht der Osten, sondern eher der Westen zeigt inzwischen Probleme. Baden-Württemberg, eine der wohlhabendsten Industrieregionen Deutschlands, findet sich aktuell nur auf dem achten Rang. Niedersachsen setzt seinen langsamen Abstieg fort, es lag 2016 noch auf Rang 3, Baden belegte diese Platzierung 2017. Auch Rheinland-Pfalz zeigt seit einigen Jahren große Schwächen. Zwar durchmischen sich ost- und westdeutsche Länder mittlerweile, aber ganz ist dieser Ost-West-Angleichungsprozess noch nicht vollzogen. An der Spitze des Bundesländer-Rankings – und das wiederholt sich im erweiterten Glücksranking der 32 Regionen – sind die westdeutschen Spitzenländer (noch) unter sich. Das sind vor allem: Schleswig-Holstein (7,21 Punkte), Hamburg (7,11), Bayern (7,09) und Hessen (7,06). Auch Nordrhein-Westfalen hat sich in diese Spitzengruppe vorgearbeitet. Sachsen-Anhalt und Brandenburg drangen in den Jahren der Corona-Krise kurzzeitig in die Führungsgruppe vor, konnten diese Positionen aber nicht dauerhaft behaupten.

Die (westdeutsche) Spitzengruppe hat sich in den Punktwerten deutlich vom Mittelfeld abgesetzt. Der Abstand zwischen Schleswig-Holstein und dem ersten Land des Mittelfelds (Sachsen-Anhalt) beträgt 0,26 Punkte. Am Ende

Tabelle 1 **Das Bundesländer-Ranking**

2023 leben die glücklichsten Deutschen in Schleswig-Holstein und Hamburg – gefolgt von Bayern. Überraschend weit oben stehen Sachsen-Anhalt und Sachsen. Die Vermischung von West- und Ostländern im Ranking setzt sich also fort. Am Ende des Rankings sind das Saarland und Mecklenburg-Vorpommern.

Rang 2023	Rang 2022	Region	Glücksindex 2023	Glücksindex 2022	Glücksindex 2020/2021	Glücksindex 2019
1	(1)	Schleswig-Holstein	**7,21**	7,14	6,78	7,44
2	(4)	Hamburg	**7,11**	6,96	6,74	7,27
3	(2)	Bayern	**7,09**	7,06	6,77	7,26
4	(6)	Hessen	**7,06**	6,82	6,66	7,31
5	(3)	Nordrhein-Westfalen	**7,00**	6,98	6,73	7,17
6	(9)	Sachsen-Anhalt	**6,95**	6,79	6,78	6,92
7	(10)	Sachsen	**6,92**	6,68	6,58	6,98
8	(8)	Baden-Württemberg	**6,88**	6,8	6,61	7,21
9	(12)	Bremen	**6,84**	6,58	6,35	6,87
10	(7)	Niedersachsen	**6,83**	6,8	6,59	7,19
11	(13)	Thüringen	**6,83**	6,54	6,45	7,09
12	(11)	Rheinland-Pfalz	**6,79**	6,65	6,62	7,03
13	(5)	Brandenburg	**6,79**	6,87	6,74	6,76
14	(14)	Berlin	**6,62**	6,53	6,2	6,93
15	(15)	Saarland	**6,21**	6,49	6,46	7,07
16	(16)	Mecklenburg-Vorpommern	**6,19**	6,35	6,6	6,87

Anmerkungen: Allgemeine Lebenszufriedenheit von 0 (»ganz und gar nicht zufrieden«) bis 10 (»völlig zufrieden«). Für die Repräsentativität auf Bundesländerebene wurden Gewichtungsfaktoren genutzt. Siehe Kasten *Wie stark unterscheiden sich die Bundesländer wirklich?*.
Quelle: Eigene Berechnungen auf Grundlage der Glücksatlas-Datenbank 2019 bis 2023.

des Rankings gibt es eine ähnliche Absetzbewegung: Die Schlusslichter verlieren den Anschluss: Berlin (6,62 Punkte), vor allem aber das Saarland (6,21) und Mecklenburg-Vorpommern (6,19) – die beiden einzigen Länder (neben Brandenburg im Mittelfeld), die 2023 an Lebenszufriedenheit einbüßen – sind weit abgeschlagen vom Mittelfeld. In den Länderporträts beleuchten wir potenzielle Gründe für beide Entwicklungen. Es gibt keine einzelne Erklärung, die Ursachen sind vielfältig. Es bleibt spannend zu beobachten, ob sich dieser Prozess der Entdifferenzierung an den Rändern in den kommenden Jahren fortsetzt.

Im ersten Jahr nach der Corona-Krise wird deutlich, dass die Länder in der Krise zusammenrückten, sich jedoch in der jetzt anschließenden Erholungsphase voneinander entfernen. Diese Entwicklung zeigt sich in den wachsen-

Abb. 1 Lebenszufriedenheit in Deutschland – Bundesländerkarte 2023

Die glücklichsten Deutschen leben zum elften Mal in Folge in Schleswig-Holstein. Mit etwas Abstand folgen Hamburg, Bayern und Hessen. Auch Nordrhein-Westfalen gehört zur Spitzengruppe. Sorgenkinder sind – wie schon 2022 – Mecklenburg-Vorpommern, das Saarland und Berlin.

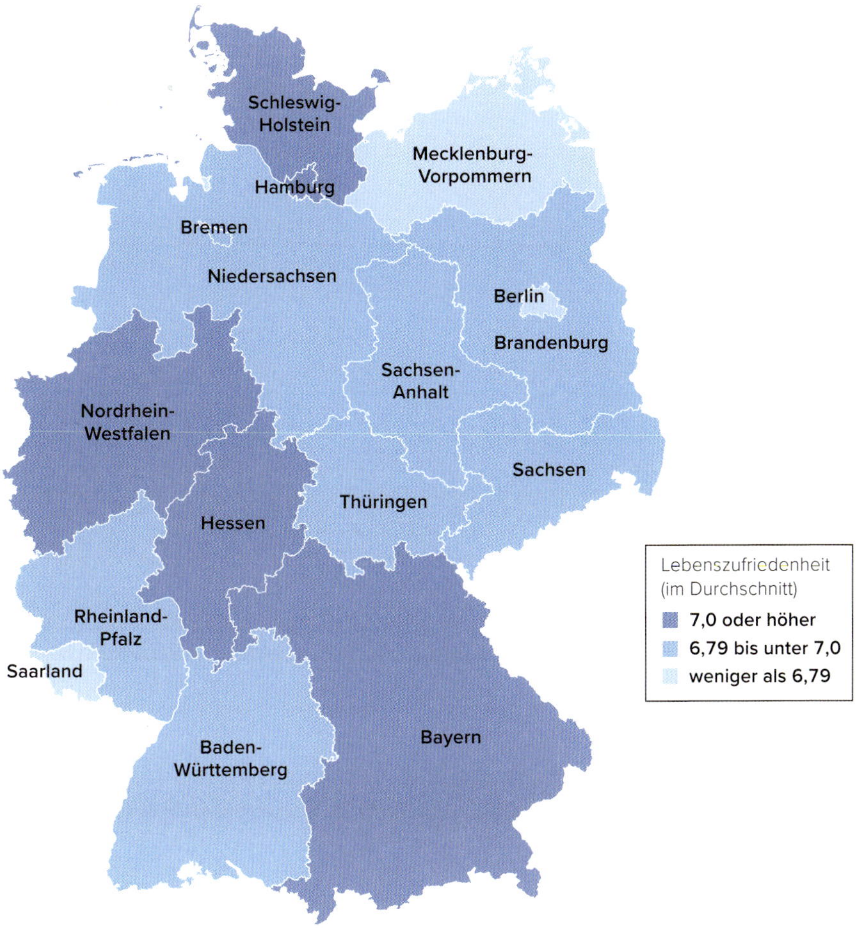

Anmerkungen: Allgemeine Lebenszufriedenheit von 0 (»ganz und gar nicht zufrieden«) bis 10 (»völlig zufrieden«). Für die Repräsentativität auf Bundesländerebene wurden Gewichtungsfaktoren genutzt. Siehe Kasten *Wie stark unterscheiden sich die Bundesländer wirklich?*.
Quelle: Eigene Berechnungen auf Grundlage der Glücksatlas-Datenbank 2019 bis 2023.

den Abständen zwischen den besonders zufriedenen und besonders unzufriedenen Regionen: Sowohl vor als auch während der Corona-Pandemie betrug der Abstand zwischen dem glücklichsten Bundesland (immer: Schleswig-Holstein) und dem unglücklichsten Bundesland 0,5 bis 0,7 Punkte. Nach der Pandemie ist dieser Unterschied erheblich größer geworden: Zwischen Rang 1 und Rang 16 ist die Differenz 2023 auf 1,02 Punkte angewachsen. 2019 lagen Spitzenreiter Schleswig-Holstein und das Schlusslicht Brandenburg nur

WIE STARK UNTERSCHEIDEN SICH DIE BUNDESLÄNDER WIRKLICH?

Mithilfe unserer Befragungen versuchen wir, von unserer repräsentativen Stichprobe auf die Gesamtbevölkerung eines Bundeslands zu schließen. Trotz der zahlreichen Befragungen gibt es dabei nach wie vor statistische Unsicherheiten, die aus der Stichprobengröße sowie dem Zufall (z.B. zufällig nur sehr glückliche Menschen befragt) herrühren. Je größer die Stichprobe, desto genauer das Ergebnis. In der Statistik gibt es für den Bereich der Unsicherheit das sogenannte »Konfidenzintervall«, das besagt, in welchem Bereich das Ergebnis für die Gesamtbevölkerung mit hoher (hier: mit 95-prozentiger) Sicherheit liegen wird. Dazu nutzen wir theoretische Verteilungen aus der Wahrscheinlichkeitsstatistik.[67] In **Abbildung 2** geben die schwarzen Balken an, für welchen Bereich wir folglich mit 95-prozentiger Sicherheit sagen können: Zwischen 6,92 und 7,32 Punkten liegt die Lebenszufriedenheit der Schleswig-Holsteiner.

Sollte nun das linke Ende eines Balkens noch vor dem rechten Ende eines anderen Balkens liegen, so ist ziemlich sicher, dass die Bewohner dieses Bundeslands glücklicher sind als diejenigen des anderen. So sind die Bayern eindeutig glücklicher als die Baden-Württemberger. Aber auch Schleswig-Holstein und Niedersachsen unterscheiden sich klar voneinander, ebenso Brandenburg und Mecklenburg-Vorpommern. Man spricht dann auch von »statistischer Signifikanz«.

0,68 Punkte auseinander. Das Grundgesetz spricht von der »Gleichwertigkeit der Lebensverhältnisse«, für die der Staat Sorge tragen soll. Die spürbare Divergenz des Glücksniveaus zwischen den Bundesländern – sowie auch zwischen den 32 Regionen – ist eng mit der wachsenden Ungleichheit der Lebensbedingungen verknüpft und reflektiert diesen Trend. In Krisenzeiten ist eine solche Entwicklung nicht unüblich, da die Regionen unterschiedlich von den Ursachen der Krise betroffen sind: Inflation, Energiepreise, Rezession, Deindustrialisierung usw. treffen die Regionen zunächst unterschiedlich. Dennoch deutet das starke Absinken des Saarlands, der ländlichen Gegenden Mecklenburg-Vorpommerns und bestimmter Gebiete Berlins auf einen klaren Handlungsbedarf seitens der Politik hin.

Zu den Bundesländern im Einzelnen: Sachsen gehört mit 6,92 Punkten zu den Gewinnern 2023 und liegt im gesamtdeutschen Durchschnitt. Ebenso positiv entwickelt sich die Lebenszufriedenheit in Sachsen-Anhalt (6,95 Punkte)

Abb. 2 **Bundesländer im Vergleich 2023**

Zwischen einigen Nachbarländern gibt es signifikante Glücksunterschiede: So sind die Menschen aus Bayern zufriedener als diejenigen aus Baden-Württemberg, die Schleswig-Holsteiner glücklicher als die Niedersachsen und die Brandenburger berichten von einem höheren Wohlbefinden als die Einwohner Mecklenburg-Vorpommerns.

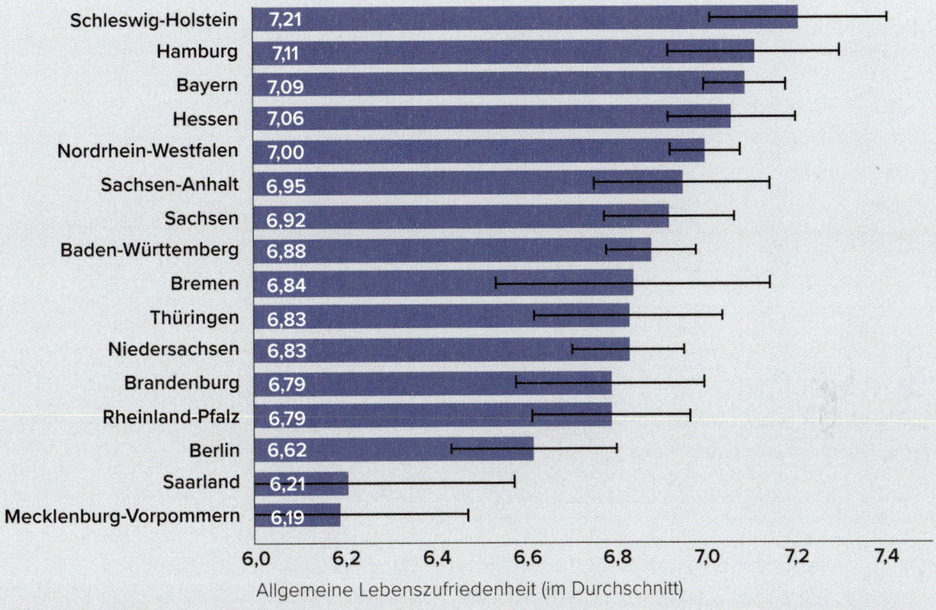

Anmerkungen: Allgemeine Lebenszufriedenheit von 0 (»ganz und gar nicht zufrieden«) bis 10 (»völlig zufrieden«). Für die Repräsentativität auf Bundesländerebene wurden Gewichtungsfaktoren genutzt. Die Konfidenzintervalle (»schwarze Balken«) entsprechen dem 95-Prozent-Niveau. Sie geben Aufschluss über die Unsicherheit der Zufriedenheitsmessung. **Quelle:** Eigene Berechnungen auf Grundlage der Glücksatlas-Datenbank 2023.

mit einem starken sechsten Rang sowie in Thüringen, das 2023 positiv überrascht. Mit 6,83 Punkten erreicht das Bundesland im Glücksranking den elften Rang – noch vor Rheinland-Pfalz. 2019, vor Corona, lag das Glücksniveau aber schon mal bei 7,09 Punkten – der Weg ist also noch weit.

Die Stadtstaaten Hamburg (7,11 Punkte), Bremen (6,84 Punkte) und Berlin (6,62 Punkte) zeigen ein ähnliches Bild wie in den letzten Jahren. Während die Hamburger – wie jedes Jahr – mit zu den zufriedensten Bürgern gehören, liegen Bremer und Berliner im unteren Mittelfeld oder am unteren Ende des Rankings. In unserer Sonderstudie zur Lebenszufriedenheit in den Großstädten in diesem Jahr zeigte sich aber, dass Berlin weit besser abschneidet, als dies der Bundesländervergleich suggeriert. Berliner leben noch weit glücklicher als beispielsweise Stuttgarter, Leipziger oder Hannoveraner.[68]

Die westdeutschen Flächenländer verfestigen den Eindruck der letzten Jahre. Schleswig-Holstein (7,21 Punkte), Bayern (7,09 Punkte), Hessen (7,06 Punkte) sowie Nordrhein-Westfalen (7,00 Punkte) gehören zu den Bundesländern mit besonders hohen durchschnittlichen Zufriedenheiten. Betrachtet man aber die Verteilungen im Lebensglück, so unterscheiden sich die Bundesländer. Während in Bayern und Hessen eine große Zahl hochzufriedener Menschen lebt (auf der 11er-Skala Werte zwischen 8 und 10), gibt es dort auch einen gewissen Anteil an extrem Unglücklichen (Werte zwischen 0 und 4). In Bundesländern wie Schleswig-Holstein und Nordrhein-Westfalen ist das Glück gleichmäßiger verteilt: Hier überwiegen die Bevölkerungsanteile, die mit ihrem Leben zufrieden sind, während es weniger Hochzufriedene oder extrem Unglückliche gibt. In Nordrhein-Westfalen und Hessen gibt es zudem Regionen wie das Ruhrgebiet und Teile Südhessens mit einem deutlich geringeren Wohlbefinden.

Eher bescheidene Ergebnisse zeigen sich – wie bereits in den vorangegangenen Jahren – bei Baden-Württemberg (Rang 8 mit 6,88 Punkten), Niedersachsen (Rang 10 mit 6,83 Punkten) und insbesondere Rheinland-Pfalz (Rang 12 mit 6,79 Punkten). Die großen Flächenländer im Westen wiesen bereits in den vergangenen Jahren eine schwache Zufriedenheitsentwicklung auf. Im Vergleich zum Niveau vor der Corona-Krise fehlen je nach Bundesland zwischen 0,3 und 0,4 Punkte, während es im gesamtdeutschen Durchschnitt nur 0,22 Punkte sind. Die Gründe dürften vielfältig sein: Während in Niedersachsen und Rheinland-Pfalz Teile des ländlichen Raums wirtschaftlich zurückfallen und die Alterung schnell voranschreitet, leidet Baden-Württemberg unter einem Abfallen des Zusammengehörigkeitsgefühls. Schon im Städteranking fiel Stuttgart – trotz des hohen materiellen Wohlstands – mit einem geringen subjektiven Wohlbefinden negativ auf. Die Stuttgarter gaben für ihre geringe Lebenszufriedenheit insbesondere »weiche Faktoren« wie ein sinkendes Verbundenheitsgefühl und ein zunehmendes Unsicherheitsgefühl an.

Das größte Sorgenkind im Westen bleibt aber das Saarland. Mit 6,21 Punkten liegt die Lebenszufriedenheit dort über einem Punkt unterhalb seines Vor-Corona-Niveaus und damit dieses Jahr auf dem vorletzten Platz. Die wirtschaftlich schlechte Entwicklung ist offenkundig: In den Jahren 2012, 2013, 2018 und 2019 sank die Wirtschaftsleistung des Saarlands sogar, während sie in Gesamtdeutschland wuchs.[69]

Das Glücksranking der 32 Regionen: Holstein, Bayern-Süd und Münsterland an der Spitze

»Bundesländer-Ranking«
Vergleich von 16 Bundesländern untereinander

»Regionen-Ranking«
Vergleich von 32 Regionen untereinander

HAUPTERGEBNISSE

- **Sowohl die Glücks- als auch die Sorgenregionen setzen sich 2023 vom breiten Mittelfeld ab, in dem sich sowohl westdeutsche als auch ostdeutsche Regionen befinden.**
- **Der Abstand zwischen der glücklichsten und der unglücklichsten Region hat sich im Vergleich zum Vorjahr deutlich vergrößert. Zwischen Holstein (7,36 Punkte) und Mecklenburg (5,98) liegen 1,38 Punkte. 2022 betrug der Abstand zwischen dem damaligen Erstplatzierten Münsterland und dem Schlusslicht Mecklenburg nur 1,09 Punkte.**
- **Die Glücksregionen umfassen nur westdeutsche Regionen. Holstein (7,36 Punkte) löst dabei das Münsterland (Rang 3 mit 7,23 Punkten) als Erstplatzierter ab. Neu in der Gruppe der Glücksregionen sind die Regionen im Rheinland rund um Düsseldorf und Köln, Südbaden sowie die Oberpfalz. Zu den Absteigern gehören Niederbayern und – überraschenderweise – Schleswig.**
- **Die Anzahl der Sorgenregionen (mit deutlichem statistischen Abstand zum Mittelfeld) ging stark zurück – von zwölf Regionen (2022) auf drei (2023).**
- **Auch die Unterschiede innerhalb der Bundesländer verfestigen sich und werden teilweise größer, etwa zwischen Bayern-Süd und Franken, wo der Abstand von 0,19 auf 0,31 Punkte zunahm, Holstein und Schleswig oder Mecklenburg und Vorpommern.**

Auch dieses Jahr betrachteten wir nicht nur die Lebenszufriedenheit im Vergleich zwischen den Bundesländern, sondern ebenso in 32 Regionen. Dabei zeigen sich wieder interessante Unterschiede innerhalb von Bundesländern sowie zwischen den Regionen Deutschlands. Die Unterschiede in der Lebenszufriedenheit innerhalb eines Bundeslands sind teilweise größer geworden. Das gilt etwa für Bayern-Süd und Franken, wo der Abstand von 0,19 auf

0,31 Punkte zunahm, oder Holstein und Schleswig, wo der Abstand von 0,09 auf 0,49 Punkte wuchs und sich sogar die Rangfolge verkehrte. Auch zwischen Mecklenburg und Vorpommern nahm der Glücksabstand zu, von 0,29 auf aktuelle 0,88 Punkte. Der Abstand zwischen der glücklichsten und der unglücklichsten der 32 Regionen hat sich im Vergleich zum Vorjahr deutlich vergrößert. Zwischen Holstein (7,36 Punkte) und Mecklenburg (5,98) liegen 1,38 Punkte. 2022 betrug der Abstand zwischen Erstplatziertem und dem Schlusslicht nur 1,09 Punkte. Allerdings hat sich der Glücksabstand innerhalb mancher Bundesländer auch verringert, etwa in Hessen. Generell aber muss festgestellt werden, dass sich wie schon bei den Bundesländern eine zunehmende Ungleichheit im Glück zwischen den Regionen abzeichnet. In der **Tabelle 2** unterscheiden wir drei Arten von Regionen: erstens die sogenannten »Glücksregionen«, dann das »Mittelfeld« und schließlich die »Sorgenregionen«.

Kriterien zum Zuschnitt der Regionen

- Hinreichende Stichprobengröße
- Kulturelle und historische Unterschiede
- Vorgegebene Verwaltungseinheiten (z. B. Regierungsbezirke)
- Bevölkerungsgröße

- **Glücksregionen:** Dazu gehören im äußersten Norden Holstein, das mit 7,36 Punkten Erstplatzierter im Regionen-Ranking ist und sich um fünf Plätze verbessern konnte, allerdings ist Schleswig überraschenderweise ins Mittelfeld abgestiegen. Die Hansestadt Hamburg liegt ebenfalls regelmäßig auf den oberen Plätzen.[70] Die Mischung aus ländlicher Idylle im holsteinischen und nordfriesischen Umland und einer wohlhabenden Handelsgroßstadt sowie die Nähe zu Dänemark (eines der glücklichsten Länder der Welt) schaffen eine gute Grundlage für eine gute Lebensqualität und ein hohes Wohlbefinden der Bürger. Im äußersten Süden gehören dazu die südlichen Regionen Bayerns sowie die Oberpfalz und Südbaden. Bayern-Süd liegt mit 7,23 Punkten im Regionen-Ranking auf Rang 2, die Oberpfalz auf Rang 7 (7,10 Punkte). In Bayern und Südbaden tragen der hohe Lebensstandard, aber auch ein hohes soziales Kapital (hohe Vereinsdichte, starkes Zusammengehörigkeitsgefühl) zur Lebenszufriedenheit bei. Im äußersten Westen zählen die ländlich geprägten Regionen in Nordrhein-Westfalen sowie Nordhessen zu den Regionen mit einem besonders hohen Wohlbefinden. Im Münsterland (7,23 Punkte) und Nordhessen (7,15 Punkte) ist die Lebenszufriedenheit signifikant höher als in den Nachbarregionen Ruhrgebiet (6,72 Punkte) oder Südhessen (6,98 Punkte). Aber auch Westfalen (2023: 6,95, 2022: 7,04 Punkte) sowie die nordrheinischen Regionen rund um Köln und Düsseldorf zeugen von hohen Glückswerten.

- **Mittelfeld**: Die Anzahl der Regionen, die zum Mittelfeld gehören, hat zugenommen. Das Mittelfeld erstreckt sich über weite Gebiete von Mittel- und Ostdeutschland (**Abbildung 3**). Im Vergleich zu den nordrhein-westfälischen

Abb. 3 **Lebenszufriedenheit in Deutschland – Regionenkarte 2023**

Die dunkelblauen Flächen zeigen die Glücksregionen, die im äußersten Norden, im Süden und im Westen zu finden sind. Abseits des großen Mittelfelds gehören Berlin, das Saarland und Mecklenburg zu den Sorgenregionen Deutschlands.

Anmerkung: Allgemeine Lebenszufriedenheit von 0 (»ganz und gar nicht zufrieden«) bis 10 (»völlig zufrieden«).
Quelle: Eigene Berechnungen auf Grundlage der Glücksatlas-Datenbank 2019 bis 2023.

Glücksregionen sind die Rheinland-Pfälzer signifikant unzufriedener mit ihrem Leben. Das Rheinland rund um Koblenz und Trier (6,79 Punkte) sowie die pfälzischen Weinregionen (6,80 Punkte) schwächeln. Ebenso nur mittelmäßig liegt das subjektive Wohlbefinden der Menschen in Südhessen (6,98 Punkte) und Nordbaden (6,76 Punkte). Bereits 2022 diagnostizierten wir ein überraschend niedriges Lebensglück in der Region vom südlichen Rheinland bis ins Württembergische (Württemberg-Nord: 6,90 Punkte; Württemberg-Süd: 6,77 Punkte). Zumindest für Teile von Rheinland-Pfalz, Südhessen und Nordbaden lassen sich hohe Ungleichheiten in Einkommen und Vermögen, schwächelnde Industrien und ein allgemein sinkendes

Zusammengehörigkeitsgefühl feststellen. Für das nur mäßige Wohlbefinden im südlichen Württemberg finden sich aber (noch) keine eindeutigen Erklärungen.

- **Sorgenregionen:** Im Vergleich zum Vorjahr hat die Anzahl der Sorgenregionen stark abgenommen. Fielen 2022 noch zwölf Regionen in diese Kategorie, sind es 2023 nur noch drei: Berlin, das Saarland und Mecklenburg. Mittels einer Varianzanalyse können wir dieses Jahr drei Sorgenregionen identifizieren, die sich signifikant vom Mittelfeld und den Glücksregionen unterscheiden (**Tabelle 2**). Die Lebenszufriedenheit der Berliner, Saarländer und Mecklenburger ist deutlich geringer als im Rheinländischen oder Württembergischen. Das war 2022 noch nicht so eindeutig. Letztes Jahr gehörten zum Beispiel Mecklenburg und Vorpommern zusammen in die Gruppe der Sorgenregionen. Dieses Jahr zeigt sich aber eine Verfestigung des höheren Lebensglücks in Vorpommern im Vergleich zu Mecklenburg. Ähnlich verfestigt sind die Unterschiede zwischen dem Saarland und Rheinland-Pfalz oder die eindeutig höhere Lebenszufriedenheit der Brandenburger gegenüber den Berlinern.

Wie schon im Vorjahr, als wir erstmals das Glücksranking der 32 Regionen präsentierten, liegen alle Glücksregionen in Westdeutschland. Im Bundesländer-Ranking ist es genauso (**Tabelle 1**). Dort sind die Menschen in Schleswig-Holstein, Hamburg, Bayern, Hessen und Nordrhein-Westfalen signifikant zufriedener als im Rest der Republik. Das Mittelfeld des Regionen-Rankings wird dann von Sachsen-Leipzig eröffnet. Was diese westdeutschen Glücksregionen neben ihren hohen Zufriedenheitswerten gemeinsam haben, könnte man mit Eigenschaften kennzeichnen, die für den »alten Westen« typisch waren: Auf dem holsteinischen Land, in den südbayrischen Wäldern und Voralpen, im Münster- und Sauerland, den nordrheinischen Gebieten sowie im Nordhessischen finden sich noch Strukturen, die in Nord-Württemberg, Südhessen oder der Pfalz zum Teil bereits verloren gegangen sind. Die Glücksregionen vereint eine ländliche Struktur mit gesunder mittelständischer Wirtschaft, stabilen Vereinen und sozialen Institutionen – gleichzeitig aber herrscht ein (relativ) hoher Wohlstand vor, und die nächste Großstadt als »Tor zur Welt« ist auch nicht weit entfernt. Außerdem lebt man in den Glücksregionen weniger alleine, sondern eher als Paar oder Familie. Die staatliche Versorgung (z.B. Gesundheits- und Bildungssystem) ist darüber hinaus überdurchschnittlich. Das soziale Verbundenheitsgefühl ist überall dort noch höher, wo man den »alten Westen« mit seinen Vereinsfesten, den festen Alltagsstrukturen und einer tieferen Verankerung der Kirchen mit ihren verbindenden Institutionen vorfindet. Das Leben ist in Deutschland somit dort am glücklichsten, wo ökonomisches, soziales und kulturelles Kapital zusammenkommen.[71]

Tabelle 2	**Das Regionen-Ranking**

Die glücklichsten Menschen leben 2023 in Holstein, die unglücklichsten zum wiederholten Male in Mecklenburg. Der Abstand zwischen der glücklichsten Region und der unglücklichsten beträgt 1,38 Punkte und damit deutlich mehr als 2022 (1,09 Punkte).

	Rang 2023	Rang 2022	Region	Glücksindex 2023	Glücksindex 2022
Die »Glücksregionen«	**1**	(5)	Holstein	**7,36**	7,12
	2	(4)	Bayern-Süd	**7,23**	7,13
	3	(1)	Münsterland	**7,23**	7,44
	4	(8)	Nordrhein-Düsseldorf	**7,18**	6,98
	5	(6)	Nordhessen	**7,15**	7,07
	6	(9)	Hamburg	**7,11**	6,96
	7	(10)	Oberpfalz	**7,10**	6,95
	8	(11)	Südbaden	**7,06**	6,94
	9	(17)	Nordrhein-Köln	**7,04**	6,81
Das »Mittelfeld«	**10**	(21)	Sachsen-Leipzig	**6,99**	6,71
	11	(23)	Südhessen	**6,98**	6,65
	12	(18)	Sachsen-Anhalt	**6,95**	6,79
	13	(7)	Westfalen	**6,95**	7,04
	14	(12)	Franken	**6,92**	6,94
	15	(13)	Württemberg-Nord	**6,90**	6,90
	16	(2)	Niederbayern	**6,89**	7,26
	17	(3)	Schleswig	**6,87**	7,21
	18	(24)	Vorpommern	**6,86**	6,64
	19	(28)	Bremen	**6,84**	6,58
	20	(16)	Niedersachsen-Hannover	**6,83**	6,83
	21	(29)	Thüringen	**6,83**	6,54
	22	(22)	Pfalz	**6,80**	6,68
	23	(26)	Rheinland	**6,79**	6,61
	24	(14)	Brandenburg	**6,79**	6,87
	25	(27)	Nordbaden	**6,76**	6,61
	26	(19)	Niedersachsen-Nordsee	**6,76**	6,77
	27	(25)	Sachsen-Dresden	**6,76**	6,63
	28	(15)	Ruhrgebiet	**6,72**	6,85
	29	(20)	Württemberg-Süd	**6,72**	6,77
Die »Sorgenregionen«	**30**	(30)	Berlin	**6,62**	6,53
	31	(31)	Saarland	**6,21**	6,49
	32	(32)	Mecklenburg	**5,98**	6,35

Anmerkungen: Allgemeine Lebenszufriedenheit von 0 (»ganz und gar nicht zufrieden«) bis 10 (»völlig zufrieden«). Für die Repräsentativität auf Regionenebene wurden Gewichtungsfaktoren genutzt. 28 der 32 Regionen auf Basis von 2023; Bremen, Saarland, Schleswig und Vorpommern aus statistischen Gründen auf Basis von 2022 und 2023 zusammen. Unterscheidung in »Glücksregionen«, »Mittelfeld« und »Sorgenregionen« basiert auf einer Varianzanalyse (ANOVA). **Quelle:** Eigene Berechnungen auf Grundlage der Glücksatlas-Datenbank 2022 bis 2023.

1. Schleswig-Holstein

HAUPTERGEBNISSE

- **Zum elften Mal in Folge liegt Schleswig-Holstein im Bundesländer-Ranking auf Platz 1 – dieses Jahr mit 7,21 Punkten. Im Vor-Corona-Jahr 2019 waren es aber noch 7,44 Punkte. Im Vergleich zu 2022 geht es im Wohlbefinden mit 0,07 Punkten leicht aufwärts.**
- **Schleswig schneidet 2023 mit 6,87 Punkten schwach ab, Holstein hingegen mit 7,36 Punkten sehr stark. Im 32er-Regionen-Ranking ist Holstein damit Erstplatzierter, Schleswig landet auf Platz 17 im Mittelfeld.**
- **Wie schon 2022 sind die Schleswig-Holsteiner in den Bereichen Einkommen, Arbeit, Familie und Gesundheit überdurchschnittlich zufrieden. Die hohe Lebensqualität im Norden scheint sich herumgesprochen zu haben, wie die hohe Zahl an derzeitigen Zuzügen zeigt.**

Abb. 4 **Allgemeine Lebenszufriedenheit in Schleswig-Holstein 2019 bis 2023**

Schleswig-Holstein ist auch 2023 mit 7,21 Punkten das glücklichste Bundesland der Bundesrepublik. Das nördlichste Bundesland hat damit den Vor-Corona-Abstand zu Gesamtdeutschland wiederhergestellt. Trotz dieser Erholung des Lebensglücks ist auch das Wohlbefinden der Schleswig-Holsteiner noch 0,23 Punkte geringer als 2019.

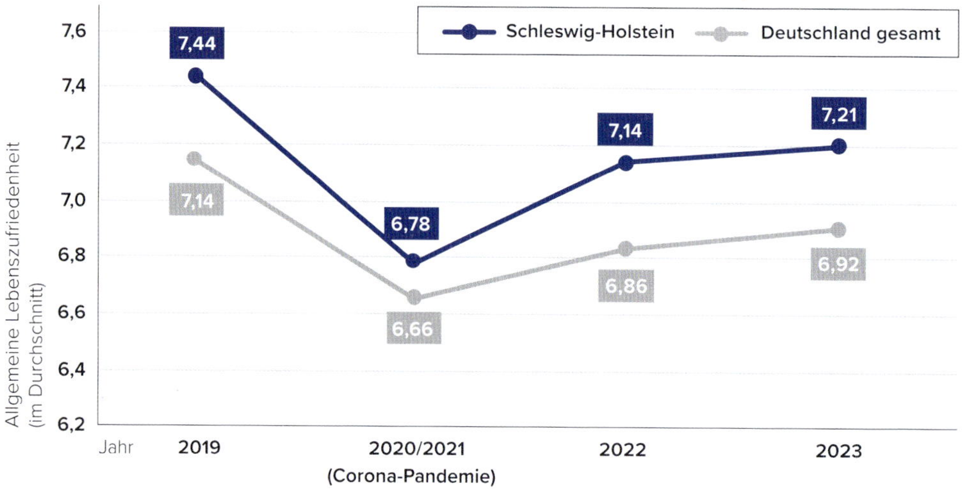

Anmerkungen: Allgemeine Lebenszufriedenheit von 0 (»ganz und gar nicht zufrieden«) bis 10 (»völlig zufrieden«). Für die Repräsentativität wurden Gewichtungsfaktoren genutzt. **Quelle:** Eigene Berechnungen auf Grundlage der Glücksatlas-Datenbank 2019 bis 2023.

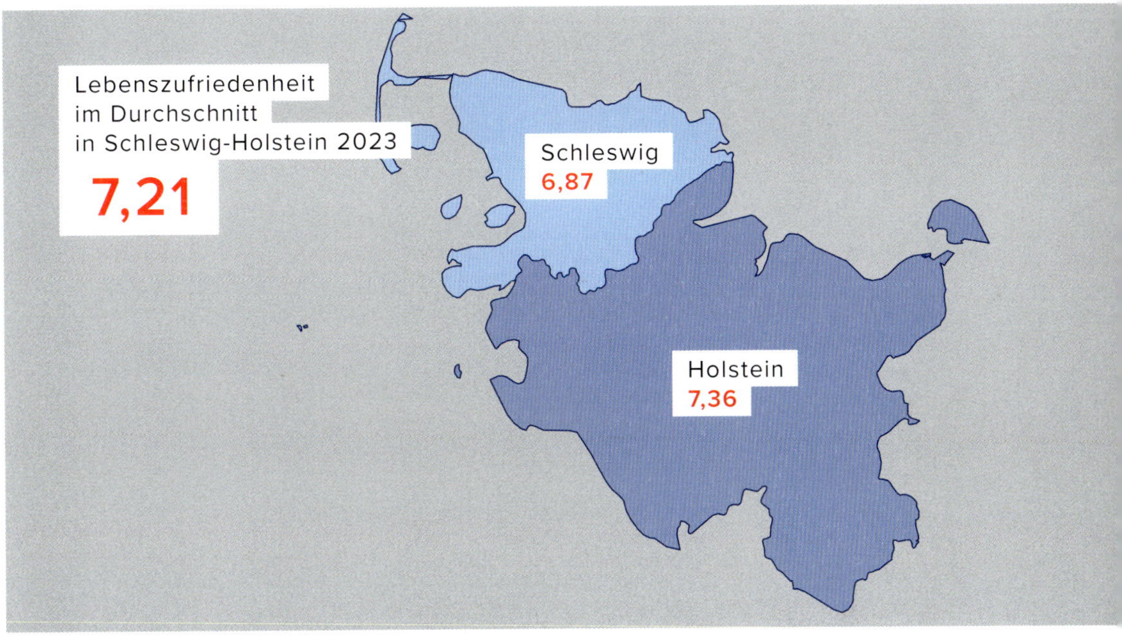

Mit 7,21 Punkten sind die Schleswig-Holsteiner auch 2023 die glücklichsten Deutschen – und das zum elften Mal in Folge. Der Erholungspfad nach der Corona-Pandemie hat sich aber abgeschwächt (**Abbildung 4**): Von 2021 auf 2022 stieg das durchschnittliche Wohlbefinden noch um 0,36 Punkte, von 2022 zu 2023 ist es nur ein Plus von 0,07 Punkten. Das Vor-Corona-Niveau (2019: 7,44 Punkte) ist 2023 noch immer 0,23 Punkte entfernt. Innerhalb des Bundeslands liegt dieses Jahr Holstein (7,36 Punkte) weit vor Schleswig (6,87 Punkte). Aufgrund der hohen statistischen Unsicherheit ist der geringe Zufriedenheitswert der Schleswiger aber noch nicht überzubewerten – 2022 lagen die Schleswiger noch bei 7,21 Punkten.

Abbildung 5 zeigt, dass die Norddeutschen in allen Bereichen überdurchschnittlich zufrieden sind. Trotz niedriger Stundenlöhne und einer geringen wirtschaftlichen Innovationskraft (siehe **Stärken und Schwächen**) liegt gerade die Arbeitszufriedenheit mit 7,86 Punkten besonders hoch. Womöglich sind andere Faktoren – wie das soziale Klima oder der Arbeitsplatz – in Schleswig-Holstein zufriedenheitsstiftender als in anderen Bundesländern.

Aber auch die Einkommens- (7,10 Punkte), Familien- (7,84 Punkte) und Gesundheitszufriedenheit (7,21 Punkte) sind überdurchschnittlich. Ein positiver Indikator, der in Sachen Gesundheit hervorsticht, ist die niedrige Anzahl Pflegebedürftiger bei den über 65-Jährigen. Gerade mal 230 je 1.000 über 65-Jähriger sind in Schleswig-Holstein in einen der vier Pflegegrade eingestuft – in Gesamtdeutschland sind es 270 je 1.000 über 65-Jähriger.

Die hohe Lebensqualität in Schleswig-Holstein scheint sich herumgespro-

Abb. 5 **Bereichszufriedenheiten in Schleswig-Holstein 2023**

Die Familien- und Arbeitszufriedenheit ist in Schleswig-Holstein besonders hoch. Auch mit ihrem Einkommen sind die Norddeutschen überdurchschnittlich zufrieden, obwohl die finanzielle Situation der Schleswig-Holsteiner im deutschlandweiten Vergleich eher mittelmäßig ist.

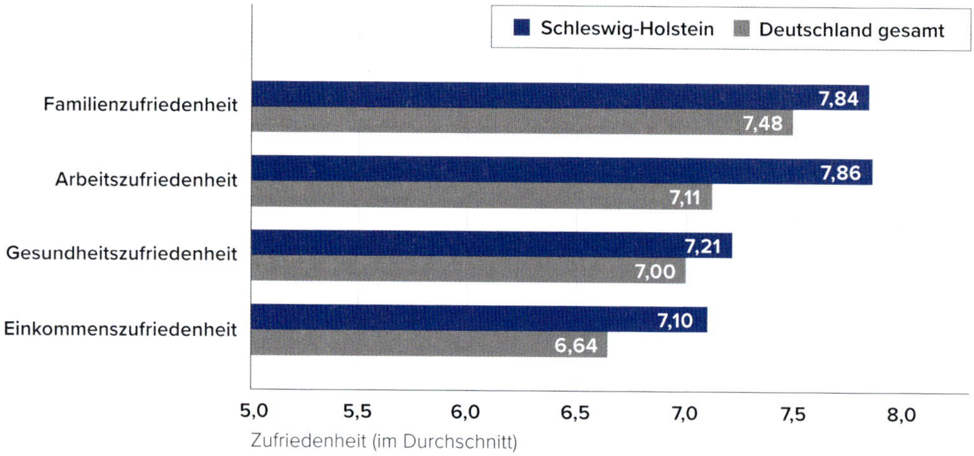

Anmerkungen: Zufriedenheit von 0 (»ganz und gar nicht zufrieden«) bis 10 (»völlig zufrieden«). Für die Repräsentativität wurden Gewichtungsfaktoren genutzt. **Quelle:** Eigene Berechnungen auf Grundlage der Glücksatlas-Datenbank 2023.

chen zu haben. Es ziehen derzeit besonders viele in das nördlichste Bundesland. Je 10.000 Einwohner ziehen 79 Personen mehr nach Schleswig-Holstein als davon weg. Auf ganz Deutschland gesehen kommen derzeit »nur« 40 Personen je 10.000 Einwohner mehr ins Land als aus Deutschland auswandern. Die Attraktivität des Bundeslands zeigt sich zudem in einer traditionell starken Tourismuswirtschaft.

Ein Manko aus Sicht der Schleswig-Holsteiner stellt die Verkehrslage dar. 34 Prozent der Norddeutschen sehen im April 2023 die Mobilität beziehungsweise den Verkehr als wichtigstes oder zweitwichtigstes Problem.[72] Der ländliche Charakter des Bundeslands führt zu einem erhöhten Mobilitätsbedarf: Schleswig-Holsteiner pendeln daher über längere Strecken, da das nächstgelegene Ober- oder Mittelzentrum weit entfernt ist.[73] Zum nächsten Flughafen fahren sie zum Beispiel durchschnittlich 73 Kilometer – in Deutschland sind es durchschnittlich 57 Kilometer. Abseits des Verkehrs ist Schleswig-Holstein von seiner Infrastruktur her aber vorbildlich: Man hat schnelles Internet, und der Anteil erneuerbarer Energien (Windenergie) ist hoch. Windkraftanlagen haben aber nachweislich negative Auswirkungen auf die Lebenszufriedenheit: Wer direkt neben den Anlagen wohnt, klagt über Lärmbelästigung. Außerdem verändert sich das Landschaftsbild durch die Turbinen aus Sicht der Anwohner eher zum Schlechteren.[74]

Übersicht Schleswig-Holstein 2023

Stärken

	Schleswig-Holstein	Deutschland
Wenige Pflegebedürftige[a] je 1.000 Einwohner ab 65 Jahren, 2021	**231,1**	269,1
Schnelles Internet[b] mit Glasfaser angeschlossene Haushalte in Prozent aller Haushalte, 2022 (»Homes Passed«)	**61**	26
Starker Tourismus[c] Übernachtungen je Einwohner, Januar bis April 2023	**2,5**	1,5
Hoher Anteil an erneuerbaren Energien[d] in Prozent des Bruttoenergieverbrauchs, 2019	**40,5**	19,5
Deutlich mehr Zuzüge als Wegzüge[e] Wanderungssaldo je 10.000 Einwohner, 2021	**78,9**	39,6

[a] Statistik über Pflegeeinrichtungen. [b] Bundesverband Breitbandkommunikation. [c] Statistisches Bundesamt, Monatserhebung im Tourismus. [d] Agentur für Erneuerbare Energien. [e] Wanderungsstatistik.

Schwächen

	Schleswig-Holstein	Deutschland
Niedrige Entwicklungs- und Forschungsintensität[a] FuE-Aufwendungen in Prozent der Bruttowertschöpfung, 2019	**0,87**	2,42
Erreichbarkeit von Flughäfen[b] Durchschnittlich in km, 2021	**73,45**	56,7
Niedrige Stundenlöhne[c] Bruttostundenverdienst von Vollzeitbeschäftigten im Durchschnitt in Euro, 2021	**24,33**	27,04

[a] Haag et al. 2023. [b] Bundesinstitut für Bau-, Stadt- und Raumforschung 2021. [c] WSI Verteilungsmonitor 2021.

2. Hamburg

HAUPTERGEBNISSE

- **Hamburg ist auch 2023 aus Sicht der Einwohner eine lebenswerte Stadt. Mit 7,11 Punkten liegt die Lebenszufriedenheit weit über dem gesamtdeutschen Durchschnitt (6,92 Punkte).**
- **Hamburg ist auf dem besten Weg, sich von der Corona-Pandemie zu erholen: Vom Vor-Corona-Niveau (7,27 Punkte) ist das heutige Lebensglück nur noch 0,16 Punkte entfernt.**
- **Die Hamburger sind mit ihrer Gesundheit überdurchschnittlich zufrieden – für eine Großstadt ist das überaus positiv zu beurteilen.**
- **Hamburg ist wohlhabend, jung und bietet eine vorteilhafte Wohnsituation. Im diesjährigen Städteranking wurde Hamburg sogar zur glücklichsten Großstadt Deutschlands gekürt.**

Abb. 6 Allgemeine Lebenszufriedenheit in Hamburg 2019 bis 2023

Mit 7,11 Punkten schafft es Hamburg auf Platz 2 des Bundesländer-Rankings. Unter den Stadtstaaten ist Hamburg unangefochten an der Spitze. Bremen (6,84 Punkte) und Berlin (6,62 Punkte) kommen lange nicht an das Glücksniveau der Hamburger heran.

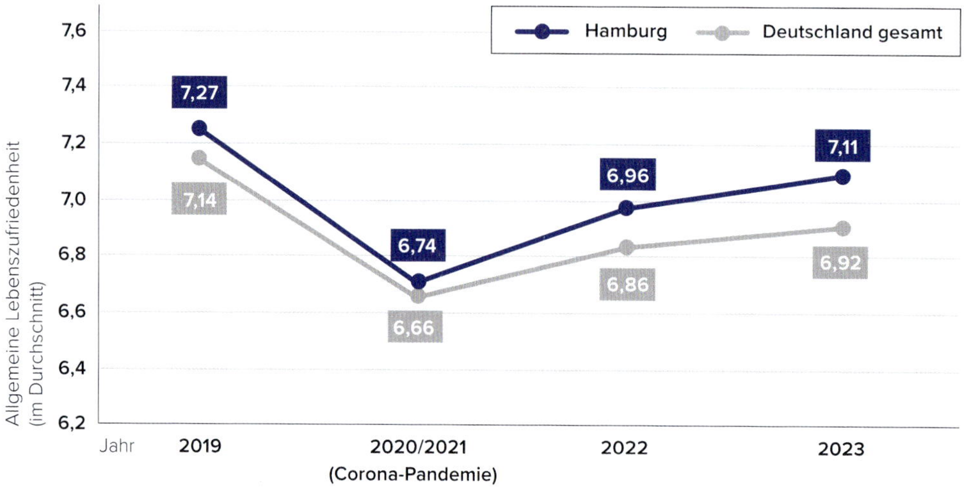

Anmerkungen: Allgemeine Lebenszufriedenheit von 0 (»ganz und gar nicht zufrieden«) bis 10 (»völlig zufrieden«). Für die Repräsentativität wurden Gewichtungsfaktoren genutzt. **Quelle:** Eigene Berechnungen auf Grundlage der Glücksatlas-Datenbank 2019 bis 2023.

Lebenszufriedenheit
im Durchschnitt
in Hamburg 2023

7,11

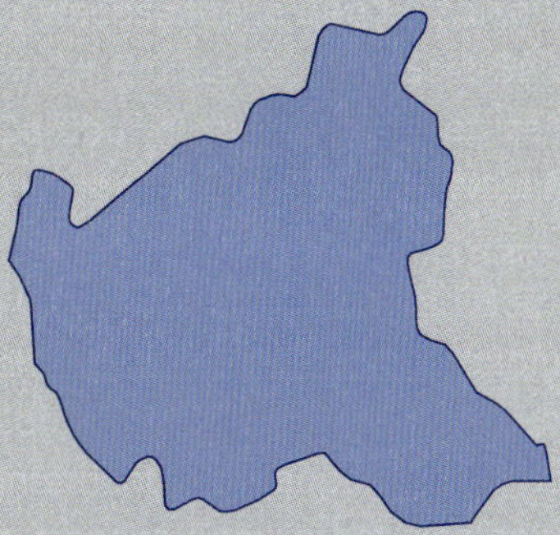

Mit einer Wertung von 7,11 Punkten befindet sich Hamburg auf dem zweiten Platz im Bundesländer-Ranking (siehe **Abbildung 6**). Dies unterstreicht erneut die hohe Lebensqualität aus Sicht der Hanseaten. Darüber hinaus behält Hamburg seinen Vorsprung in der Lebenszufriedenheit gegenüber den anderen Stadtstaaten Berlin (6,62 Punkte) und Bremen (6,84 Punkte) bei.

Die Hamburger sind besonders mit ihrer Gesundheit (7,08 Punkte) zufrieden. Angesichts der relativ jungen Bevölkerung mag das kaum überraschen, andererseits ist der Gesundheitszustand – bei gleichem Alter – in der Stadt immer etwas schlechter als in ländlichen Regionen. Der Lärm, der schlechtere Schlaf und die Luftverschmutzung tragen dazu bei. Allgemein ist die Zahl der möglichen »Stressoren« in Städten höher: Starker Verkehr auf der Straße, zahlreiche Menschen, mit denen man um den städtischen Raum konkurriert (man denke allein an die Imbissbuden zur Mittagszeit), oder ein vollgestopfter ÖPNV stressen. Die Stresshormone hingegen tragen zur Verschlechterung des Gemütszustands bei und können den Gesundheitszustand beeinträchtigen – beides sind Faktoren, die sich negativ auf die Gesundheitszufriedenheit auswirken können. Daher ist die bemerkenswert hohe Gesundheitszufriedenheit der Hamburger umso mehr zu würdigen, zumal Berlin (7,00 Punkte) und Bremen (6,94 Punkte) in diesem Bereich schlechtere Werte aufweisen.

Abb. 7 **Bereichszufriedenheiten in Hamburg 2023**

Die Hamburger beurteilen besonders ihre Gesundheit positiv. Familie, Einkommen und Arbeit fallen hingegen zurück. Die Familienzufriedenheit ist zum zweiten Mal in Folge unterdurchschnittlich.

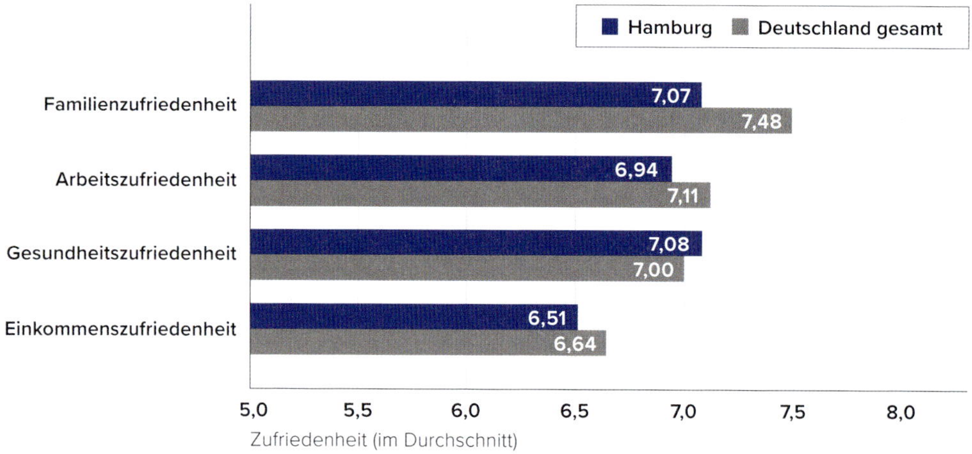

Anmerkungen: Zufriedenheit von 0 (»ganz und gar nicht zufrieden«) bis 10 (»völlig zufrieden«). Für die Repräsentativität wurden Gewichtungsfaktoren genutzt. **Quelle:** Eigene Berechnungen auf Grundlage der Glücksatlas-Datenbank 2023.

Die Familienzufriedenheit ist mit 7,07 Punkten deutlich geringer als der Gesamtdurchschnitt Deutschlands (7,48 Punkte). Das ist angesichts des hohen Anteils Alleinlebender in der Stadt wenig überraschend. Überraschender sind hingegen die eher geringen Werte bei der Arbeits- (6,94 Punkte) und Einkommenszufriedenheit (6,51 Punkte).

Übersicht Hamburg 2023

Stärken

	Hamburg	Deutschland
Hohes Bruttoinlandsprodukt je Einwohner[a] in Euro, 2022	**76.900**	46.000
Neubauwohnungen je Einwohner[b] 2020	**6,1**	3,7
Durchschnittsalter der Bevölkerung[c] 2020	**41,68**	44,21
Natürlicher Wanderungssaldo[d] je 1.000 Einwohner, 2020	**1,15**	–2,55
Medianeinkommen[e] der sozialversicherungspflichtig Vollzeitbeschäftigten in Euro, 2020	**3.862,69**	3.484,03
Steuerkraft[f] Kommunalsteuern (Grund- und Gewerbesteuern) in Euro je Einwohner, 2019	**1.583,84**	1.012,16

[a] Statistische Ämter des Bundes und der Länder 2022. [b] Statistik der Baufertigstellungen des Bundes und der Länder. [c] Fortschreibung des Bevölkerungsstandes des Bundes und der Länder. [d] Statistik der Geburten und Sterbefälle des Bundes und der Länder. [e] Statistik der Bundesagentur für Arbeit. [f] Realsteuervergleich des Bundes und der Länder.

Schwächen

	Hamburg	Deutschland
Hohe Baulandpreise[a] Kosten für ein Grundstück von 680 m^2 in Euro, 4. Quartal 2022	**727.500**	185.600
Straßenverkehrsunfälle[b] je 100.000 Einwohner, 2020	**457,98**	404,20

[a] Statistisches Bundesamt, Dr. Klein 2022. [b] Statistik der Straßenverkehrsunfälle des Bundes und der Länder.

3. Bayern

HAUPTERGEBNISSE

- **Mit 7,09 Punkten gehört Bayern zu den glücklichsten Bundesländern der Bundesrepublik. Dennoch enttäuscht der geringe Anstieg um nur 0,03 Punkte gegenüber 2022.**
- **Der Süden Bayerns ist auch dieses Jahr mit 7,23 Punkten eine der Glücksregionen Deutschlands, auch die Oberpfalz (7,10 Punkte) gehört dazu. Enttäuschend schneidet Niederbayern (6,89 Punkte) ab, Franken (6,92 Punkte) stagniert.**
- **In sämtlichen Bereichen sind die Bayern zufriedener als der Bundesdurchschnitt, besonders aber in den Bereichen Gesundheit und Einkommen – dank einer relativ jungen Bevölkerung und einem hohen materiellen Wohlstand.**

Abb. 8 **Allgemeine Lebenszufriedenheit in Bayern 2019 bis 2023**

Bayern schafft es 2023 mit 7,09 Punkten auf Rang 3 des Bundesländer-Rankings und ist wiederholt – seit 2019 – signifikant zufriedener als der Rest der Republik. Enttäuschend ist aber der nur geringe Anstieg seit 2022 von 0,03 Punkten, während Gesamtdeutschland sich um 0,06 Punkte erholte.

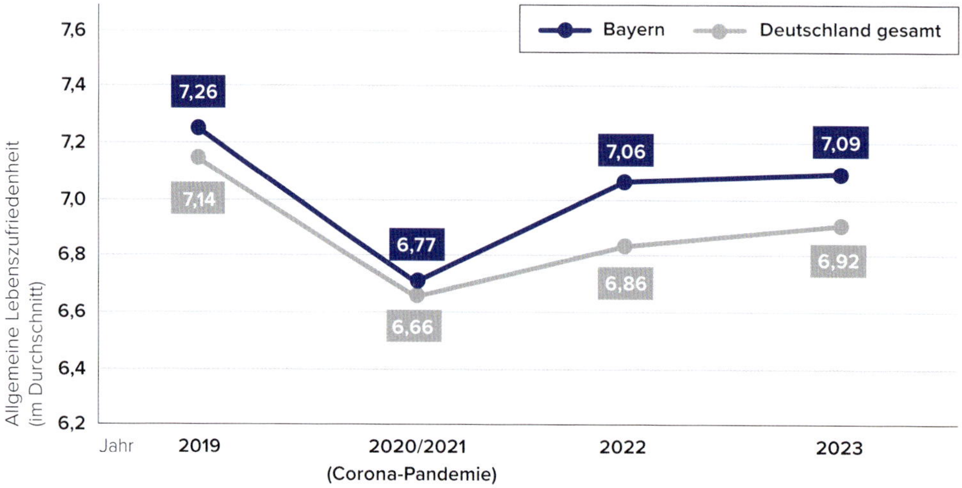

Anmerkungen: Allgemeine Lebenszufriedenheit von 0 (»ganz und gar nicht zufrieden«) bis 10 (»völlig zufrieden«). Für die Repräsentativität wurden Gewichtungsfaktoren genutzt. **Quelle:** Eigene Berechnungen auf Grundlage der Glücksatlas-Datenbank 2019 bis 2023.

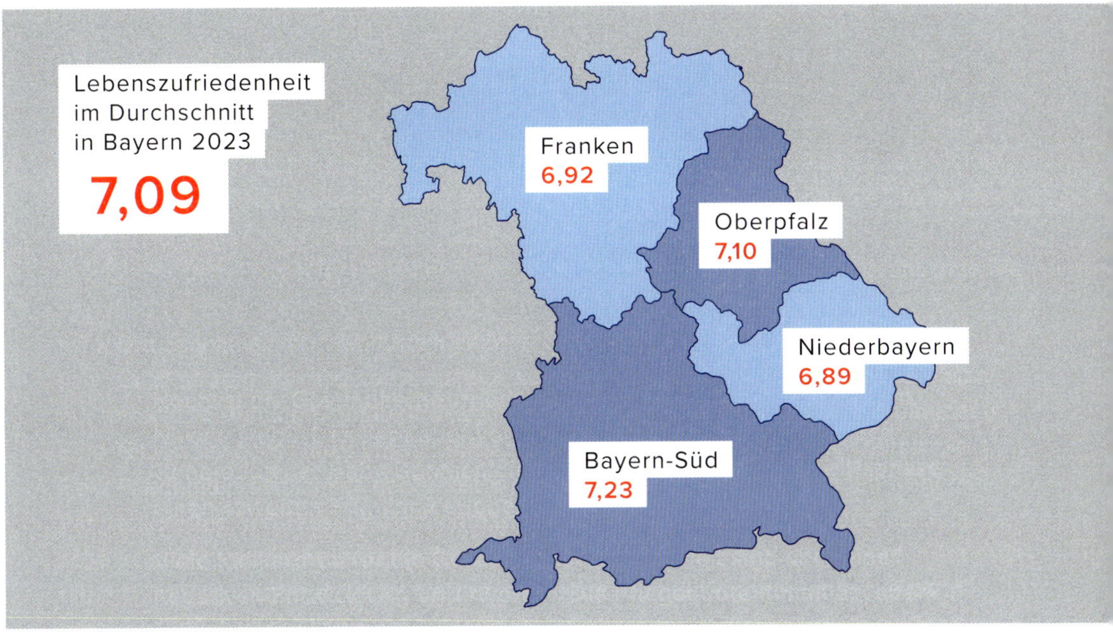

Die berichtete Lebenszufriedenheit der Bayern in Höhe von durchschnittlich 7,09 Punkten ist einerseits enttäuschend, bedeutet dies doch nur einen Anstieg von 0,03 Punkten gegenüber 2022 (**Abbildung 8**), der durchschnittliche Anstieg in Deutschland liegt bei 0,06 Punkten. Andererseits liegt der Wert 0,17 Punkte oberhalb des gesamtdeutschen Durchschnitts. Das subjektive Wohlbefinden der Bayern liegt somit – wie schon im Zeitraum 2019 bis 2022 – über dem anderer Regionen. Insbesondere gegenüber Baden-Württemberg kann sich Bayern abheben: In dem benachbarten Bundesland stagniert die Lebenszufriedenheit auf mittlerem Niveau bei 6,88 Punkten.

Innerhalb Bayerns gibt es aber große Unterschiede. Besonders glücklich sind die Einwohner mit 7,23 Punkten in der Region Bayern-Süd, welche den Großraum München, die Alpenregion, das Allgäu und Schwaben umfasst. Schon 2022 (7,13 Punkte) war diese Region deutlich zufriedener als der Norden des Bundeslands. Verlierer in diesem Jahr ist die Region Niederbayern, die noch letztes Jahr mit 7,26 Punkten mit zur glücklichsten ganz Deutschlands gehörte, dieses Jahr aber nur im Mittelfeld landet. Dagegen kann die Oberpfalz mit 7,10 Punkten an Boden gewinnen (2022: 6,95 Punkte) und setzt sich als zweitglücklichste Region in Bayern durch. Franken ist mit 6,92 Punkten etwas unzufriedener als der südliche Teil Bayerns. Das hat vor allem zwei Gründe: Zum einen altern gerade die Ober- und Unterfranken etwas schneller als der Süden Bayerns, und ein höheres Durchschnittsalter geht mit einer geringeren Lebenszufriedenheit einher. In einigen Landkreisen an der Grenze zu Thüringen liegt das Durchschnittsalter inzwischen bei 47 Jahren und darüber.[75] Zum

Abb. 9 **Bereichszufriedenheiten in Bayern 2023**

Die Bayern sind in sämtlichen Bereichen zufriedener als die Menschen in der übrigen Bundesrepublik. Von einer besonders hohen Zufriedenheit berichten die Süddeutschen in den Bereichen Gesundheit und Einkommen.

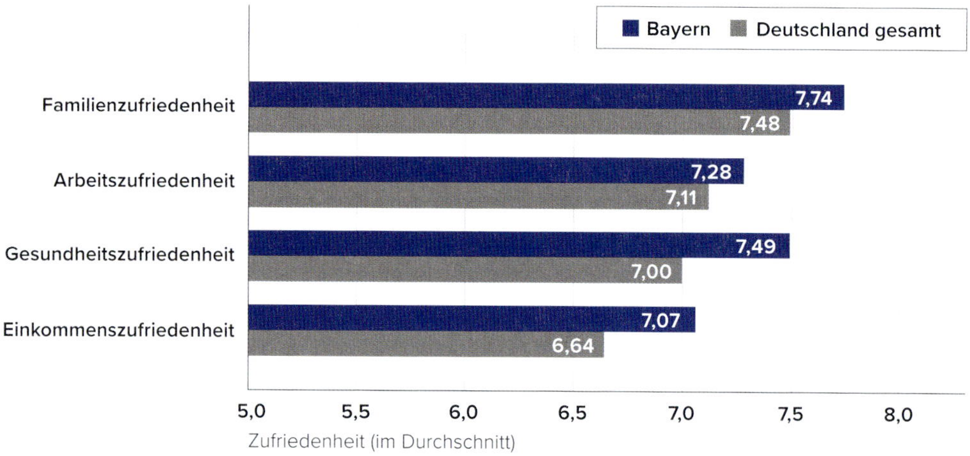

Anmerkungen: Zufriedenheit von 0 (»ganz und gar nicht zufrieden«) bis 10 (»völlig zufrieden«). Für die Repräsentativität wurden Gewichtungsfaktoren genutzt. **Quelle:** Eigene Berechnungen auf Grundlage der Glücksatlas-Datenbank 2023.

anderen sind die Einwohner von Bayern-Süd nochmal wohlhabender als die Franken: Im Regierungsbezirk Oberbayern liegt das verfügbare Einkommen (nach Abzug der Steuern) bei fast 29.000 Euro pro Kopf. In den fränkischen Regionen ist das mit 23.000 bis 24.000 Euro deutlich weniger. Trotzdem braucht sich Franken nicht zu verstecken: Die starke Industrie mit zahlreichen Traditionsunternehmen führt dazu, dass der Norden Bayerns auch heute zu den wohlhabendsten Regionen Deutschlands zählt.

In sämtlichen Bereichen sind die Bayern zufriedener als der gesamtdeutsche Durchschnitt (**Abbildung 9**). Besonders die Gesundheits- (7,49 Punkte) und die Einkommenszufriedenheit (7,07 Punkte) ragen positiv heraus. Dabei dürfte die hohe Zufriedenheit mit der Gesundheit mit dem vergleichsweise geringen Durchschnittsalter der Bevölkerung zu tun haben, was wiederum den Anteil an Pflegebedürftigen (3,8 Prozent; Ø Deutschland: 5 Prozent) und damit auch den Anteil an pflegenden Angehörigen niedrig hält. Weitere Indikatoren im Gesundheitsbereich – wie die Krankenhausbettendichte oder die Anzahl Plätze in Pflegeheimen – liegen im deutschlandweiten Vergleich hingegen im Mittelfeld.

Allerdings geht mit der besonders hohen Pkw-Dichte in Bayern[76] eine um 11 Prozent höhere Anzahl von Verunglückten im Straßenverkehr im Vergleich zum gesamtdeutschen Durchschnitt einher, was zu zusätzlichen Gesundheits-

Übersicht Bayern 2023

Stärken

	Bayern	Deutschland
Arbeitslosenquote[a] in Prozent aller Erwerbspersonen, Juli 2022	**3,3**	5,7
Langzeitarbeitslose[a] Anteil der Arbeitslosen, 1 Jahr und länger arbeitslos, an den Arbeitslosen in Prozent, 2020	**18,9**	30,3
Wahlbeteiligung BTW[b] Anteil Zweitstimmen (gültig und ungültig) an den Wahlberechtigten in Prozent, 2021	**79,9**	76,6
Schuldnerquote[c] in Prozent aller Einwohner, die 18 Jahre oder älter sind, 2019; ein Schuldner kann in absehbarer Zeit nicht seinen fälligen Zahlungsverpflichtungen nachkommen	**7,3**	10,0
Pflegebedürftige[d] je 100 Einwohner, 2019	**3,8**	5,0
SGB-II-Quote[e] Anteil an allen Erwerbspersonen in Prozent, 2020	**3,8**	8,2

[a] Arbeitsmarktstatistik der Bundesagentur für Arbeit (BA). [b] Allgemeine Bundestagswahlstatistik des Bundes und der Länder. [c] Schuldneratlas Deutschland des Verbands der Vereine creditreform e. V. [d] Pflegestatistik des Bundes und der Länder. [f] Statistik der Grundsicherung für Arbeitssuchende nach dem SGB II der Bundesagentur für Arbeit.

Schwächen

	Bayern	Deutschland
Baulandpreise[a] in Euro je m², 2020	**319,8**	193,6
Verunglückte im Straßenverkehr[b] je 100.000 Einwohner, 2020	**439**	397
Distanz zu ÖPNV-Haltestellen[c] Einwohnergewichtete Luftliniendistanz in Meter zur nächsten Haltestelle des ÖPNV mit mind. 20 Abfahrten am Tag, 2020	**793**	457

[a] Statistik der Kaufwerte für Bauland des Bundes und der Länder. [b] Statistik der Straßenverkehrsunfälle des Bundes und der Länder. [c] Nahversorgungsmodell des Bundesinstituts für Bau-, Stadt- und Raumforschung, HaCon Ingenieurgesellschaft mbH, infas360 (kleinräumige Bevölkerungszahlen Stand 2016).

beeinträchtigungen führt, hinzu kommen die Lärm- und Verschmutzungsprobleme. Dagegen stehen die glücksspendenden Aspekte von Pkws. Unsere Berechnungen, basierend auf dem *Glücksatlas 2020*, zeigen, dass der Besitz eines Autos mit einer um 0,13 Punkte höheren persönlichen Lebenszufriedenheit einhergeht.[77]. Besonders in Bayern mit seinen ausgedehnten ländlichen

Gebieten dürfte das Auto unverzichtbar sein – insbesondere angesichts der teils beträchtlichen Entfernungen zur nächsten Bus- oder Bahnhaltestelle: Im Durchschnitt sind es für einen Bewohner Bayerns knapp 800 Meter bis zur nächsten ÖPNV-Haltestelle, während es in ganz Deutschland etwa 450 Meter sind.

Die hohe Einkommenszufriedenheit von 7,07 Punkten überrascht wenig, wenn man den hohen materiellen Wohlstand vieler Bayern betrachtet (Ø Deutschland: 6,64 Punkte). Außerdem kommen viele Bayern mit ihrem Einkommen gut aus: »Nur« 7,3 Prozent haben Schwierigkeiten, ihren Zahlungsverpflichtungen nachzukommen, in Gesamtdeutschland ist es jeder Zehnte. Von der guten wirtschaftlichen Situation zeugt auch die überdurchschnittliche Arbeitszufriedenheit von 7,28 Punkten (Ø Deutschland: 7,11 Punkte). Neben den geringen Arbeitslosenquoten finden auch diejenigen, die arbeitssuchend werden, schnell wieder einen neuen Job: Nur knapp 19 Prozent der Arbeitslosen in Bayern bleibt länger als ein Jahr in dieser Phase, im Rest Deutschlands sind es 30 Prozent.

Der hohe Lebensstandard hat auch seine Kehrseiten: So sind die Wohnkosten in Bayern sehr hoch – gerade im Großraum München oder in Mittelstädten wie Bayreuth. Die Baulandpreise sind mit 320 Euro je Quadratmeter rund zwei Drittel höher als im gesamtdeutschen Durchschnitt.[78] Führt man außerdem eine statistische Analyse hinsichtlich der Relevanz der Bereiche für die allgemeine Lebenszufriedenheit durch, so zeigt sich, dass die Bayern die Zufriedenheit mit dem Familienleben am stärksten gewichten: Aber auch hier sind sie mit 7,74 Punkten glücklicher als die Menschen in anderen Regionen der Bundesrepublik (7,48 Punkte).

4. Hessen

HAUPTERGEBNISSE

- **Die Lebenszufriedenheit der Hessen erreicht mit 7,06 Punkten erstmals seit 2019 wieder einen Wert oberhalb der 7er-Marke. Hessens Lebensglück liegt damit wieder über dem gesamtdeutschen Durchschnitt (6,92 Punkte) – so wie in der Vor-Corona-Zeit.**
- **Die Nordhessen sind mit 7,15 Punkten signifikant glücklicher als die Südhessen (6,98 Punkte), allerdings wurde der Abstand gegenüber dem Vorjahr kleiner. Die ländliche Prägung des Nordens mit geringeren SGB-II- und Kriminalitätsquoten sowie weniger Ungleichheit tragen zu den Unterschieden bei.**
- **Aufgrund hoher Einkommen sind die Hessen im Durchschnitt mit ihrer finanziellen Situation sehr zufrieden – trotz der regionalen und vertikalen Ungleichheiten sowie der Preissteigerungen.**

Abb. 10 Allgemeine Lebenszufriedenheit in Hessen 2019 bis 2023

Mit 7,06 Punkten hat sich Hessen 2023 wieder vom gesamtdeutschen Durchschnitt (6,92 Punkte) abgesetzt. Damit knüpft das Bundesland an Zeiten mit hohen Zufriedenheitswerten vor Corona wieder an. In der Corona-Pandemie sowie 2022 waren die Hessen sonst nur durchschnittlich.

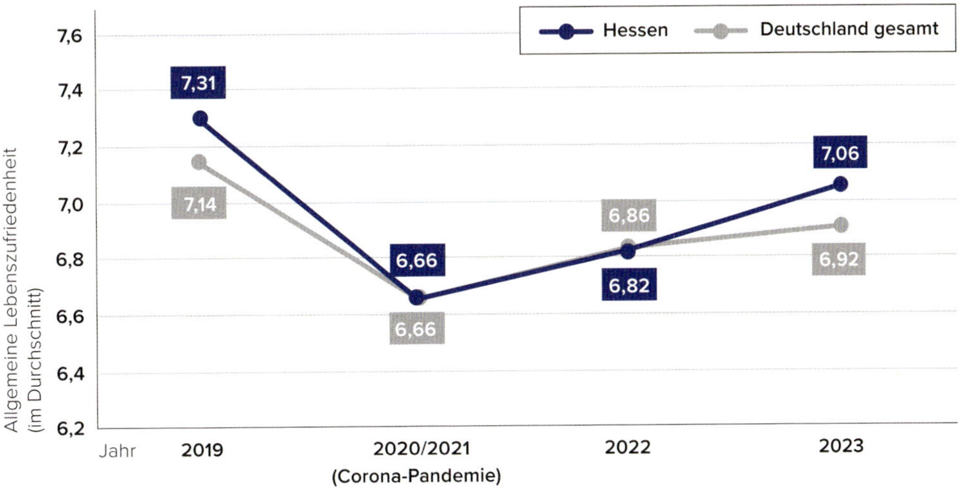

Anmerkungen: Allgemeine Lebenszufriedenheit von 0 (»ganz und gar nicht zufrieden«) bis 10 (»völlig zufrieden«). Für die Repräsentativität wurden Gewichtungsfaktoren genutzt. **Quelle:** Eigene Berechnungen auf Grundlage der Glücksatlas-Datenbank 2019 bis 2023.

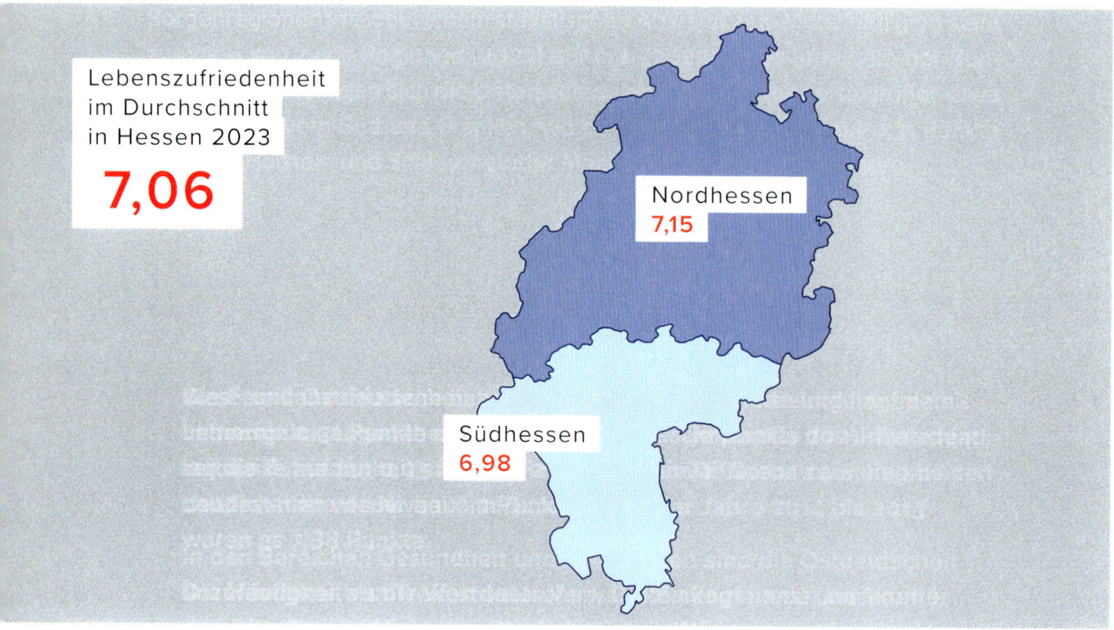

Die Lebenszufriedenheit der Hessen ist auf dem besten Weg zum Vor-Corona-Niveau (**Abbildung 10**). Mit 7,06 Punkten wird seit 2020 dieses Jahr wieder erstmals die 7er-Marke geknackt – auch wenn zu den 7,31 Punkten 2019 noch 0,25 Punkte fehlen. Das Wohlbefinden hat sich darüber hinaus vom gesamtdeutschen Durchschnitt (6,92 Punkte) abgesetzt. Dieses Jahr liegt der Abstand zu Gesamtdeutschland bei 0,14 Punkten und damit wieder nahe den 0,17 Punkten vor der Corona-Pandemie (2019).

Die höhere Lebenszufriedenheit der Nordhessen (7,15 Punkte) im Vergleich zu den Südhessen (6,98 Punkte) wird auch in diesem Jahr bestätigt, obwohl der Unterschied zwischen dem Norden und dem Süden von 0,42 Punkten (2022) auf 0,17 Punkte (2023) geschrumpft ist.[79] Die höhere Lebenszufriedenheit im Norden wird durch regionale Studien zur Lebensqualität untermauert. So liegt der GEWAK-Lebensqualitäts-Index von Schmid und Faik (2022) in den nördlichen Bezirken Kassel und Gießen in den letzten zwei Jahrzehnten dauerhaft über dem des Bezirks Darmstadt mit seinen Städten Frankfurt am Main, Offenbach und Darmstadt.[80] Das liegt wohl an der höheren Lebensqualität von ländlichen gegenüber städtisch geprägten Kreisen beziehungsweise kreisfreien Städten. Die höchsten errechneten Werte nimmt der Index im Taunus sowie in den Landkreisen Waldeck-Frankenberg, Schwalm-Eder-Kreis und Vogelsbergkreis ein, die geringsten in Frankfurt am Main, Wiesbaden, Darmstadt, Gießen und Kassel. Kein Wunder: Laut Strukturgleichungsmodellen schwächen Faktoren wie ein hoher Anteil an Bürgergeld-Empfängern, hohe Kriminalitätsraten sowie Privatschulden die individuelle Lebensqualität – alles Faktoren, die in Hessen in

Abb. 11 Bereichszufriedenheiten in Hessen 2023

Die Hessen sind mit ihrer Gesundheit und dem Einkommen überdurchschnittlich zufrieden, während die Familienzufriedenheit im gesamtdeutschen Durchschnitt liegt. Einzig mit ihrer Arbeit scheinen die Hessen unzufriedener zu sein.

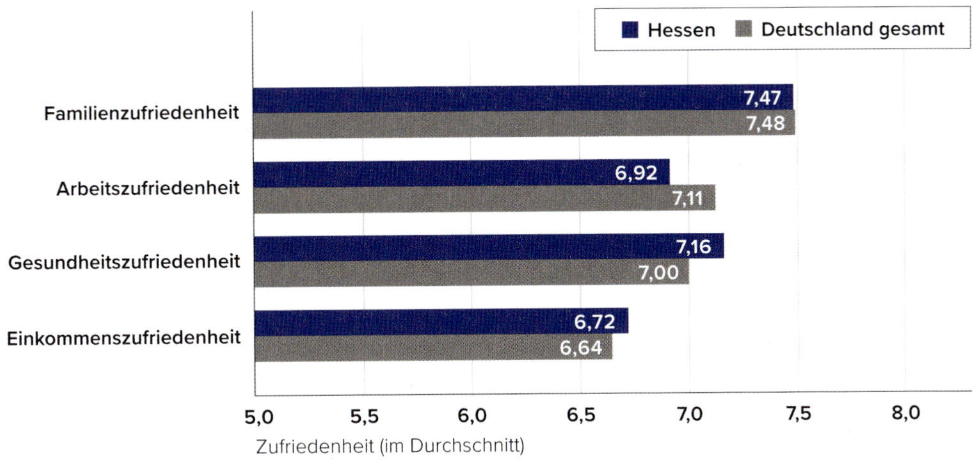

Anmerkungen: Zufriedenheit von 0 (»ganz und gar nicht zufrieden«) bis 10 (»völlig zufrieden«). Für die Repräsentativität wurden Gewichtungsfaktoren genutzt. **Quelle:** Eigene Berechnungen auf Grundlage der Glücksatlas-Datenbank 2023.

Städten eher vorkommen als in ländlichen Regionen.[81] Das spiegelt sich auch in unseren Befragungen zur Lebenszufriedenheit: Wer in den ländlichen Regionen Hessens lebt, ist mit seinem Leben durchweg zufriedener als Personen aus den Städten, und Nordhessen ist nun mal ländlich geprägter, während Südhessen mit seiner »Metropolregion Rhein-Main« deutlich städtischer auftritt.

Hessen ist ein sehr wohlhabendes, wenn auch ungleiches Land. Als Flächenland hat Hessen die höchste Ungleichheit im Einkommen: Der Gini-Koeffizient weist einen Wert von 0,32 für Hessen auf (je näher der Wert an eins, desto höher die Ungleichheit), während ostdeutsche Flächenländer zwischen 0,25 und 0,28 liegen. Baden-Württemberg liegt zum Beispiel bei 0,29.[82] Das hat zur Folge, dass etwa jeder sechste Einwohner Hessens – basierend auf dem durchschnittlichen Einkommen in der Region – ein Einkommen von weniger als 60 Prozent des Durchschnittsverdienstes bezieht. In den Gebieten rund um Frankfurt am Main betrifft dies sogar etwa jeden fünften Einwohner, da die Unterschiede in den Gehältern zwischen den Spitzenverdienern im Finanzsektor und der übrigen Bevölkerung hier besonders groß sind. Trotz der Ungleichheit schätzen die Hessen ihre finanzielle Situation überwiegend positiv ein: Mit 6,72 Punkten liegen sie über dem gesamtdeutschen Schnitt von 6,64 Punkten (**Abbildung 11**). Zudem ist die Einkommenszufriedenheit im Vergleich zu 2022 gestiegen, an die Inflation scheinen sich viele Hessen gewöhnt zu haben.

Besonders zufrieden sind die Hessen mit ihrer Gesundheit: Diese bewerten sie mit durchschnittlich 7,16 Punkten (Ø Deutschland: 7,00 Punkte). An den klassischen Indikatoren wie der Krankenhausbetten- oder Ärztedichte lässt sich dies aber nicht ablesen. Mit 5,5 Krankenhausbetten je 1.000 Einwohner stehen weniger als im gesamtdeutschen Durchschnitt (5,8) zur Verfügung.[83] Auch die Anzahl Ärzte je 10.000 Einwohner ist mit 14,1 sogar besonders gering.

Wie eine ökonometrische Analyse zeigt, ist den Hessen die Zufriedenheit mit ihrem Familienleben besonders wichtig.[84] Mit 7,47 Punkten liegt sie dieses Jahr etwa im Schnitt Gesamtdeutschlands – wie schon 2022. Aufgrund der Relevanz des Familienlebens für viele Hessen taucht in der Frage nach den wichtigsten Problemen im Bundesland weniger die Wirtschaftspolitik (wie z. B. im Saarland), sondern die Bildungspolitik und die Betreuung von Kleinkindern auf.[85] Das überrascht, denn ausgerechnet Hessen schneidet im Bildungsbereich überdurchschnittlich gut ab: Nur 4,4 Prozent der Schüler verlassen die Schulen ohne Abschluss, im gesamtdeutschen Durchschnitt sind es 6,1 Prozent.

2023 ist die Arbeitszufriedenheit der Hessen mit 6,92 Punkten deutlich niedriger im Vergleich zum Vorjahr (7,50 Punkte 2022) (**Abbildung 11**). Womöglich hängt dies mit der Furcht vor Jobverlusten zusammen, denn auch in Hessen ist die aufziehende Rezession spürbar. Eine Besonderheit ist aber der hohe Anteil an Großbetrieben (z. B. Lufthansa, Rewe Group, Deutsche Bahn, Fraport etc.): 36,2 Prozent sind in solchen Großunternehmen mit mehr als 1.000 Beschäftigten tätig, im gesamtdeutschen Durchschnitt sind es 33,8 Prozent. Außerdem sind überdurchschnittlich viele Hessen hoch qualifiziert.

Übersicht Hessen 2023

Stärken

	Hessen	Deutschland
Hohes Bruttoinlandsprodukt je Einwohner[a] in Euro, 2020	**45.377**	40.495
Gute Ganztagsbetreuung[b] Anteil aller Drei- bis Fünfjährigen in Prozent, 2022	**53,4**	47,4
Nur wenige Schulabgänger ohne Abschluss[c] Anteil ohne Hauptschulabschluss, 2020	**4,4**	6,1
Viele Beschäftigte in Großbetrieben[d] in Prozent aller Erwerbstätigen, 2022. »Großbetrieb« > 1.000 Beschäftigte	**36,2**	33,8
Viele Beschäftigte mit komplexer Tätigkeit[d] in Prozent aller Erwerbstätigen, 2021. »Komplex«: Studienberufe, Meister, Techniker, Beamte im höheren Dienst	**28,5**	26,9
Geringe Kriminalitätsquote[e] Straftaten je 100.000 Einwohner, 2022	**5.855**	6.762

[a] Volkswirtschaftliche Gesamtrechnungen der Länder. [b] Statistiken der Kinder- und Jugendhilfe, Bevölkerungsstatistik. [c] Statistik der allgemeinbildenden Schulen des Bundes und der Länder. [d] Bundesagentur für Arbeit. [e] Polizeiliche Kriminalitätsstatistik.

Schwächen

	Hessen	Deutschland
Armutsgefährdungsquote[a] Anteil derer, die weniger als 60 Prozent des mittleren regionalen Einkommens verdienen, in Prozent, 2022	**18,1**	16,7
Krankenhausbettendichte[b] Betten je 1.000 Einwohner	**5,5**	5,8

[a] Mikrozensus 2011. [b] Krankenhausverzeichnis, Bevölkerungsstatistik.

5. Nordrhein-Westfalen

HAUPTERGEBNISSE

- **Nordrhein-Westfalen ist mit 7,00 Punkten – wie schon 2019 bis 2022 – leicht glücklicher als Gesamtdeutschland. Wegen des nur schwachen Glückszuwachses fällt NRW vom dritten auf den fünften Rang.**
- **Die Lebenszufriedenheit in NRW ist sehr ungleich verteilt. Schwächer ist das Wohlbefinden im Ruhrgebiet sowie Teilen Westfalens und Nordrhein-Kölns. Das Münsterland hebt sich besonders positiv ab.**
- **Mit der Familie sind die Nordrhein-Westfalen etwas zufriedener als der gesamtdeutsche Durchschnitt, bei der Gesundheitszufriedenheit liegen sie leicht darunter.**
- **Nordrhein-Westfalen verfügt insgesamt über gute Verkehrsanbindungen, sei es für Autos oder den öffentlichen Nahverkehr. In einigen Regionen sind nach wie vor die Arbeitslosenquoten sowie die Schuldnerquoten vergleichsweise hoch.**

Nordrhein-Westfalen landet 2023 mit 7,00 Punkten im Bundesländer-Ranking auf Rang 5. Das bevölkerungsreichste Bundesland gehört damit zu den Regionen, die den Gesamtdurchschnitt der Lebenszufriedenheit der Deutschen eher heben (**Abbildung 12**). Dabei ist das Bundesland schon seit 2019 leicht glücklicher als der gesamtdeutsche Schnitt.

Die Lebenszufriedenheit in Nordrhein-Westfalen ist sehr ungleich verteilt. Bereits im letzten Jahr (2022) berichteten die Münsterländer von einem besonders hohen Wohlbefinden, was sich 2023 bestätigt. Mit 7,23 Punkten ist die Region rund um Münster die zufriedenste in NRW, dicht gefolgt von Nordrhein-Düsseldorf (7,18 Punkte). Auch Nordrhein-Köln erreicht dieses Jahr mit 7,04 Punkten einen hohen Wert und steigt – wie der Düsseldorfer Raum – in die Reihe der Glücksregionen auf. Westfalen schwächelt mit 6,95 Punkten etwas, liegt aber auch noch oberhalb des gesamtdeutschen Durchschnitts. Das Ruhrgebiet ist mit 6,72 Punkten deutlich schwächer – ähnlich wie 2022. Die regionale Verteilung der Lebenszufriedenheit in NRW überrascht wenig, vergleicht man sie mit Lebensqualitätsstudien aus dem Bundesland. Das Kommunalranking NRW des Instituts der Deutschen Wirtschaft verwendet zahlreiche objektive Indikatoren aus den Bereichen Wirtschaft, Arbeit, Wohnen und Freizeit, um die Lebensqualität in den Kommunen NRWs zu vergleichen.[86] Drei

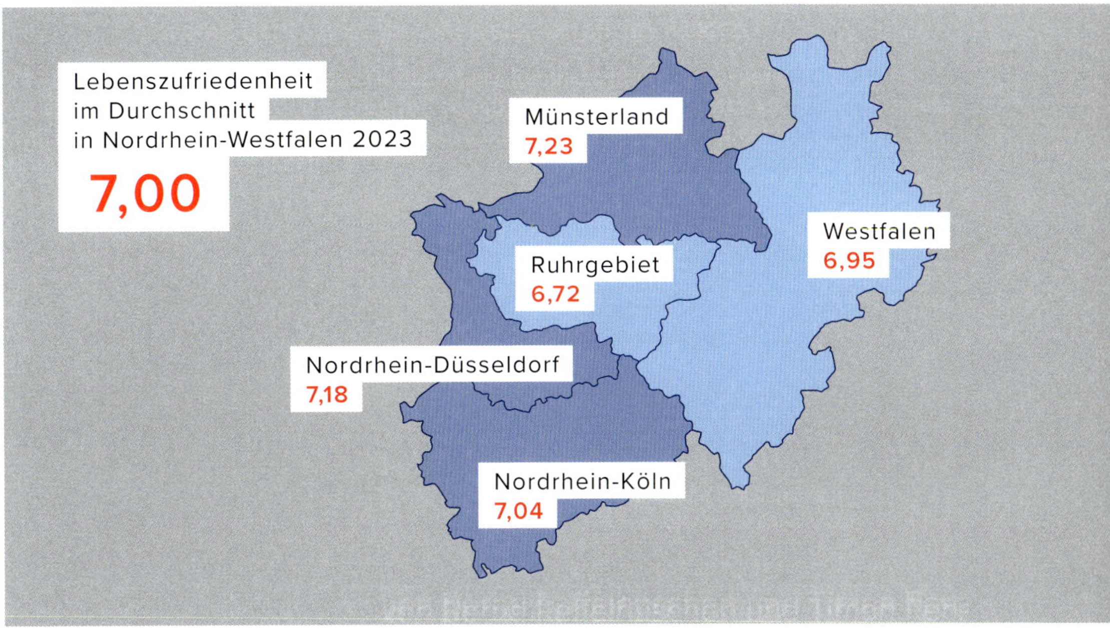

Abb. 12 Allgemeine Lebenszufriedenheit in Nordrhein-Westfalen 2019 bis 2023

Nordrhein-Westfalen liegt auch 2023 wieder leicht über dem Durchschnitt Gesamtdeutschlands. Mit 7,00 Punkten schafft es das bevölkerungsreichste Bundesland auf Rang 5 und fällt damit im Glücksranking im Vergleich zum letzten Jahr (Rang 3) leicht ab.

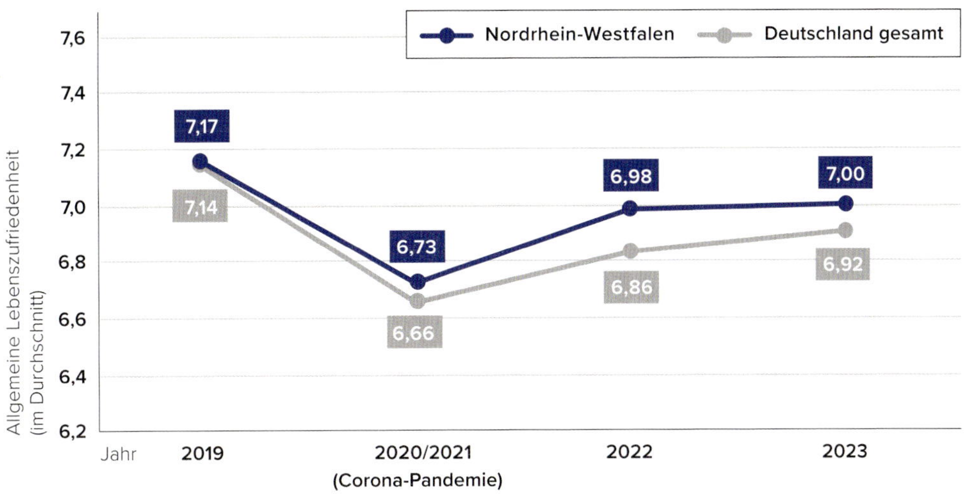

Anmerkungen: Allgemeine Lebenszufriedenheit von 0 (»ganz und gar nicht zufrieden«) bis 10 (»völlig zufrieden«). Für die Repräsentativität wurden Gewichtungsfaktoren genutzt. **Quelle:** Eigene Berechnungen auf Grundlage der Glücksatlas-Datenbank 2019 bis 2023.

Abb. 13 **Bereichszufriedenheiten in Nordrhein-Westfalen 2023**

Die Bereichszufriedenheiten der Nordrhein-Westfalen liegt in den meisten Bereichen knapp über oder unter dem gesamtdeutschen Durchschnitt. Ausnahme ist die Familienzufriedenheit, bei der sich die Westdeutschen um 0,15 Punkte abheben. Die Gesundheitszufriedenheit ist leicht unterdurchschnittlich.

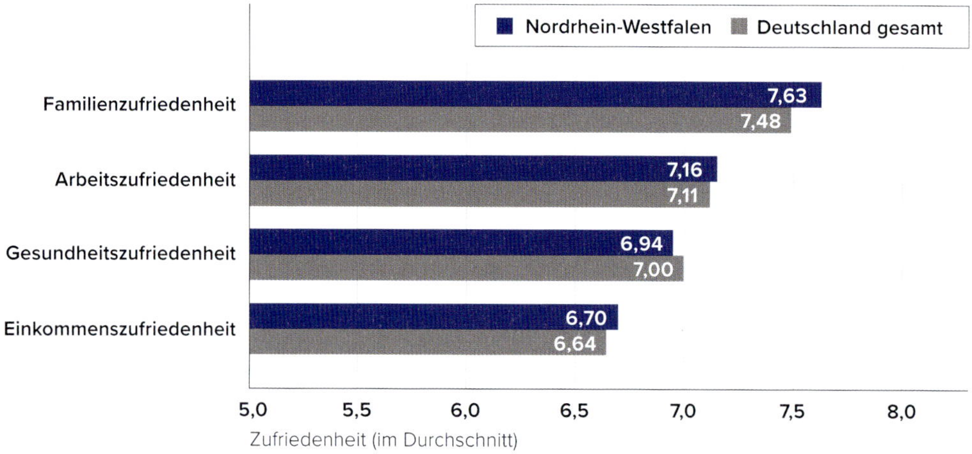

Anmerkungen: Zufriedenheit von 0 (»ganz und gar nicht zufrieden«) bis 10 (»völlig zufrieden«). Für die Repräsentativität wurden Gewichtungsfaktoren genutzt. **Quelle:** Eigene Berechnungen auf Grundlage der Glücksatlas-Datenbank 2023.

Regionen fallen dabei etwas schwächer aus, die sich mit unseren Zufriedenheitsdaten decken: erstens das Ruhrgebiet, zweitens der äußerste Nordosten Westfalens und drittens der Westen in der Region Nordrhein-Köln. Das berichtete Wohlbefinden ist im Ruhrgebiet mit 6,72 (2023) und 6,85 Punkten (2022) tatsächlich geringer.

Die Bereichszufriedenheiten in NRW bewegen sich um den gesamtdeutschen Durchschnitt. Allerdings ist die Familienzufriedenheit 0,15 Punkte höher, was vordergründig mit den ländlichen Regionen zu tun hat: In Westfalen und dem Münsterland ist die durchschnittliche Haushaltsgröße deutlich höher als im Ruhrgebiet, was auf einen höheren Anteil an Partner- sowie Familienhaushalten und weniger Einpersonenhaushalte schließen lässt.[87]

Nordrhein-Westfalen lässt sich nur schwer auf einen Nenner bringen. Eine Gemeinsamkeit ist das dichte Verkehrsnetz. Die Pendlerwege sind größtenteils sehr kurz, außerdem werden Autobahnen und ÖPNV-Haltestellen im bundesweiten Vergleich schnell erreicht. Die nächste Autobahnauffahrt ist durchschnittlich 11 Minuten entfernt, im bundesweiten Durchschnitt sind es 16 Minuten.

Eine weitere gemeinsame Eigenschaft ist die hohe Schuldenlast sowohl der Privathaushalte als auch der Staatshaushalte. Im Durchschnitt ist jeder Einwoh-

Übersicht Nordrhein-Westfalen 2023

Stärken

	Nordrhein-Westfalen	Deutschland
Wenige Pendler mit Arbeitsweg 150 km und mehr[a] Anteil der SV-Beschäftigten mit einem Arbeitsweg von 150 km und mehr am Wohnort in Prozent, 2019	**3,8**	4,7
Geringe Baulandpreise[b] Durchschnittliche Kaufwerte für Bauland in Euro je m², 2020	**146**	194
Wenige Getötete im Straßenverkehr[c] je 100.000 Einwohner, 2020	**2,4**	3,3
Schnelle Erreichbarkeit von Autobahnen[d] Durchschnittliche Pkw-Fahrzeit zur nächsten BAB-Anschlussstelle in Minuten, 2021	**10,6**	16,0
Durchschnittsdistanz zur nächsten ÖPNV-Haltestelle[e,f,g] Einwohnergewichtete Luftliniendistanz zur nächsten Haltestelle des ÖV mit mindestens 20 Abfahrten am Tag, 2020	**286**	457

[a] Beschäftigtenstatistik der Bundesagentur für Arbeit. [b] Statistik der Kaufwerte für Bauland des Bundes und der Länder. [c] Statistik der Straßenverkehrsunfälle des Bundes und der Länder. [d] Erreichbarkeitsmodell des Bundesinstituts für Bau-, Stadt- und Raumforschung. [e] Nahversorgungsmodell des Bundesinstituts für Bau-, Stadt- und Raumforschung. [f] HaCon Ingenieurgesellschaft mbH. [g] infas360 (kleinräumige Bevölkerungszahlen Stand 2016).

Schwächen

	Nordrhein-Westfalen	Deutschland
Arbeitslosenquote[a] in Prozent aller Erwerbspersonen, Juli 2022	**7,4**	5,7
Schuldnerquote[b] 2019	**11,7**	10,0
Kommunale Schulden[c] in Euro je Einwohner, 2020	**2.591**	1.464

[a] Arbeitsmarktstatistik der Bundesagentur für Arbeit (BA). [b] Schuldneratlas Deutschland des Verbands der Vereine creditreform e. V. [c] Statistik über Schulden des Bundes und der Länder.

ner von NRW allein auf kommunaler Ebene mit knapp 2.600 Euro verschuldet, in Gesamtdeutschland kommt man auf knapp 1.500 Euro. Hinzu kommt eine hohe private Schuldenlast: 11,7 Prozent können in NRW ihren Zahlungsverpflichtungen nicht mehr nachkommen, in Gesamtdeutschland ist es »nur« jeder Zehnte. Hohe Schulden bedeuten zum einen finanzielle Sorgen und zum anderen eine Einschränkung des Konsums sowie sinkende Investitionen.

6. Sachsen-Anhalt

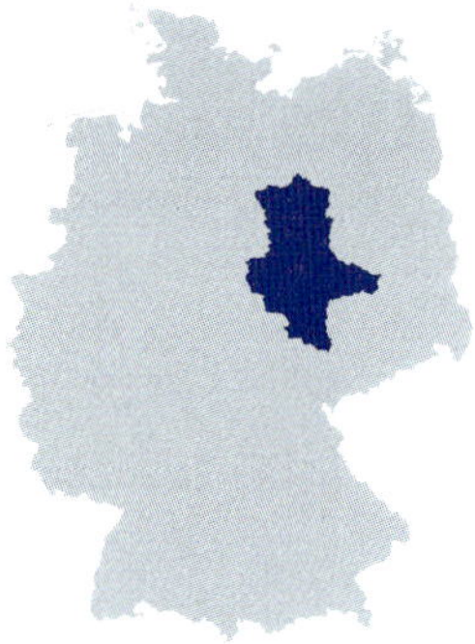

HAUPTERGEBNISSE

- **Sachsen-Anhalt können wir 2023 mit 6,95 Punkten als »Schleswig-Holstein des Ostens« bezeichnen. Die Sachsen-Anhaltiner sind überdurchschnittlich zufrieden – und das bereits zum zweiten Mal seit der Corona-Pandemie.**
- **In allen Bereichen berichten die Sachsen-Anhaltiner von einer überdurchschnittlichen Zufriedenheit. Besonders glücklich sind sie mit ihrem Familien- (8,08 Punkte) und Arbeitsleben (7,56 Punkte).**
- **Noch »leidet« Sachsen-Anhalt unter typisch ostdeutschen Problemen. Die Wirtschaftskraft wächst aber, und die Investitionen sind hoch, was Grund zu Optimismus bietet.**

Abb. 14 **Allgemeine Lebenszufriedenheit in Sachsen-Anhalt 2019 bis 2023**

Die Lebenszufriedenheit der Sachsen-Anhaltiner steigt 2023 auf 6,95 Punkte und liegt damit sogar über dem gesamtdeutschen Durchschnitt von 6,92 Punkten. Die geringen Einbußen in der Corona-Pandemie sind somit wieder aufgeholt.

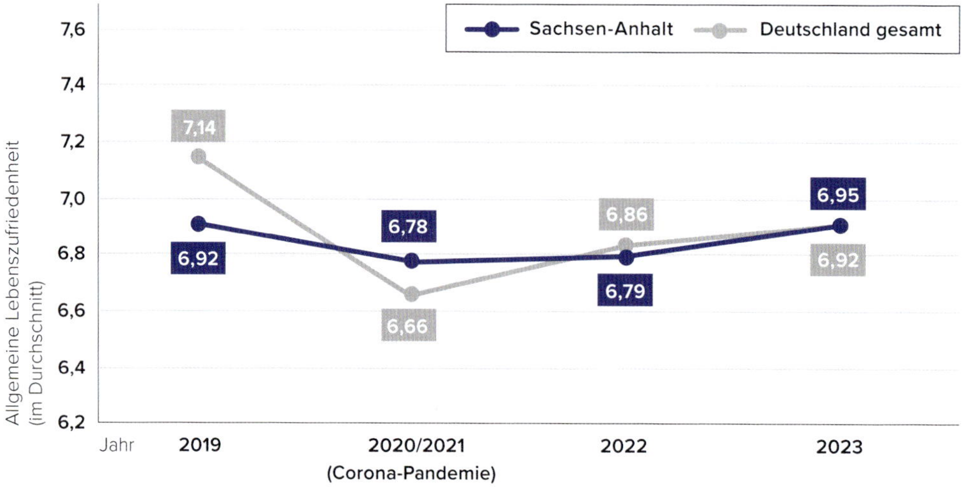

Anmerkungen: Allgemeine Lebenszufriedenheit von 0 (»ganz und gar nicht zufrieden«) bis 10 (»völlig zufrieden«). Für die Repräsentativität wurden Gewichtungsfaktoren genutzt. **Quelle:** Eigene Berechnungen auf Grundlage der Glücksatlas-Datenbank 2019 bis 2023.

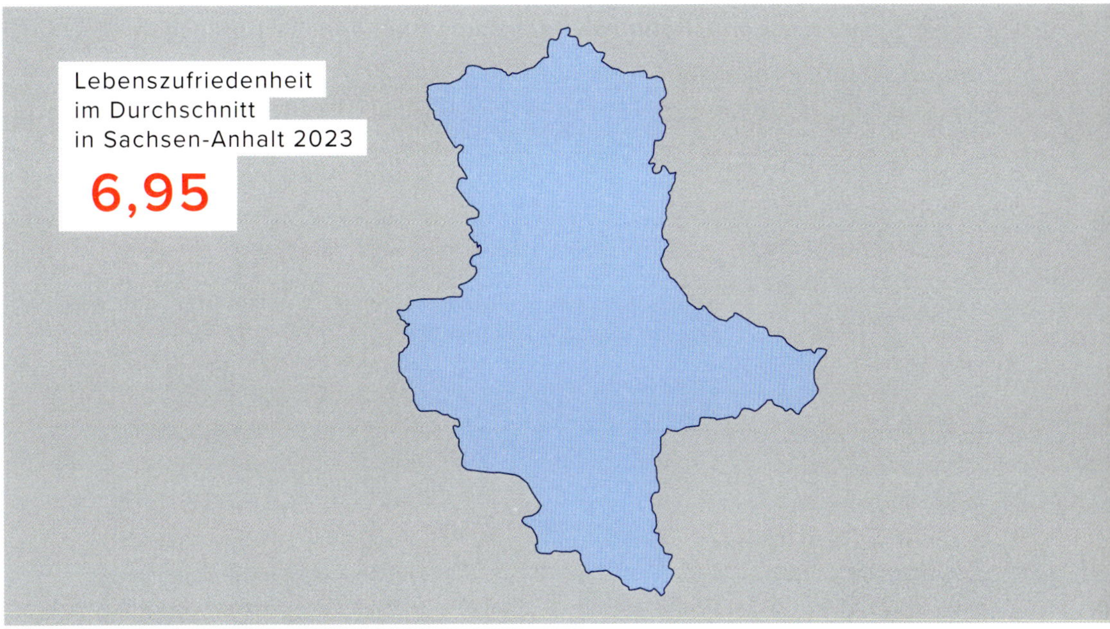

Sachsen-Anhalt liegt 2023 mit 6,95 Punkten leicht über dem gesamtdeutschen Durchschnitt (6,92 Punkte). Das ostdeutsche Bundesland ist damit das zweite Mal – nach der Corona-Pandemie 2020/2021 – glücklicher als so manches westdeutsche Bundesland. Auf dem sechsten Rang lässt Sachsen-Anhalt Bundesländer wie Baden-Württemberg, Niedersachsen oder Rheinland-Pfalz hinter sich. Schon im *Glücksatlas 2022* stellten wir im langfristigen Vergleich fest, dass Sachsen-Anhalt – neben Brandenburg und Sachsen – zu den Glücksgewinnern im Osten zählt. Lediglich Mecklenburg-Vorpommern ist eine Sorgenregion.

Sachsen-Anhalt erreichte 2021 sogar den ersten Rang. Das war allerdings diversen Corona-Effekten geschuldet und nicht einem Glückszuwachs in der Bevölkerung. Durch die Einführung weniger strikter Lockdown-Maßnahmen, die bei der tendenziell älteren Bevölkerung des Landes auch weniger negative Auswirkungen hatten, sowie aufgrund geringerer Konsumeffekte verzeichnete Sachsen-Anhalt während der Corona-Pandemie eine stabilere Lebenszufriedenheit. Im Gegensatz dazu fiel die Lebenszufriedenheit im Westen deutlich stärker ab. Das Glücksniveau in Sachsen-Anhalt und anderen Ostländern blieb somit eher konstant, während das Glücksniveau der Westländer einbrach und sich dann beide Landesteile auf nahezu demselben Tiefstand wiederfanden. Da die Corona-Lockdowns vorbei sind, fallen 2023 die Gründe für den Einbruch weg, und die Westländer erholen sich wieder. Zusammen mit Sachsen und Thüringen liegt das Wohlbefinden in Sachsen-Anhalt leicht über dem Vor-Corona-Niveau von 6,92 Punkten 2019, während viele westdeutsche Bundesländer dieses Vor-Pandemie-Niveau noch längst nicht erreicht haben. Das verhilft

Abb. 15 **Bereichszufriedenheiten in Sachsen-Anhalt 2023**

Befragt nach verschiedenen Bereichen geben die Sachsen-Anhaltiner hohe Zufriedenheitswerte an – besonders in den Bereichen Familie und Arbeit. Auch wenn die Glücksniveaus in den Bereichen Gesundheit und Einkommen geringer sind, liegen diese doch etwa im Durchschnitt Gesamtdeutschlands.

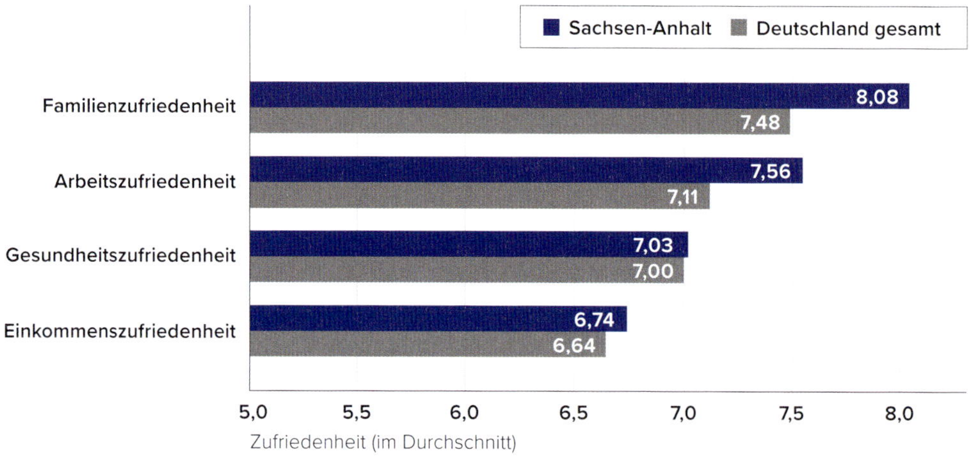

Anmerkungen: Zufriedenheit von 0 (»ganz und gar nicht zufrieden«) bis 10 (»völlig zufrieden«). Für die Repräsentativität wurden Gewichtungsfaktoren genutzt. **Quelle:** Eigene Berechnungen auf Grundlage der Glücksatlas-Datenbank 2023.

Sachsen-Anhalt zu einem guten Rang, zudem geht es in einigen Regionen des Bundeslands wirtschaftlich bergauf.

Sachsen-Anhalt gewinnt ökonomisch immer mehr an Dynamik – insbesondere rund um Magdeburg, Halle und Dessau-Roßlau.[88] Neben großen Unternehmensansiedlungen wird die mitteldeutsche Region auch für den Tourismus zunehmend interessanter. Geringe Kommunalsteuern, niedrige Baulandpreise und eine Nähe zur Hauptstadt Berlin erhöhen die Standortqualität des Bundeslands.[89]

Die Lebenszufriedenheit in Sachsen-Anhalt könnte angesichts hoher Werte bei den Bereichszufriedenheiten sogar noch höher ausfallen (**Abbildung 15**). In einer ökonometrischen Analyse zeigt sich aber, dass für die Sachsen-Anhaltiner besonders ihre Einkommens- und ihre Gesundheitssituation wichtig sind. Gerade aber die Einkommens- (6,74 Punkte) und die Gesundheitszufriedenheit (7,03 Punkte) sind nur leicht überdurchschnittlich. Die hohen Werte bei der Familien- (8,08 Punkte) und Arbeitszufriedenheit (7,56 Punkte) sind für die Lebenszufriedenheit eher zweitrangig. Trotzdem: Angesichts des hohen Durchschnittsalters (47,7 Jahre) und der geringen Wirtschaftskraft in Sachsen-Anhalt sind die hohen Zufriedenheiten erstaunlich. Man ist geradezu versucht, vom »Schleswig-Holstein des Ostens« zu sprechen.

Sachsen-Anhalt ist ein sehr ländlich geprägtes Bundesland – mit all den

Übersicht Sachsen-Anhalt 2023

Stärken

	Sachsen-Anhalt	Deutschland
Baulandpreise[a] Durchschnittliche Kaufwerte für Bauland in Euro je m^2, 2020	**49,3**	193,6
Erholungsfläche je Einwohner[b] in m^2, 2020	**237**	63
Ländlichkeit[c] Anteil der Einwohner in Gemeinden mit einer Bevölkerungsdichte von unter 150 E/km^2, 2019[c]	**48**	20
Investitionen je Beschäftigten[d] 2021	**12.500**	10.000

[a] Statistik der Kaufwerte für Bauland des Bundes und der Länder. [b] Flächenerhebung nach Art der tatsächlichen Nutzung des Bundes und der Länder. [c] Fortschreibung des Bevölkerungsstandes des Bundes und der Länder. [d] Investitionserhebung des Bundes und der Länder.

Schwächen

	Sachsen-Anhalt	Deutschland
Bruttoinlandsprodukt je Einwohner[a] in 1.000 Euro je Einwohner, 2020	**28.970**	40.500
Durchschnittsalter der Bevölkerung[b] in Jahren, 2020	**47,7**	44,2
Gesamtwanderungssaldo[c] je 1.000 Einwohner, 2020	**–8,1**	+2,7
Erreichbarkeit von Flughäfen Durchschnittliche Pkw-Fahrzeit zum nächsten internationalen Flughafen in Minuten, 2021[d]	**75**	57

[a] Fortschreibung des Bevölkerungsstandes des Bundes und der Länder. [b,c] Wanderungsstatistik des Bundes und der Länder. [d] Erreichbarkeitsmodell des BBSR.

Vorteilen und Nachteilen, die das Landleben für die Lebenszufriedenheit bringt. Vorteilhaft sind die Vielzahl an Erholungsmöglichkeiten und der Tourismus. Zudem ist die Lärm-, Luft- und Lichtverschmutzung geringer, man schläft im Durchschnitt besser und ist weniger »Stressoren« ausgesetzt. All dies summiert sich auf einen – wenn auch kleinen – Glückseffekt.[90] Der Nachteil besteht zum einen in der schwächeren Wirtschaftskraft: Das Bruttoinlandsprodukt pro Kopf liegt in Sachsen-Anhalt bei 28.970 Euro, in Gesamtdeutschland bei 40.500 Euro. Zudem mangelt es insbesondere an Erreichbarkeit mancher wichtiger Infrastruktureinrichtungen, was auch an den vielen Flüssen in dem Bundesland liegt.

7. Sachsen

HAUPTERGEBNISSE

- **Sachsen gehört zu den Gewinnern 2023 und landet auf Rang 7 im Bundesländer-Ranking. Die Lebenszufriedenheit der Ostdeutschen steigt auf 6,92 Punkte, was dem gesamtdeutschen Durchschnitt entspricht.**
- **Die Region Sachsen-Leipzig ist mit 6,99 Punkten besonders zufrieden, Sachsen-Dresden liegt mit 6,76 Punkten etwas darunter – beide Regionen erleben aber einen Glückszuwachs.**
- **Mit ihrer Gesundheit und dem Einkommen sind die Sachsen eher unzufrieden. Zufriedenheit zeigen sie in den Bereichen Familie und Einkommen. Sachsen steigt zudem wirtschaftlich im deutschlandweiten Vergleich immer weiter auf.**

Abb. 16 **Allgemeine Lebenszufriedenheit in Sachsen 2019 bis 2023**

Um 0,24 Punkte nimmt die Lebenszufriedenheit der Sachsen gegenüber 2022 zu. Sachsen gehört 2023 zu den Glücksgewinnern und liegt mit 6,92 Punkten im gesamtdeutschen Durchschnitt. Das Vor-Corona-Niveau 2019 ist fast wieder erreicht.

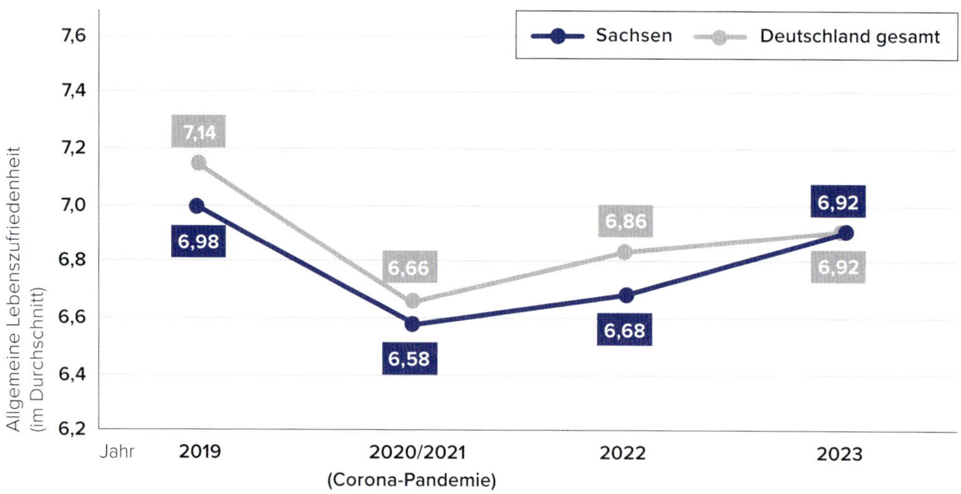

Anmerkungen: Allgemeine Lebenszufriedenheit von 0 (»ganz und gar nicht zufrieden«) bis 10 (»völlig zufrieden«). Für die Repräsentativität wurden Gewichtungsfaktoren genutzt. **Quelle:** Eigene Berechnungen auf Grundlage der Glücksatlas-Datenbank 2019 bis 2023.

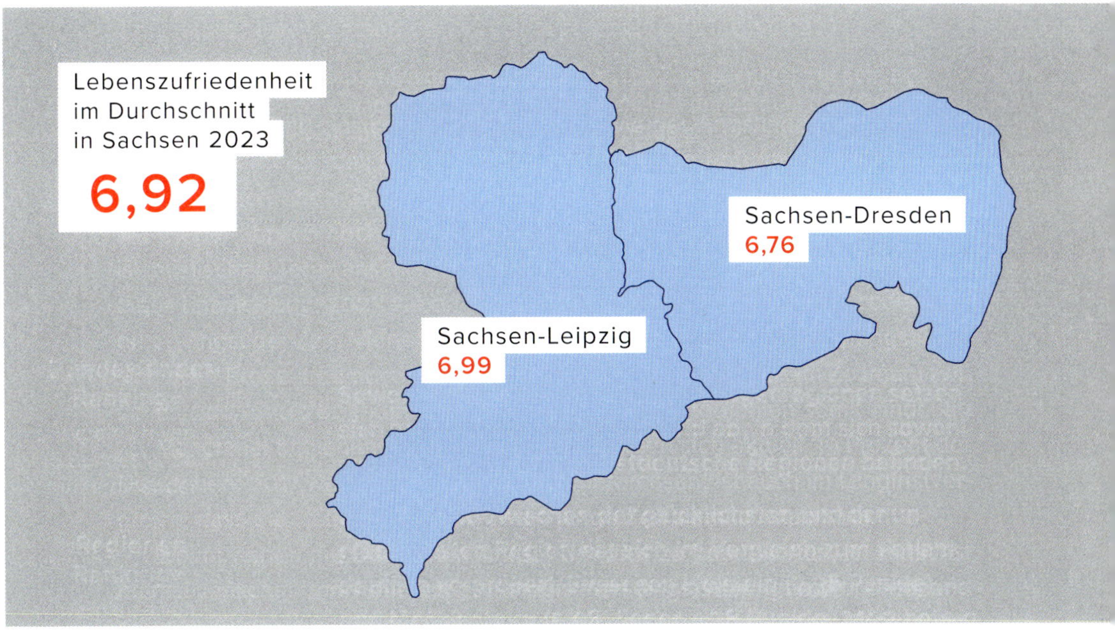

Sachsen gehört 2023 zu den Gewinnern: Die Lebenszufriedenheit steigt auf 6,92 Punkte und liegt damit exakt auf dem gesamtdeutschen Durchschnitt (**Abbildung 16**). Der Glückszuwachs gegenüber 2022 ist mit 0,24 Punkten hoch. Das Vor-Corona-Niveau ist durch diesen Sprung nur noch 0,06 Punkte entfernt, 2019 lag die Lebenszufriedenheit noch 0,16 Punkte unter dem Wert für Gesamtdeutschland. Im Vergleich zur Zeit vor der Corona-Pandemie gehört Sachsen heute nicht mehr zur Gruppe der unglücklichen Bundesländer. Diese Periode scheint nun überwunden zu sein: Sachsen gehört nun zu den Regionen, in denen das Glücksempfinden steigt. Zusammen mit Sachsen-Anhalt sowie Teilen von Thüringen und Brandenburg zählt es zu denjenigen, deren Wohlbefinden kontinuierlich über dem von Regionen wie Rheinland-Pfalz, dem Saarland oder Bremen liegt.

Dieser Schub in der Lebenszufriedenheit war zu erwarten, zeigen doch die meisten wirtschaftlichen Indikatoren eindeutig nach oben. Das Bruttoinlandsprodukt Sachsens wuchs von 2015 bis 2022 um 7,4 Prozent, die verfügbaren Einkommen (nach Steuern) um 16 Prozent – trotz Corona und Ukraine-Krieg.[91] In Gesamtdeutschland stiegen die Einkommen im gleichen Zeitraum hingegen »nur« um 12,5 Prozent, Sachsen klettert auf der ökonomischen Leiter somit eindeutig nach oben. Die Verunsicherung in dem Bundesland und die Sorge, dass die in den letzten Jahren gewonnene wirtschaftliche Stärke verloren gehen könnte, schmälern den Optimismus, obwohl die Sachsen anhand objektiver Indikatoren eigentlich allen Grund zur Zuversicht haben.

Abb. 17 **Bereichszufriedenheiten in Sachsen 2023**

Die Sachsen sind mit ihrem Einkommen und ihrer Gesundheit nur unterdurchschnittlich zufrieden – was typisch für ein alterndes Land mit noch vergleichsweise geringen Einkommen ist. Mit dem Familien- und Arbeitsleben sind die Sachsen aber zufrieden.

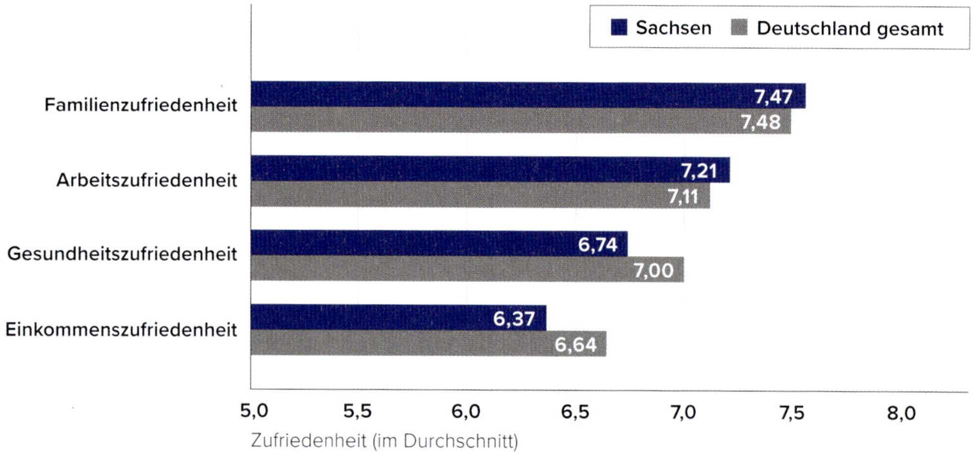

Anmerkungen: Zufriedenheit von 0 (»ganz und gar nicht zufrieden«) bis 10 (»völlig zufrieden«). Für die Repräsentativität wurden Gewichtungsfaktoren genutzt. **Quelle:** Eigene Berechnungen auf Grundlage der Glücksatlas-Datenbank 2023.

Wie schon 2022 ist die Region Sachsen-Leipzig (6,99 Punkte) mit dem Leben zufriedener als Sachsen-Dresden (6,76 Punkte). Gerade die Region rund um Leipzig ist sowohl etwas wohlhabender als auch jünger als der Süden und Osten Sachsens. Beide Faktoren tragen traditionell zur höheren Lebenszufriedenheit im Westteil des Landes bei. In vielen anderen Indikatoren sind sich die Landesteile aber ähnlich: Beide Teile haben mit den Landkreisen Nordsachsen und Görlitz zum Beispiel Regionen, die mit hohen Arbeitslosenquoten »kämpfen«.

Wie in Thüringen, Brandenburg und Sachsen-Anhalt sind auch die Menschen in Sachsen mit ihrem Einkommen (6,37 Punkte) und ihrer Gesundheit (6,74 Punkte) eher unzufrieden (**Abbildung 17**). Nach wie vor ist die Kaufkraft geringer als im Westen, die Arbeitslosenquoten etwas höher und die Wirtschaftsleistung niedriger. Zudem sinkt durch die Alterung der Bevölkerung der Gesundheitszustand und in Folge die Gesundheitszufriedenheit. Durch den Zuzug junger Menschen in die Städte (insbesondere nach Leipzig) sowie eine schnelle Zunahme des Bruttoinlandsprodukts dürften sich diese Effekte aber abschwächen. Familien- (7,47 Punkte) und Arbeitszufriedenheit (7,21 Punkte) sind traditionell im Osten hoch, ebenso in Sachsen.

Übersicht Sachsen 2023

Stärken

	Sachsen	Deutschland
Baulandpreise[a] Durchschnittliche Kaufwerte für Bauland in € je m^2, 2020	**101,21**	193,61
Anteil Minijobs an den Beschäftigungsverhältnissen[b] in Prozent, 2020	**11,37**	17,51
Kommunale Schulden[c] je Einwohner in Euro, 2020	**530,22**	1.463,59

[a] Statistik der Kaufwerte für Bauland des Bundes und der Länder. [b] Statistik der Bundesagentur für Arbeit. Statistik über Schulden des Bundes und der Länder.

Schwächen

	Sachsen	Deutschland
Aufstocker[a] Anteil erwerbstätiger ALGII-Bezieher an den Leistungsberechtigten in Prozent, 2020	**25,4**	22,6
Pflegebedürftige[b] je 1.000 Einwohner ab 65 Jahren, 2021	**287**	269
Gestorbenenüberschuss gegenüber Geburten[c] je 10.000 Einwohner, 2021	**78,6**	27,4

[a] Statistik der Grundsicherung für Arbeitssuchende der Bundesagentur für Arbeit. [b] Statistik über Pflegeeinrichtungen – ambulante Pflegeeinrichtungen (Pflegedienste) und stationäre Pflegeeinrichtungen (Pflegeheime). [c] Statistisches Bundesamt.

8. Baden-Württemberg

HAUPTERGEBNISSE

- **Baden-Württemberg gehört neben Rheinland-Pfalz und Niedersachsen zu den Bundesländern, die in ihrer Lebenszufriedenheit nur mäßig abschneiden. Mit 6,88 Punkten kommt es 2023 auf den achten Platz. In der Corona-Zeit fiel das Glücksniveau unter den bundesdeutschen Schnitt und verbleibt dort weiterhin.**
- **Positiv strahlt hingegen Südbaden heraus: Mit 7,06 Punkten steigt die südwestlichste Region zu den Glücksregionen Deutschlands auf. Eher geringes Wohlbefinden messen wir in Württemberg-Süd (6,72 Punkte) und Nordbaden (6,76 Punkte).**
- **Die Gesundheit beurteilen die Baden-Württemberger noch durchschnittlich, alle anderen Bereiche – Familie, Einkommen und Arbeit – trotz positiver objektiver Indikatoren unterdurchschnittlich.**

Die durchschnittliche Lebenszufriedenheit der Baden-Württemberger enttäuscht: Mit 6,88 Punkten liegt das südwestdeutsche Bundesland im Mittelfeld des diesjährigen Bundesländer-Rankings (**Abbildung 18**). Der Abstieg ins Mittelfeld scheint sich zu verfestigen. In den Pandemie-Jahren sowie 2022 belegte Baden-Württemberg den achten beziehungsweise neunten Rang. Das ist für ein derart wohlhabendes Bundesland schwach, zumal zum Beispiel Baden 2017 schon mal auf Rang 3 in die Spitzengruppe vorrückte. Mit einem durchschnittlichen jährlichen verfügbaren Einkommen von 25.500 Euro ist der Südwesten nach Bayern 2020 das zweitreichste Bundesland.

Ein differenzierter Blick in das Bundesland zeigt beträchtliche Unterschiede zwischen Südbaden (7,06 Punkte) und Württemberg-Nord (6,90 Punkte) auf der einen Seite und Nordbaden (6,76 Punkte) sowie Württemberg-Süd (6,72 Punkte) auf der anderen Seite. Diese Niveauunterschiede konnten wir bereits letztes Jahr feststellen. Der südbadische Raum hebt sich im Lebensglück vom Rest des Landes somit ab. Die Kombination aus einer begehrten Tourismusregion (Südschwarzwald), reizvollen Städten (wie Freiburg als Universitätsstadt und Baden-Baden als Kulturzentrum) sowie einem hohen Wohlstandsniveau scheint die Lebenszufriedenheit zu heben. Verstärkt wird dies durch ein ausgeprägtes Gemeinschaftsgefühl und die Nähe zur Schweiz, wohin besonders viele Einwohner aus Südbaden beruflich pendeln.

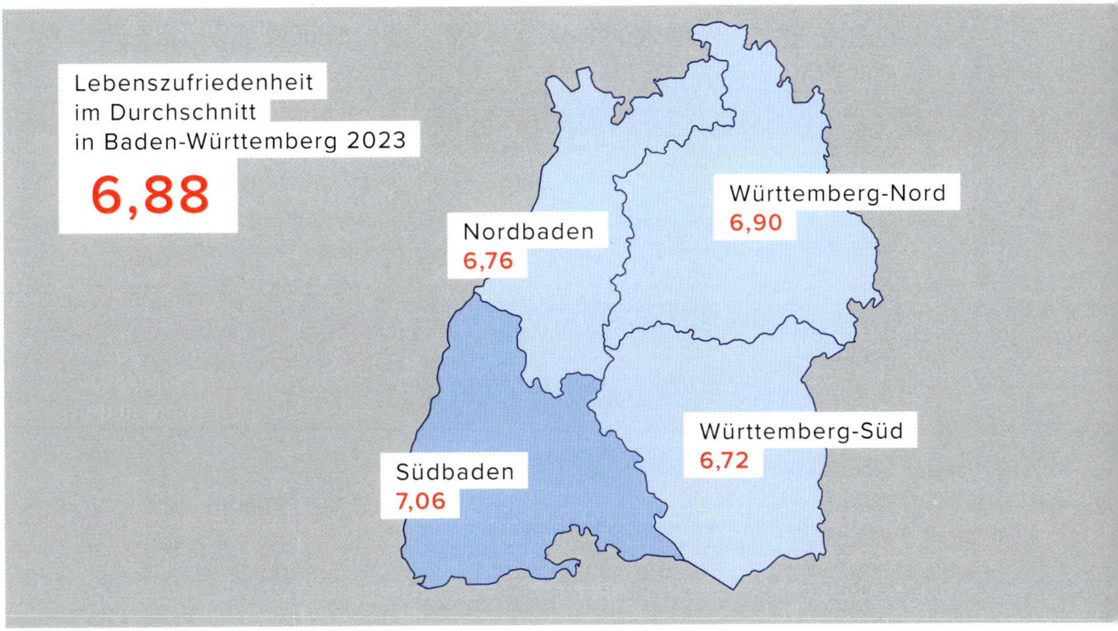

Abb. 18 **Allgemeine Lebenszufriedenheit in Baden-Württemberg 2019 bis 2023**

Auch wenn sich die Lebenszufriedenheit der Baden-Württemberger langsam erholt, enttäuscht doch das geringe Niveau mit 6,88 Punkten. Seit der Corona-Pandemie liegt das Lebensglück der Südwestdeutschen stets leicht unterhalb des gesamtdeutschen Durchschnitts – vor Corona gehörten die Baden-Württemberger mit zu den zufriedeneren Bürgern.

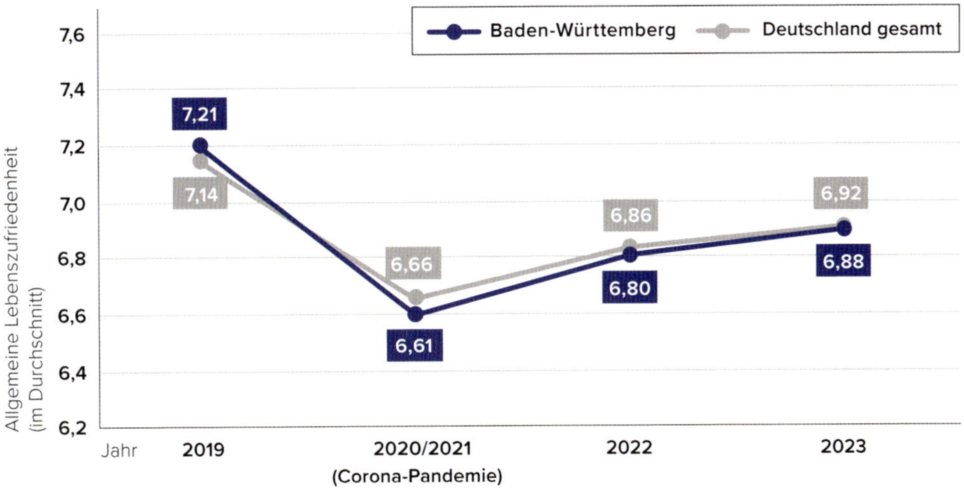

Anmerkungen: Allgemeine Lebenszufriedenheit von 0 (»ganz und gar nicht zufrieden«) bis 10 (»völlig zufrieden«). Für die Repräsentativität wurden Gewichtungsfaktoren genutzt. **Quelle:** Eigene Berechnungen auf Grundlage der Glücksatlas-Datenbank 2019 bis 2023.

Abb. 19 **Bereichszufriedenheiten in Baden-Württemberg 2023**

In sämtlichen Bereichen liegen die Baden-Württemberger leicht unterhalb des gesamtdeutschen Durchschnitts. Besonders die Familien- und die Arbeitszufriedenheit sind geringer. Trotz hohen Einkommens liegt sogar die Einkommenszufriedenheit 0,1 Punkte unterhalb Gesamtdeutschlands.

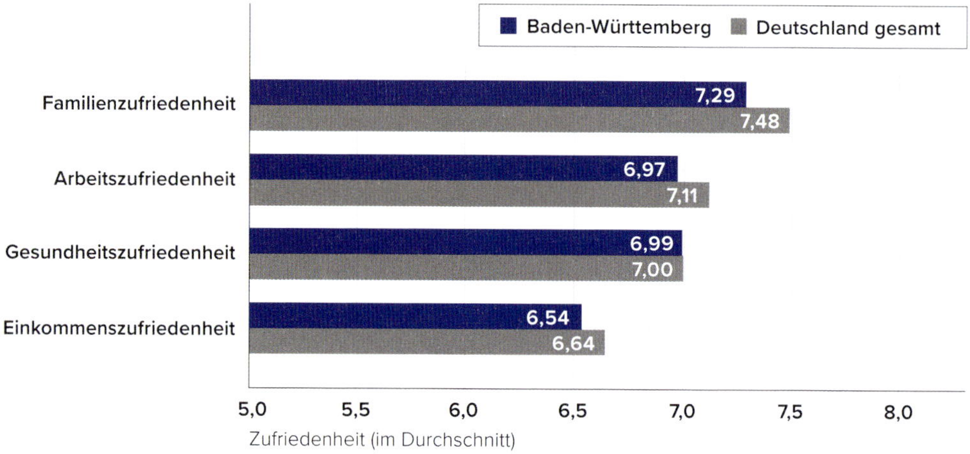

Anmerkungen: Zufriedenheit von 0 (»ganz und gar nicht zufrieden«) bis 10 (»völlig zufrieden«). Für die Repräsentativität wurden Gewichtungsfaktoren genutzt. **Quelle:** Eigene Berechnungen auf Grundlage der Glücksatlas-Datenbank 2023.

Auch in den Bereichszufriedenheiten schneiden die Baden-Württemberger unterdurchschnittlich ab, wobei die Gesundheitszufriedenheit (6,99 Punkte) noch am besten wegkommt (**Abbildung 19**). Die Bereiche Einkommen (6,54 Punkte), Arbeit (6,97 Punkte) und Familie (7,29 Punkte) werden schwächer als im übrigen Deutschland beurteilt. Dies konnten wir für Einkommen und Familie schon letztes Jahr darlegen.

Die schwächelnden Zufriedenheiten im Südwesten stellen ein Rätsel dar. Auch im Städtevergleich 2023 schnitt die Hauptstadt Stuttgart schwach ab. Zwei Erklärungsansätze können für die nur mäßige Lebenszufriedenheit herangezogen werden. Zum einen ist die Zuversicht im Lande vergleichsweise gering. Viele Baden-Württemberger haben den Eindruck, ihren Wohlstand »verteidigen« zu müssen, und haben Angst vor Wohlstandsverlusten. Die hohen Energiepreise und die Inflation treiben besonders viele Baden-Württemberger um, wie eine Umfrage von infratest dimap zeigt.[92] Zum anderen beklagten in unserer Städteumfrage besonders viele Stuttgarter ein fehlendes Zusammengehörigkeitsgefühl. Ein Grund könnte die Zunahme von »Parallelgesellschaften« sein. In Baden-Württemberg haben sich eine Vielzahl migrantischer Communitys gebildet. Mit 16,4 Prozent ist der Anteil der ausländischen Bevölkerung auf das zweithöchste Niveau (nach Hessen mit 17,1 Prozent) in einem Flächenland

Übersicht Baden-Württemberg 2023

Stärken

	Baden-Württemberg	Deutschland
Hohe Forschungs- und Entwicklungsintensität[a] FuE-Aufwendungen in Prozent der Bruttowertschöpfung, 2019	**5,33**	2,42
Verfügbares Einkommen je Einwohner[b] jährlich, 2020	**25.500**	23.750
Arbeitslosenquote[b] in Prozent aller Erwerbspersonen, Juli 2023	**3,9**	5,7

[a] Haag et al. 2023. [b] Statistik der Agentur für Arbeit.

Schwächen

	Baden-Württemberg	Deutschland
Krankenhausbettendichte[a] Betten je 1.000 Einwohner	**4,9**	5,8
Langsames Internet[b] Mit Glasfaser angeschlossene Haushalte in Prozent aller Haushalte, 2022 (»Homes Passed«)[b]	**17**	26

[a] Krankenhausstatistik des Bundes und der Länder. [b] Bundesverband Breitbandkommunikation.

gewachsen. Aus der Glücksforschung ist bekannt, dass das Verbundenheitsgefühl mit den Mitmenschen aus dem nächsten Umfeld eine gewichtige Rolle für das eigene Lebensglück spielt – sowohl für die ausländische Bevölkerung als auch für die Einheimischen.[93] Fehlt dieses Verbundenheitsgefühl, sinkt auch das Sicherheitsempfinden.

9. Bremen

HAUPTERGEBNISSE

- **Bremen hat Aufwind. Die Lebenszufriedenheit ist im Vergleich zu 2022 spürbar angestiegen und beträgt nun 6,84 Punkte. Somit liegt die Hansestadt lediglich 0,08 Punkte unter dem Durchschnittswert für ganz Deutschland.**
- **In sämtlichen Bereichen ist die Zufriedenheit unterdurchschnittlich, besonders schwach ist die Familienzufriedenheit mit 6,87 Punkten. Nur die Gesundheitszufriedenheit schneidet durchschnittlich ab (6,94 Punkte).**
- **Traditionell zeigt Bremen Schwächen bei den wirtschaftlichen Kennzahlen. Dennoch gibt es Lichtblicke wie steigende Investitionen und eine gesunkene Arbeitslosenquote.**

Abb. 20 **Allgemeine Lebenszufriedenheit in Bremen 2019 bis 2023**

Die Lebenszufriedenheit der Bremer hat sich 2023 auf 6,84 Punkte erholt und liegt damit satte 0,26 Punkte höher als 2022. Damit ist Bremen nur noch 0,08 Punkte vom gesamtdeutschen Durchschnitt entfernt, in der Corona-Pandemie waren es noch 0,31 Punkte.

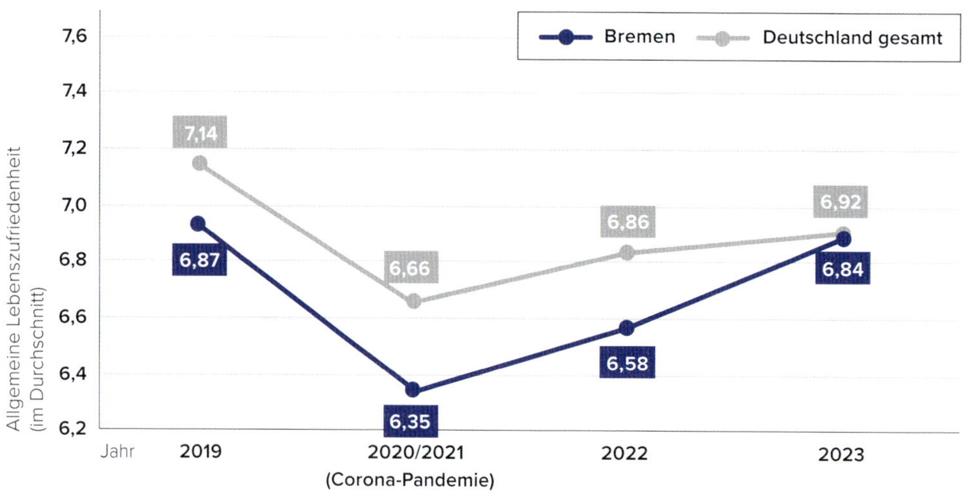

Anmerkungen: Allgemeine Lebenszufriedenheit von 0 (»ganz und gar nicht zufrieden«) bis 10 (»völlig zufrieden«). Für die Repräsentativität wurden Gewichtungsfaktoren genutzt. **Quelle:** Eigene Berechnungen auf Grundlage der Glücksatlas-Datenbank 2019 bis 2023.

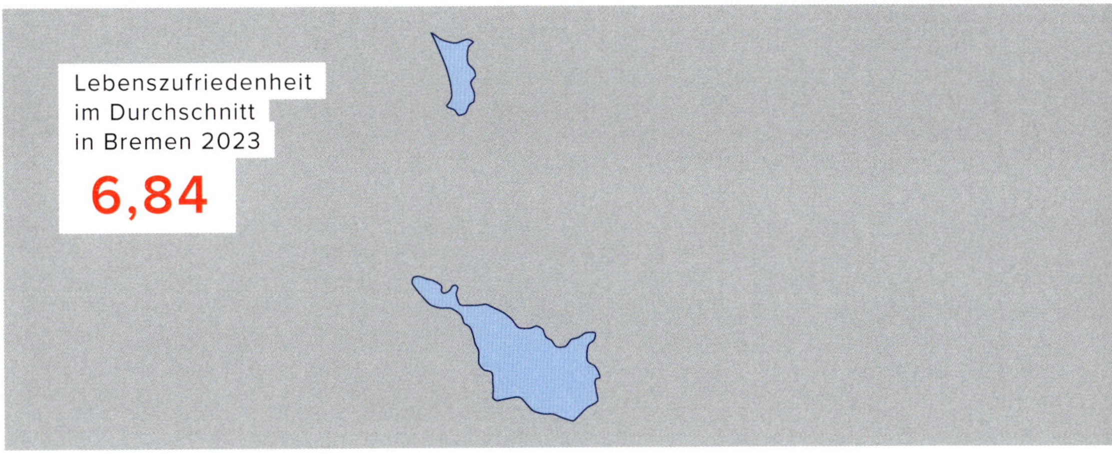

Bremen ist im Mittelfeld Deutschlands angekommen. Mit 6,84 Punkten liegt das kleinste »Bundesland« nur noch 0,08 Punkte vom diesjährigen Gesamtdurchschnitt von 6,92 Punkten entfernt (**Abbildung 20**). Damit hat Bremen nach dem starken Absinken in der Corona-Pandemie eine regelrechte Aufholjagd hingelegt. Seit 2021 stieg das subjektive Wohlbefinden um 0,49 Punkte – für die gesamte Bundesrepublik waren es im gleichen Zeitraum 0,26 Punkte. Auch die Differenz zu Hamburg nimmt ab: 2022 fehlten noch 0,38 Punkte zur Lebenszufriedenheit der Hamburger, in diesem Jahr sind es nur noch 0,27 Punkte.

Trotzdem: Noch ist Bremen von Glücksregionen Deutschlands wie zum Beispiel Holstein (7,36 Punkte), Bayern-Süd (7,23 Punkte) oder dem Münsterland (7,23 Punkte) weit entfernt. Im 32er-Regionen-Ranking belegt die Hansestadt den 19. Rang und liegt noch hinter Gebieten wie Sachsen-Anhalt (6,95 Punkte) oder Nordhessen (7,15 Punkte). Im Vergleich zum benachbarten Niedersachsen kann Bremen jedoch aufholen: Die Region Niedersachsen-Nordsee (einschließlich Osnabrück, Ostfriesland und dem Bereich zwischen Bremen und Hamburg) erreichte 2023 einen Wert von 6,76 Punkten, während Niedersachsen-Hannover mit 6,83 Punkten ungefähr auf demselben Niveau wie Bremen liegt.

Die Bereichszufriedenheiten der Bremer sind sämtlich unterdurchschnittlich. Wie im letzten Jahr schneidet die Familienzufriedenheit auch 2023 mit 6,87 Punkten besonders schlecht ab. Aber auch die Arbeits- (6,75 Punkte) und die Einkommenszufriedenheit (6,45 Punkte) liegen im deutschlandweiten Vergleich am unteren Rand. Am ehesten kommt noch die Gesundheitszufriedenheit (6,94 Punkte) dem Gesamtdurchschnitt nahe.

Die niedrigen Zufriedenheitswerte spiegeln sich auch in den mäßigen ökonomischen Indikatoren wider, insbesondere in den nördlichen Stadtteilen und in Bremerhaven. Hohe Arbeitslosenquoten, eine beträchtliche Anzahl von Langzeitarbeitslosen, überdurchschnittlich viele Unternehmensinsolvenzen

Abb. 21 **Bereichszufriedenheiten in Bremen 2023**

In sämtlichen Bereichen sind die Bremer unzufriedener als der gesamtdeutsche Durchschnitt – besonders in der Familienzufriedenheit. Am nächsten kommen die Bremer noch an die deutschlandweite Gesundheitszufriedenheit heran – die in Städten mit einer jungen Bevölkerung typischerweise etwas besser bewertet wird.

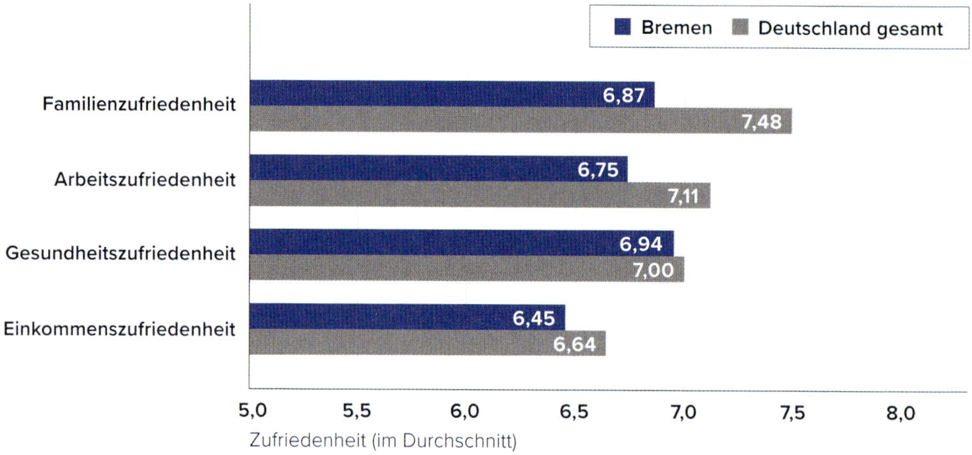

Anmerkungen: Zufriedenheit von 0 (»ganz und gar nicht zufrieden«) bis 10 (»völlig zufrieden«). Für die Repräsentativität wurden Gewichtungsfaktoren genutzt. **Quelle:** Eigene Berechnungen auf Grundlage der Glücksatlas-Datenbank 2023.

sowie ein Anteil von 14 Prozent an Bremern, die ihren Zahlungsverpflichtungen nicht mehr nachkommen können (Ø Deutschland: 10 Prozent), deuten auf zahlreiche wirtschaftliche Probleme hin. Bremen hat aber auch Vorteile: Medizinisch ist man gut versorgt, die Dichte an Krankenhausbetten und Ärzten ist deutlich höher als im gesamtdeutschen Durchschnitt. Außerdem wird in Bremen derzeit viel investiert, was auf eine bessere wirtschaftliche Zukunft hoffen lässt. Zuletzt ist Bremen in den Bereichen ÖPNV und Fahrradfreundlichkeit überdurchschnittlich gut ausgebaut.

Übersicht Bremen 2023

Stärken

	Bremen	Deutschland
Ärztequote[a] je 10.000 Einwohner, 2020	**18,5**	14,6
Krankenhausbetten[b] je 1.000 Einwohner, 2020	**7,4**	5,9
Erreichbarkeit von Autobahnen[c] Durchschnittl. benötigte Fahrzeit zur nächsten Anschlussstelle in Minuten, 2021	**5,4**	16,0
Investitionen je Beschäftigten[d] Betrieblich, 2021	**19.300**	9.900
Fahrradfreundlichkeit Anteil an Radwegen, die den Einwohnern sicher erscheinen, in Prozent, 2022	**80**	47

[a] Kassenärztliche Bundesvereinigung. [b] Krankenhausstatistik des Bundes und der Länder. [c] Erreichbarkeitsmodell des Bundesinstituts für Bau-, Stadt- und Raumforschung. [d] Statistische Ämter des Bundes und der Länder.

Schwächen

	Bremen	Deutschland
Unternehmensinsolvenzen[a] je 10.000 Unternehmen, 2021	**110**	46
Arbeitslosenquote[b] in Prozent aller Erwerbspersonen, Juli 2022	**10,8**	5,7
Langzeitarbeitslose[b] Anteil der Arbeitslosen, 1 Jahr und länger arbeitslos, an den Arbeitslosen in Prozent, 2020	**39,6**	30,3
Selbstständigenquote[c] in Prozent aller Erwerbstätigen, 2020	**6,7**	9,0
Schuldnerquote[d] in Prozent aller Einwohner mit 18 Jahren oder älter, 2019	**14,0**	10,0
SGB-II-Quote[e] in Prozent aller Einwohner, 2020	**18,1**	8,2
Straßenverkehrsunfälle[f] je 100.000 Einwohner, 2020	**472**	404

[a] Statistische Ämter des Bundes und der Länder. [b] Arbeitsmarktstatistik der Bundesagentur für Arbeit (BA). [c] Arbeitskreis Erwerbstätigenrechnung des Bundes und der Länder. [d] Schuldneratlas Deutschland des Verbands der Vereine creditreform e. V. [e] Statistik der Grundsicherung für Arbeitsuchende nach dem SGB II der Bundesagentur für Arbeit. [f] Statistik der Straßenverkehrsunfälle des Bundes und der Länder.

10. Niedersachsen

HAUPTERGEBNISSE

- **Die Niedersachsen sind 2023 mit 6,83 Punkten 0,09 Punkte unglücklicher als der gesamtdeutsche Durchschnitt. Auch in den Wirtschaftszahlen schneidet Niedersachsen zumeist leicht schwächer als Gesamtdeutschland ab.**
- **In allen von uns befragten Bereichen sind die Niedersachsen hingegen zufriedener als Gesamtdeutschland. Besonders positiv beurteilen die Nordwestdeutschen ihr Familienleben mit 7,70 Punkten.**
- **Niedersachsen ist ein sehr vielfältiges Bundesland: So findet man strukturstarke und -schwache Regionen sowohl rund um Hannover (6,83 Punkte) als auch rund um Bremen und Osnabrück (6,76 Punkte).**

Abb. 22 Allgemeine Lebenszufriedenheit in Niedersachsen 2019 bis 2023

Mit 6,83 Punkten ist Niedersachsen etwas unzufriedener als der gesamtdeutsche Durchschnitt. Dabei wächst der Abstand zur Bundesrepublik auf 0,09 Punkte. Vor Corona waren die Nordwestdeutschen noch leicht zufriedener mit ihrem Leben.

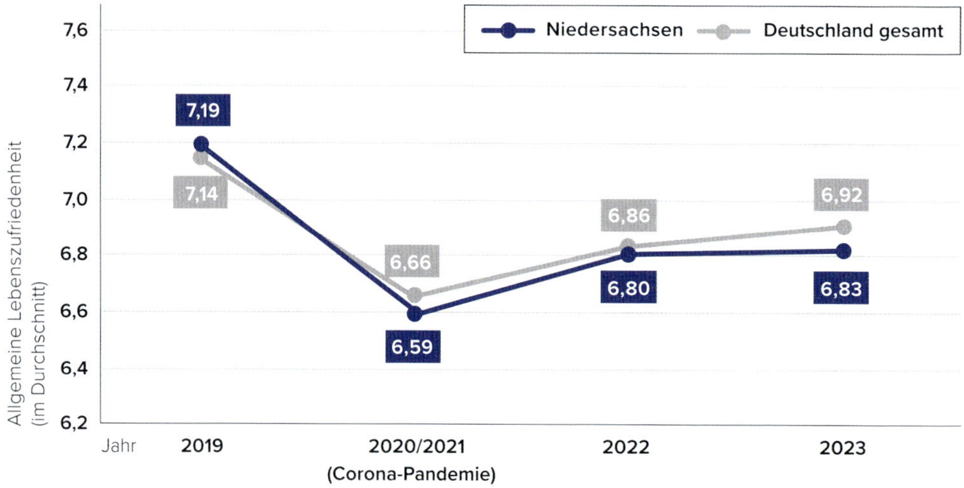

Anmerkungen: Allgemeine Lebenszufriedenheit von 0 (»ganz und gar nicht zufrieden«) bis 10 (»völlig zufrieden«). Für die Repräsentativität wurden Gewichtungsfaktoren genutzt. **Quelle:** Eigene Berechnungen auf Grundlage der Glücksatlas-Datenbank 2019 bis 2023.

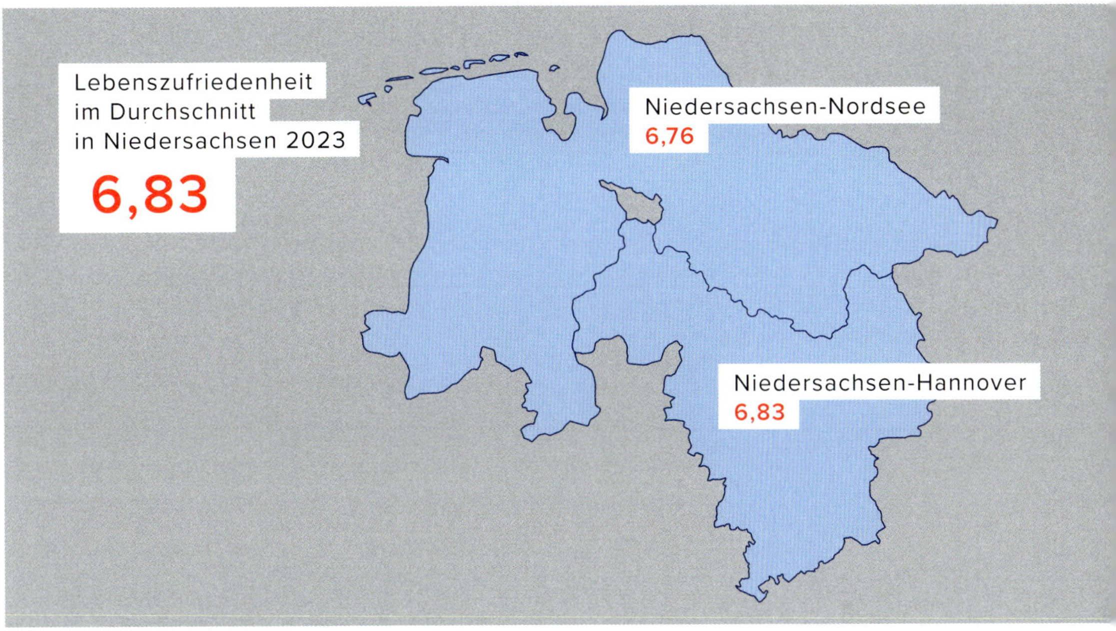

Noch letztes Jahr bezeichneten wir Niedersachsen als »kleines Abbild« Deutschlands, weil das Lebenszufriedenheitsniveau ziemlich genau dem gesamtdeutschen Durchschnitt entsprach (nur 0,06 Punkte Differenz).[94] Dieser Unterschied hat sich 2023 erhöht: Mit 6,83 Punkten liegt das subjektive Wohlbefinden der Niedersachsen nun 0,09 Punkte von Gesamtdeutschland (6,92 Punkte) entfernt (**Abbildung 22**). Die leicht unterdurchschnittliche Lebenszufriedenheit spiegelt sich in den ebenso leicht unterdurchschnittlichen Wirtschaftszahlen: Niedersachsens Wirtschaft wuchs bis 2022 schwächer als die gesamte Bundesrepublik, und die verfügbaren Einkommen stiegen moderater. Auch unsere Aufteilung Niedersachsens in eine Nordsee- und eine Hannover-Region bestätigt das Bild vom letzten Jahr: Der Südosten ist mit 6,83 Punkten etwas zufriedener als der Norden und Nordwesten.

Sowohl in der Nordsee- als auch in der Hannover-Region gibt es »strukturschwache« Gebiete, in denen das subjektive Wohlbefinden geringer ausfällt: Dazu gehören in einem äußeren Ring rund um die Region Hannover Landkreise wie Northeim oder Schaumburg, die östliche Lüneburger Heide (angrenzend an Sachsen-Anhalt und Mecklenburg-Vorpommern) sowie Gebiete rund um Bremen und in Ostfriesland. Die geringere Lebenszufriedenheit geht in diesen Regionen mit geringeren Immobilienpreisen einher, das heißt, je unbeliebter eine Region aus Sicht der Einheimischen ist, desto geringer sind dort auch die Verkehrswerte von Bauland und Immobilien.[95] Besonders hohe Zufriedenheitswerte findet man in »strukturstarken« Regionen von Hannover bis Wolfsburg sowie in der Region Osnabrück, am südlichen Rand Hamburgs und in der Stadt Oldenburg.

Abb. 23 **Bereichszufriedenheiten in Niedersachsen 2023**

Trotz einer vergleichsweise geringen Lebenszufriedenheit sind die Niedersachsen in den erfragten Bereichen doch sehr zufrieden. Besonders hoch liegt die Zufriedenheit in den Bereichen Familie und Arbeit, etwas schwächer sind Gesundheits- und Einkommenszufriedenheit.

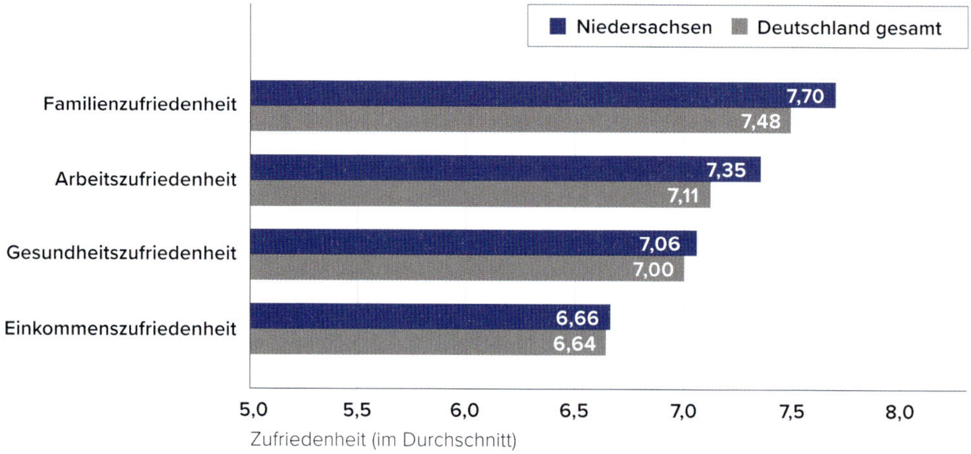

Anmerkungen: Zufriedenheit von 0 (»ganz und gar nicht zufrieden«) bis 10 (»völlig zufrieden«). Für die Repräsentativität wurden Gewichtungsfaktoren genutzt. **Quelle:** Eigene Berechnungen auf Grundlage der Glücksatlas-Datenbank 2023.

Im deutschlandweiten Vergleich verbleibt der Nordwesten – wie die letzten Jahre – im mittelmäßigen Bereich. Der Nordwesten verzeichnet durchschnittliche Werte bei Armutsquoten (z. B. Armutsgefährdungsquote: 16,8 Prozent, Ø Deutschland: 16,6 Prozent), Kriminalität und bei der Steuerkraft öffentlicher Haushalte.[96]

Übersicht Niedersachsen 2023

Stärken

	Niedersachsen	Deutschland
Bevölkerungszunahme[a] je 10.000 Einwohner, 2021	**29,5**	9,9
Fahrradfreundlichkeit[b] Anteil an Radwegen, die den Einwohnern sicher erscheinen, in Prozent, 2022	**53**	47

[a] Statistisches Bundesamt. [b] Allianz pro Schiene.

Schwächen

	Niedersachsen	Deutschland
Verletzte und Getötete im Straßenverkehr[a] je 1.000 Einwohner, Januar bis Mai 2023	**1,90**	1,56
Anteil der Fläche für Landwirtschaft an der Gesamtfläche[b] in Prozent, 2021	**57,9**	50,5
Krankenhausbettendichte[b] je 1.000 Einwohner	**5,1**	5,8

[a] Statistisches Bundesamt: Verunglückte bei Straßenverkehrsunfällen von Januar bis Mai 2023. [b] Flächenerhebung nach Art der tatsächlichen Nutzung. [c] Krankenhausverzeichnis.

11. Thüringen

HAUPTERGEBNISSE

- **Die Lebenszufriedenheit in Thüringen steigt 2023 kräftig und liegt bei 6,83 Punkten – und damit nahe dem gesamtdeutschen Durchschnitt von 6,92 Punkten. Damit ist das Wohlbefinden der Einwohner Thüringens höher als das mancher westdeutscher Regionen.**
- **In Thüringen herrschen große Stadt-Land-Unterschiede. Während das Lebensglück in den Städten 7,08 Punkte erreicht, sind es auf dem thüringischen Land gerade mal 6,54 Punkte. Auf dem Land gibt es eine große Unzufriedenheit mit dem ÖPNV, den Einkaufsmöglichkeiten oder der Erreichbarkeit von Fachärzten.**
- **Trotz geringen Einkommens und einer vergleichsweise hohen Arbeitslosenquote sind die Thüringer mit ihrem Einkommen und der Arbeit zufrieden. Unterdurchschnittlich liegt die Zufriedenheit mit der eigenen Gesundheit – bedingt durch ein hohes Durchschnittsalter der Bevölkerung.**

Abb. 24 **Allgemeine Lebenszufriedenheit in Thüringen 2019 bis 2023**

Die Thüringer sehen ihr Leben 2023 wieder deutlich positiver als in den Jahren zuvor. Mit 6,83 Punkten ist Thüringen nur 0,09 Punkte entfernt vom gesamtdeutschen Durchschnitt. Trotzdem ist auch in Thüringen das Vor-Corona-Niveau von 7,09 Punkten (2019) noch weit entfernt.

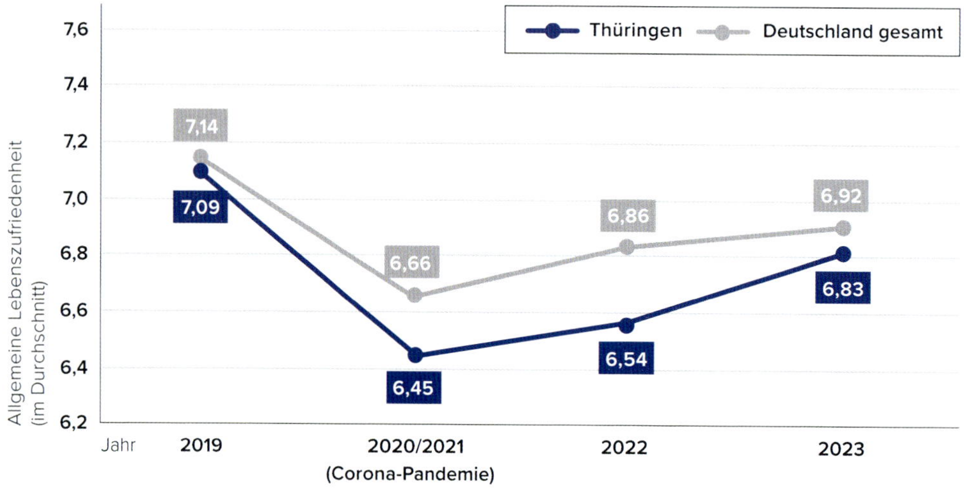

Anmerkungen: Allgemeine Lebenszufriedenheit von 0 (»ganz und gar nicht zufrieden«) bis 10 (»völlig zufrieden«). Für die Repräsentativität wurden Gewichtungsfaktoren genutzt. **Quelle:** Eigene Berechnungen auf Grundlage der Glücksatlas-Datenbank 2019 bis 2023.

Thüringen gehört – neben Sachsen – zu den Gewinnern im diesjährigen Bundesländer-Ranking: Mit 6,83 Punkten schafft es Thüringen auf Platz 11 und schiebt sich vor Bremen, Brandenburg und Rheinland-Pfalz. Die Differenz zum gesamtdeutschen Durchschnitt verringert sich dadurch von 0,29 auf 0,09 Punkte – die Lebenszufriedenheit der Thüringer unterscheidet sich somit nicht mehr signifikant von der Gesamtdeutschlands. Auch wenn das Wohlbefinden der Thüringer vom Vor-Corona-Niveau in Höhe von 7,09 Punkten noch weit entfernt ist, schafft es das mitteldeutsche Bundesland wieder, den Anschluss an die gesamtdeutsche Entwicklung zu finden.

Ob dieser Weg weitergeht, ist aber fraglich. Gerade in den strukturschwächeren Regionen im Süden (z.B. die Landkreise Hildburghausen, Schmalkalden-Meiningen) und Nordwesten (z.B. der Kyffhäuserkreis oder der Landkreis Nordhausen) ist das Wohlbefinden eher am Sinken als am Steigen – auf diese Regionen blicken wir eher mit Sorge. Die durchschnittliche Lebenszufriedenheit im ländlichen Raum Thüringens liegt bei 6,54 Punkten, in städtisch geprägten Regionen sind es 7,08 Punkte.[97] Thüringen profitiert von der ökonomischen Stärke im westlichen Sachsen sowie von der »Achse« Gotha–Erfurt–Jena (»Thüringer Städtekette«), die sich zum zentralen Wirtschaftsraum Thüringens entwickelt. Gemeinsam mit der TU Ilmenau könnte die Städtekette zu einem wichtigen deutschen Technologiestandort werden – inklusive steigenden Wohlstands und geringerer Arbeitslosenquote.

Die Unterschiedlichkeit der Lebensqualität zwischen Stadt und Land bestätigt auch der im Winter 2022/2023 durchgeführte Thüringenmonitor der

Abb. 25 **Bereichszufriedenheiten in Thüringen 2023**

Die Thüringer sind besonders mit ihrem Familienleben zufrieden. Unterdurchschnittlich ist die Gesundheitszufriedenheit. Das passt zu den Indikatoren: In Thüringen gibt es besonders wenige Ehescheidungen und eine alternde Bevölkerung.

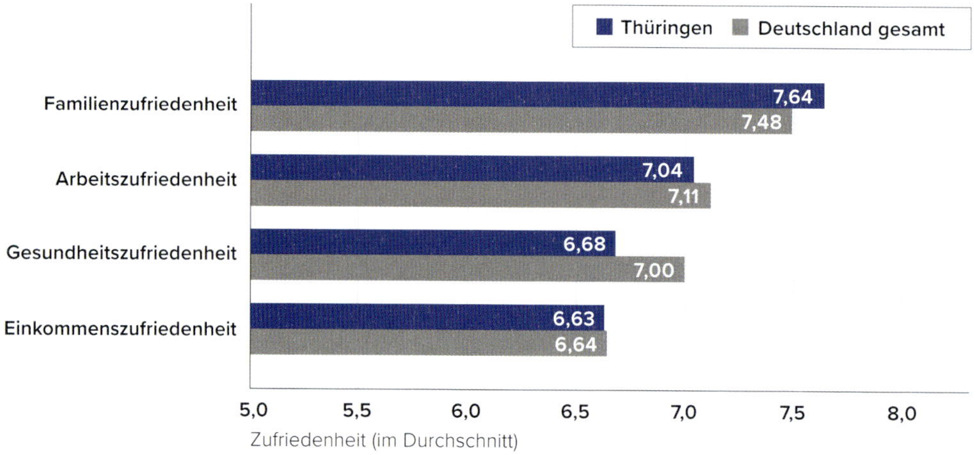

Anmerkungen: Zufriedenheit von 0 (»ganz und gar nicht zufrieden«) bis 10 (»völlig zufrieden«). Für die Repräsentativität wurden Gewichtungsfaktoren genutzt. **Quelle:** Eigene Berechnungen auf Grundlage der Glücksatlas-Datenbank 2023.

Universität Jena.[98] Hierbei wurden verschiedene Zufriedenheiten mit den Struktur- und Lebensbedingungen abgefragt. So zeigt sich, dass die Zufriedenheiten mit dem ÖPNV, der Erreichbarkeit von Fachärzten oder den Einkaufsmöglichkeiten für den alltäglichen Bedarf umso schlechter ausfallen, je ländlicher die eigene Gemeinde geprägt ist. Besonders groß sind die Unterschiede beim öffentlichen Personennahverkehr: In den Städten sind noch 89 Prozent der Thüringer mit dem ÖPNV zufrieden, in »moderat ländlich« geprägten Regionen sind es nur noch 46 Prozent und in »sehr ländlichen« Gebieten 35 Prozent. Auf dem Land sind zudem nur 36 Prozent mit der Erreichbarkeit von Fachärzten zufrieden. Das sind beunruhigend niedrige Anteile, die laut Thüringenmonitor auch einen Großteil des Vertrauensverlusts in die hiesige Politik erklären können.

Abbildung 25 zeigt aber, dass gerade die ökonomischen Bereiche gar nicht so schlecht abschneiden, wie man angesichts des vergleichsweise geringen Bruttoarbeitsentgelts vermuten würde: Ein Thüringer verdient im Schnitt jährlich 36.500 Euro brutto, in Gesamtdeutschland sind es 51.400 Euro. Die Einkommenszufriedenheit liegt aber bei 6,63 Punkten und damit im gesamtdeutschen Durchschnitt. Ähnlich positiv schneidet die Arbeitszufriedenheit mit 7,04 Punkten ab. Die Familienzufriedenheit (7,64 Punkte) ist – traditionell in Ostdeutschland – überdurchschnittlich, was vor allem an der ländlichen Prägung liegt: Eine geringere Zahl an Alleinlebenden und Einpersonenhaushalten

Übersicht Thüringen 2023

Stärken

	Thüringen	Deutschland
Baulandpreise[a] Durchschnittliche Kaufwerte für Bauland in € je m^2, 2020	**51**	192
Krankenhausbettendichte[b] je 1.000 Einwohner	**7,3**	5,8
Armutsgefährdungsquote[c] Anteil der Personen mit einem Einkommen unter 60 Prozent des regionalen Medians in Prozent, 2022	**13,6**	16,7

[a] Statistik der Kaufwerte für Bauland des Bundes und der Länder. [b] Krankenhausverzeichnis. [c] Mikrozensus.

Schwächen

	Thüringen	Deutschland
Pflegequote[a] Anteil der Pflegebedürftigen an der Gesamtbevölkerung in Prozent, 2021	**7,9**	6,0
Gewerbeanmeldequote[b] Verhältnis von Gewerbeanmeldungen zu Gewerbeabmeldungen in Prozent, 2022	**–2,2**	+19,6
Durchschnittsalter[c] 2021	**47,2**	44,2
Bruttoarbeitsentgelt[d] je Einwohner jährlich in Euro, 2021	**36.500**	51.400

[a] Pflegestatistik. [b] Gewerbeanzeigenstatistik, eigene Berechnungen. [c] Bevölkerungsstatistik. [d] Statistisches Bundesamt.

auf dem Land im Vergleich zur Stadt bedeutet für das dünn besiedelte Thüringen auch weniger Unzufriedene im Familienbereich.

Die Zufriedenheit mit der Gesundheit liegt mit 6,68 Punkten deutlich unter dem gesamtdeutschen Durchschnitt (7,00 Punkte). Dies ist kaum überraschend, wenn man das hohe Durchschnittsalter der thüringischen Bevölkerung in Betracht zieht sowie die damit einhergehend hohe Pflegebedürftigkeit. In Thüringen haben derzeit 7,9 Prozent der Gesamtbevölkerung einen Pflegegrad, während es im Bundesdurchschnitt 6 Prozent sind. Immerhin kann Thüringen in Bezug auf die Krankenhausbettendichte punkten: Durch die gesetzliche Vorgabe, dass innerhalb von 30 Minuten ein Krankenhaus erreichbar sein muss, gibt es ausreichend Krankenhausbetten im dünn besiedelten Land – nämlich 7,3 pro 1.000 Einwohner (Ø Deutschland: 5,8).

12. Rheinland-Pfalz

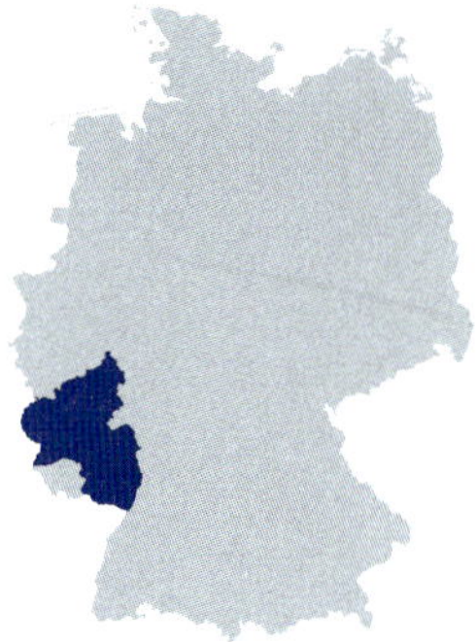

HAUPTERGEBNISSE

- Das subjektive Wohlbefinden der Rheinland-Pfälzer ist auch 2023 mit 6,79 Punkten unterdurchschnittlich. Das südwestliche Bundesland entwickelt sich mehr und mehr zur Sorgenregion. Dabei gibt es kaum Unterschiede im Lebensglück zwischen dem Rheinland und der Pfalz.
- Mit der Arbeit, der Gesundheit und dem Familienleben sind die Südwestdeutschen unterdurchschnittlich zufrieden. Nur die Einkommenszufriedenheit liegt dieses Jahr mit 6,85 Punkten oberhalb des gesamtdeutschen Mittelwerts.
- Die Gründe für die niedrigen Zufriedenheitswerte finden sich hauptsächlich in den schwachen wirtschaftlichen Kennzahlen, darunter niedrige Investitionen, hohe Staatsschulden und eine unterdurchschnittliche Produktivität

Abb. 26 Allgemeine Lebenszufriedenheit in Rheinland-Pfalz 2019 bis 2023

Rheinland-Pfalz liegt auch 2023 mit 6,79 Punkten weit unterhalb des gesamtdeutschen Durchschnitts von 6,92 Punkten. Seit 2019 verfestigt sich somit das Bild eines Bundeslands mit einer tendenziell unzufriedenen Bevölkerung. Schwächelnde Wirtschaftszahlen und eine schnell alternde Bevölkerung tragen dazu bei.

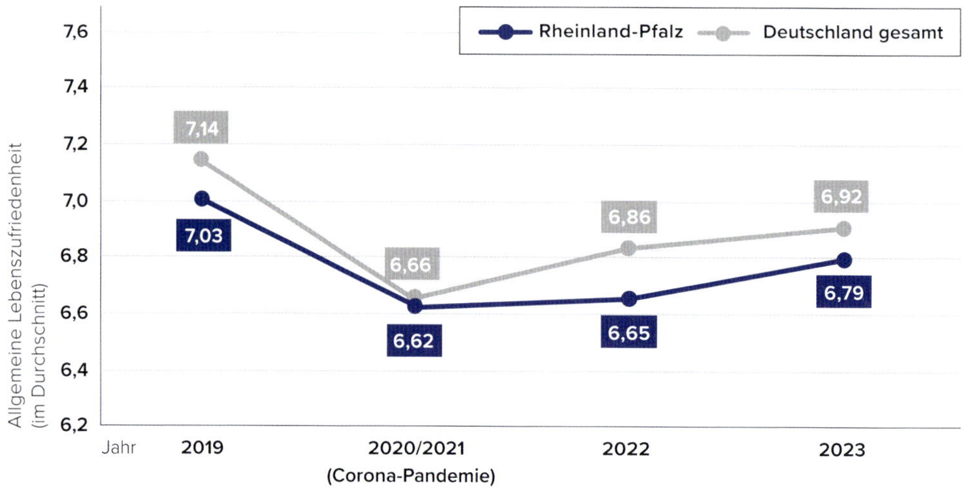

Anmerkungen: Allgemeine Lebenszufriedenheit von 0 (»ganz und gar nicht zufrieden«) bis 10 (»völlig zufrieden«). Für die Repräsentativität wurden Gewichtungsfaktoren genutzt. **Quelle:** Eigene Berechnungen auf Grundlage der Glücksatlas-Datenbank 2019 bis 2023.

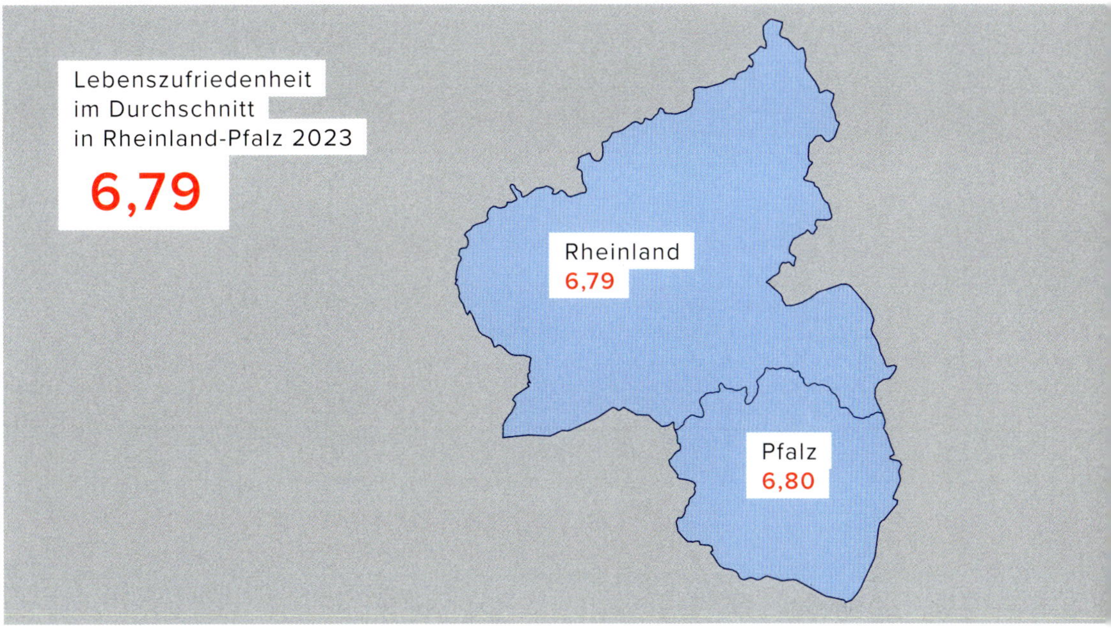

Mit 6,79 Punkten liegt die allgemeine Lebenszufriedenheit der Rheinland-Pfälzer 2023 – wie schon seit 2019 – unterhalb des gesamtdeutschen Durchschnitts (6,92 Punkte) (**Abbildung 26**). Zwar gab es eine Erholung um 0,14 Punkte gegenüber 2022 (6,65 Punkte), den Anschluss an viele Nachbarbundesländer (z.B. Hessen: 7,06 Punkte oder NRW: 7,00 Punkte) scheint es aber mehr und mehr zu verlieren. Das südwestlich gelegene Bundesland kämpft mit sinkenden Unternehmensinvestitionen sowie den Nachwirkungen der Corona-Pandemie und der Ahrtal-Katastrophe. Die Wirtschaftsleistung in Rheinland-Pfalz sank zu Beginn des Jahres 2023 kräftig um 2,5 Prozent, während sie in Gesamtdeutschland im gleichen Zeitraum schlicht stagnierte.[99]

Dabei unterscheiden sich das Rheinland (6,79 Punkte) und die Pfalz (6,80 Punkte) kaum – auch wenn die Pfalz aufgrund eines höheren Anteils junger Menschen im Wohlbefinden leicht höher liegt (junge Menschen sind typischerweise zufriedener als ältere Menschen). Einen klaren Unterschied im Lebensglück zwischen dem eher katholisch geprägten Rheinland und der protestantisch geprägten Pfalz finden wir aber nicht.

Wie die allgemeine Lebenszufriedenheit weisen die Bereichszufriedenheiten eher unterdurchschnittliche Bewertungen auf (**Abbildung 27**): Die Rheinland-Pfälzer sind mit ihrem Familien- (7,33 Punkte) und Arbeitsleben (6,87 Punkte) sowie der Gesundheit (6,82 Punkte) unzufriedener als Gesamtdeutschland. Das war auch 2022 schon so. Nur die Einkommenszufriedenheit überrascht mit 6,85 Punkten (Gesamtdurchschnitt: 6,64 Punkte): 2022 lag diese mit 6,18 Punkten noch weit unterhalb Gesamtdeutschlands mit 6,49 Punkten. Damit schießt

Abb. 27 **Bereichszufriedenheiten in Rheinland-Pfalz 2023**

Die Zufriedenheiten mit dem Familien- und Arbeitsleben sowie der Gesundheit liegen in Rheinland-Pfalz unterdurchschnittlich. Nur die Einkommenszufriedenheit ist mit 6,85 Punkten deutlich höher als in Gesamtdeutschland – angesichts der eher geringen Einkommen der Rheinland-Pfälzer ein überraschendes Ergebnis.

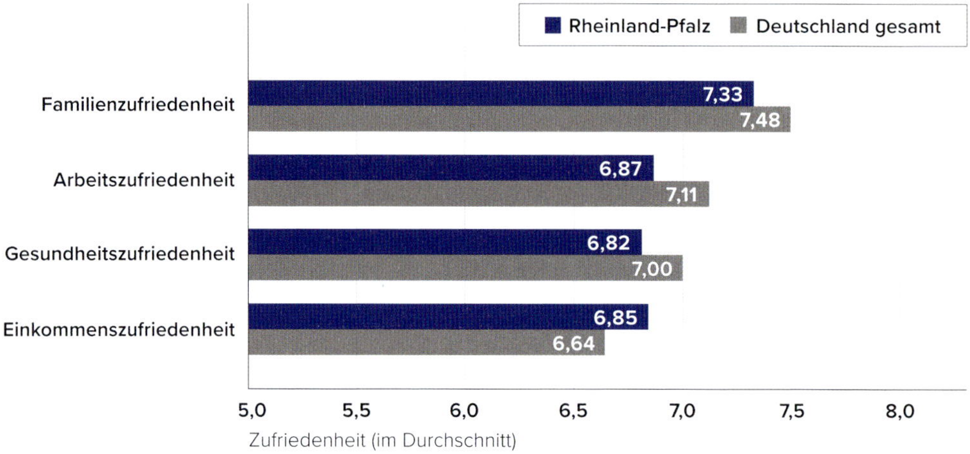

Anmerkungen: Zufriedenheit von 0 (»ganz und gar nicht zufrieden«) bis 10 (»völlig zufrieden«). Für die Repräsentativität wurden Gewichtungsfaktoren genutzt. **Quelle:** Eigene Berechnungen auf Grundlage der Glücksatlas-Datenbank 2023.

dieser Zufriedenheitsbereich über den allgemeinen Anstieg der Einkommenszufriedenheit in Deutschland weit hinaus.

Warum schwächelt das Bundesland in den Zufriedenheiten? Eine Antwort findet sich in ökonomischen Indikatoren: Rheinland-Pfalz entwickelte sich in den 2010er-Jahren wirtschaftlich schwächer als andere westdeutsche Regionen: Im Vergleich zu Gesamtdeutschland ist die Zahl der Arbeitsstunden in Rheinland-Pfalz ähnlich stark gestiegen (+7 Prozent). Allerdings verzeichnete die Wirtschaftsleistung hierbei eine Zunahme von nur 21 Prozent, während sie in Gesamtdeutschland um 27 Prozent zunahm. Dies zeigt, dass die Arbeitsproduktivität in Rheinland-Pfalz im Vergleich zu anderen Regionen, insbesondere im produzierenden Gewerbe, deutlich schwächer entwickelt ist.[100] Diese Entwicklung wirkt sich negativ auf das Wohlstandsniveau aus: Im Durchschnitt verdiente ein Rheinland-Pfälzer jährlich 51.600 Euro brutto, das entspricht etwa dem Gesamtdurchschnitt Deutschlands (51.400 Euro), liegt aber unterhalb der Entgelte von Hessen (54.300 Euro), Bayern (53.800 Euro) oder Baden-Württemberg (55.900 Euro). Auch andere wirtschaftliche Indikatoren schwächeln: Die Investitionen der Unternehmen sind unterdurchschnittlich, die hohe Staatsverschuldung zwingt das Land sowie Kreise und Kommunen zum Sparen. In Rheinland-Pfalz steigen zudem die Stadt-Land-Unterschiede: Während in Städten wie Kaiserslautern oder Pirmasens mit 8,1 und 11 Prozent im Vergleich

Übersicht Rheinland-Pfalz 2023

Stärken

	Rheinland-Pfalz	Deutschland
Wenige Einpersonenhaushalte[a] in Prozent aller Haushalte, 2020	**36,4**	40,6
Waldfläche[a] in Prozent der Gesamtfläche, 2021	**40,9**	29,8
Wenig Pendler mit Arbeitsweg 150 km und mehr[b] in Prozent aller Pendler, 2019	**3,84**	4,66

[a] Statistisches Bundesamt. [b] Beschäftigtenstatistik der Bundesagentur für Arbeit.

Schwächen

	Rheinland-Pfalz	Deutschland
Niedrige Ärztequote[a] Ärzte je 10.000 Einwohner, 2020	**13,6**	14,6
Geringe Arbeitsproduktivität[b] Bruttoinlandsprodukt je Arbeitsstunde	**52,26**	54,78
Bruttoanlageinvestitionen sinken[c] Veränderung 2022 im Vergleich zu 2021 in Prozent	**–3,1**	+4,7

[a] Kassenärztliche Bundesvereinigung. [b] Statistisches Landesamt Rheinland-Pfalz 2021. [c] Statistisches Bundesamt.

hohe Arbeitslosenquoten vorherrschen, gibt es in den ländlichen Rheinland-Regionen Bitburg-Prüm oder rund um Trier quasi Vollbeschäftigung.

Dabei hat das Bundesland im Südwesten auch Eigenschaften, die der Lebenszufriedenheit der Einwohner durchaus zuträglich sind. Die natürliche Umgebung bietet mit Wäldern und Weinregionen vielfältige Möglichkeiten der Erholung, die Luft- und Wasserqualität ist hoch, die Lärmverschmutzung aufgrund nur geringer Verstädterung minimal. Die Treibhausgasemissionen (Kohlendioxid, Methan, Lachgas) in Rheinland-Pfalz liegen etwa 20 Prozent unterhalb des gesamtdeutschen Durchschnitts. Darüber hinaus leben noch vergleichsweise viele Rheinland-Pfälzer in Mehrpersonenhaushalten, was die Eindrücke sozialer Isolation und Einsamkeit begrenzt. Etwa 36,4 Prozent der Haushalte sind Einpersonenhaushalte, im gesamtdeutschen Durchschnitt sind es 40,6 Prozent, in Sachsen sogar knapp 44 Prozent.

13. Brandenburg

HAUPTERGEBNISSE

- **Die Brandenburger sind gegenüber 2022 wieder etwas unglücklicher und belegen mit 6,79 Punkten Rang 13. Im langfristigen Trend seit 2011 zeigt die Lebenszufriedenheit aber nach oben.**
- **Die Brandenburger sind besonders mit ihrem Familienleben und ihrer Gesundheit zufrieden. Die Einkommenszufriedenheit bleibt hingegen gering – so wie die Durchschnittsgehälter.**
- **Inzwischen kann man von »zwei Brandenburgs« sprechen: Das Leben im Berliner Speckgürtel unterscheidet sich wesentlich vom Leben auf dem Brandenburger Land in der Peripherie.**

Abb. 28 **Allgemeine Lebenszufriedenheit in Brandenburg 2019 bis 2023**

2023 sinkt das Wohlbefinden der Brandenburger wieder etwas ab. Mit 6,79 Punkten liegt die durchschnittliche Lebenszufriedenheit somit 0,13 Punkte unterhalb des gesamtdeutschen Durchschnitts. Durch die »Normalisierung« der Lebenszufriedenheit nach der Corona-Pandemie fällt Brandenburg dadurch im Ranking auf Rang 13.

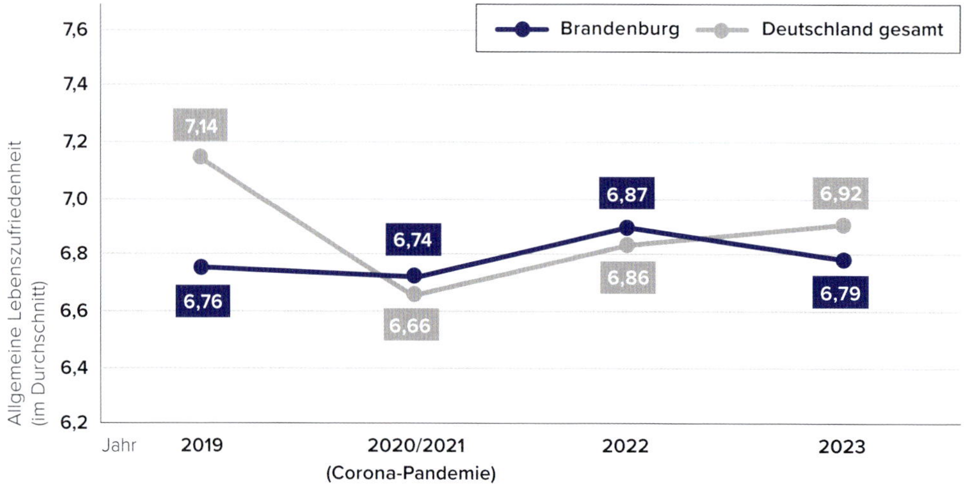

Anmerkungen: Allgemeine Lebenszufriedenheit von 0 (»ganz und gar nicht zufrieden«) bis 10 (»völlig zufrieden«). Für die Repräsentativität wurden Gewichtungsfaktoren genutzt. **Quelle:** Eigene Berechnungen auf Grundlage der Glücksatlas-Datenbank 2019 bis 2023.

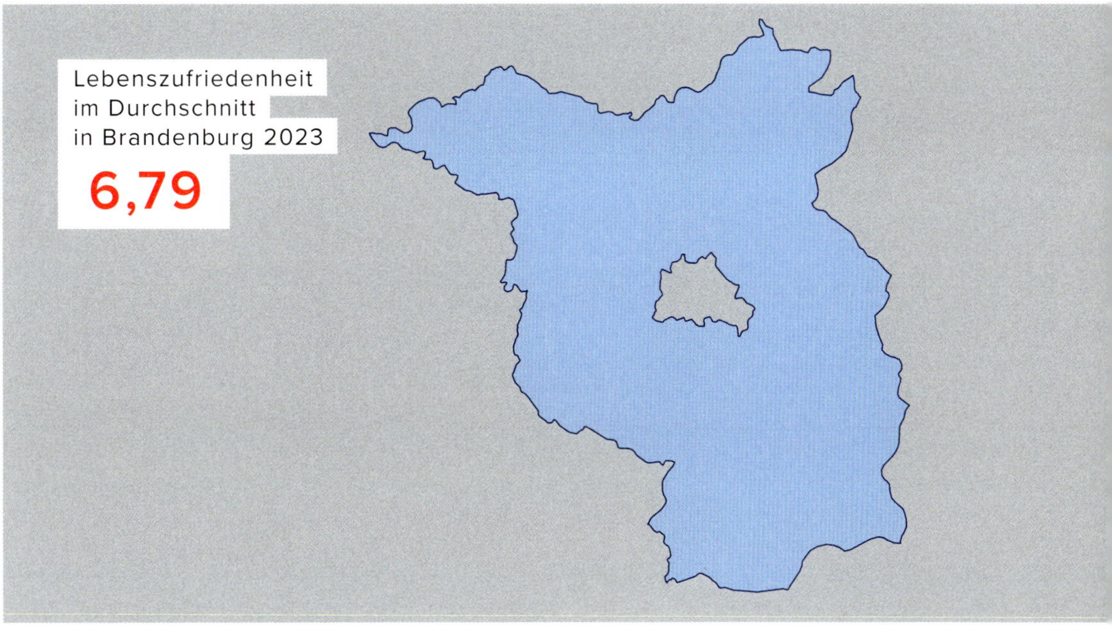

Brandenburg fällt mit 6,79 Punkten 2023 auf Rang 13 und verliert gegenüber 2022 0,08 Punkte. In der Corona-Pandemie war Brandenburg ein Sonderfall, da die Lebenszufriedenheit der Bevölkerung im Gegensatz zu anderen Bundesländern kaum absank. 2022 stieg das Lebensglück dort kräftig an und verschaffte Brandenburg einen starken fünften Platz. Im langen Trend zeigt sich, dass Brandenburg stagniert. Die Alterung der Bevölkerung und ökonomische Schwächen in Teilen des Bundeslands ziehen das Wohlbefinden der Brandenburger nach unten. Je weiter man sich vom Berliner Umland entfernt, desto geringer fällt die Lebenszufriedenheit aus.

Brandenburg profitierte aber von einem starken Zuzug Berliner Familien in den Speckgürtel der Hauptstadt.[101] Diese jungen Familien heben das durchschnittliche Wohlbefinden rund um Berlin: Typischerweise ist die Zufriedenheit in der Familiengründungsphase überdurchschnittlich hoch, so bei Frauen insbesondere nach der Geburt ihres ersten Kindes.[102]

Auf der einen Seite steigt die Lebenszufriedenheit der Brandenburger rund um die Hauptstadt, während sie in der Peripherie – ähnlich der in Mecklenburg-Vorpommern oder Thüringen – sinkt. In der Summe kompensieren sich beide Entwicklungen, und das subjektive Wohlbefinden in der Gesamtbevölkerung stagniert.

Abb. 29 **Bereichszufriedenheiten in Brandenburg 2023**

Große Unzufriedenheit herrscht im Einkommensbereich, während die Arbeits- und Familienzufriedenheit nahe am gesamtdeutschen Durchschnitt liegt. Mit 7,20 Punkten ist die Gesundheitszufriedenheit sogar signifikant höher als im Schnitt der Bundesrepublik.

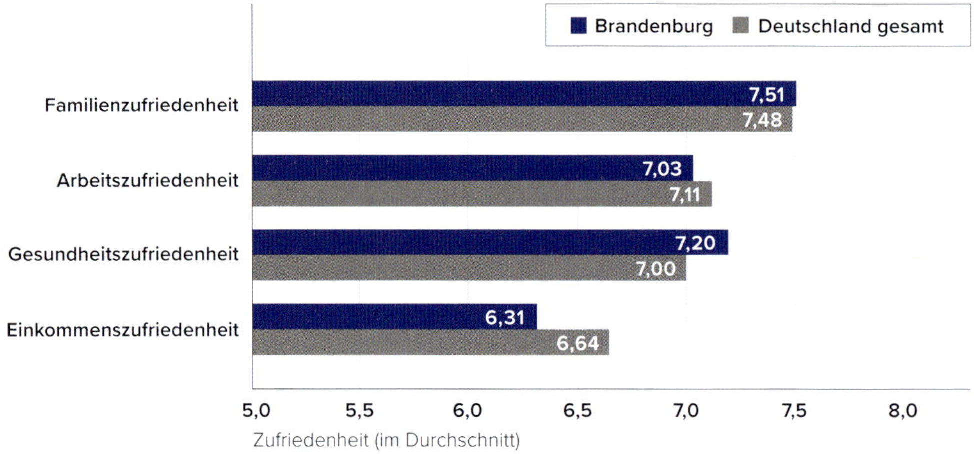

Anmerkungen: Zufriedenheit von 0 (»ganz und gar nicht zufrieden«) bis 10 (»völlig zufrieden«). Für die Repräsentativität wurden Gewichtungsfaktoren genutzt. **Quelle:** Eigene Berechnungen auf Grundlage der Glücksatlas-Datenbank 2023.

Besonders gering ist die Einkommenszufriedenheit (6,31 Punkte) der Brandenburger. Kein Wunder: Durchschnittlich werden zwischen Uckermark und Lausitz gerade mal 41.000 Euro brutto im Jahr verdient. Im bundesdeutschen Durchschnitt sind es 51.400 Euro. Auch die Arbeitszufriedenheit ist mit 7,03 Punkten leicht unterdurchschnittlich – hier dürfte die Pendelsituation vieler Brandenburger eine Rolle spielen. Der Weg nach Berlin zur Arbeit gestaltet sich für viele als sehr langwierig, in der Peripherie des Bundeslandes sind es ebenso viele Kilometer bis zum Arbeitsplatz. Überraschend hoch ist die Gesundheitszufriedenheit mit 7,20 Punkten – womöglich bereits ein Hinweis auf die sich verjüngende Bevölkerung.

Übersicht Brandenburg 2023

Stärken

	Brandenburg	Deutschland
Gesamtwanderungssaldo[a] Zuzugsüberschuss je 10.000 Einwohner, 2021	**100,0**	39,6
Waldfläche[b] in Prozent der Gesamtfläche, 2020	**35,8**	31,0
Geringe Armutsgefährdungsquote[c] Anteil der Personen mit einem Einkommen unter 60 Prozent des regionalen Medians in Prozent, 2022	**13,9**	16,7
Wenige Einpersonenhaushalte[d] Anteil an allen Haushalten in Prozent, 2020	**37,8**	40,6

[a] Wanderungsstatistik. [b] Flächenerhebung nach Art der tatsächlichen Nutzung des Bundes und der Länder. [c] Mikrozensus. [d] Nexiga GmbH Marktdaten.

Schwächen

	Brandenburg	Deutschland
Erreichbarkeit von Oberzentren[a] Pkw-Fahrtzeit in Minuten, 2021	**46,9**	31,5
Bruttoentgelte[a] pro Jahr je Beschäftigten, 2021	**41.000**	51.400
Hohe Auspendlerquote[b] Anteil an Beschäftigten, die in ein anderes Bundesland pendeln, 2022	**30,8**	Vgl. Berlin: 13,9
Ausbildungsquote[b] Anteil Beschäftigte in Ausbildung an allen Beschäftigten, 2021	**3,8**	4,7
Bruttoinlandsprodukt je Einwohner[c] 2020	**29.800**	40.500
Anteil Bevölkerung 55 Jahre und älter[b] in Prozent, 2021	**43,3**	37,6

[a] Erreichbarkeitsmodell des BBSR. [b] Statistik der Bundesagentur für Arbeit. [c] Statistisches Bundesamt, Volkswirtschaftliche Gesamtrechnungen.

14. Berlin

HAUPTERGEBNISSE

- **Berlins Lebenszufriedenheit erholt sich von 6,53 (2022) auf 6,62 Punkte, bleibt aber 0,3 Punkte hinter dem gesamtdeutschen Durchschnitt. Das Vor-Corona-Niveau 2019 mit 6,93 Punkten wird weit verfehlt.**
- **Die Berliner sind im deutschlandweiten Vergleich besonders mit ihrem Einkommen unzufrieden. Eine hohe SGB-II-Quote, gestiegene Mieten und eine starke Ungleichheit zwischen den Bezirken tragen dazu bei. Die hohe Selbstständigenquote sowie zahlreiche Start-ups zeugen aber von einer wirtschaftlichen Dynamik.**
- **Viele Berliner leben alleine. Zudem häufen sich psychische Erkrankungen in der Stadt. Davon zeugen auch eine unterdurchschnittliche Familienzufriedenheit sowie eine für eine junge Stadt nur mäßige Gesundheitszufriedenheit.**

Abb. 30 Allgemeine Lebenszufriedenheit in Berlin 2019 bis 2023

Die Lebenszufriedenheit der Berliner erholt sich nach der Corona-Krise weiter und liegt 2023 bei 6,62 Punkten. Der Abstand zur gesamtdeutschen Zufriedenheit vergrößert sich mit 0,3 Punkten aber deutlicher als vor der Corona-Krise (0,21 Punkte 2019).

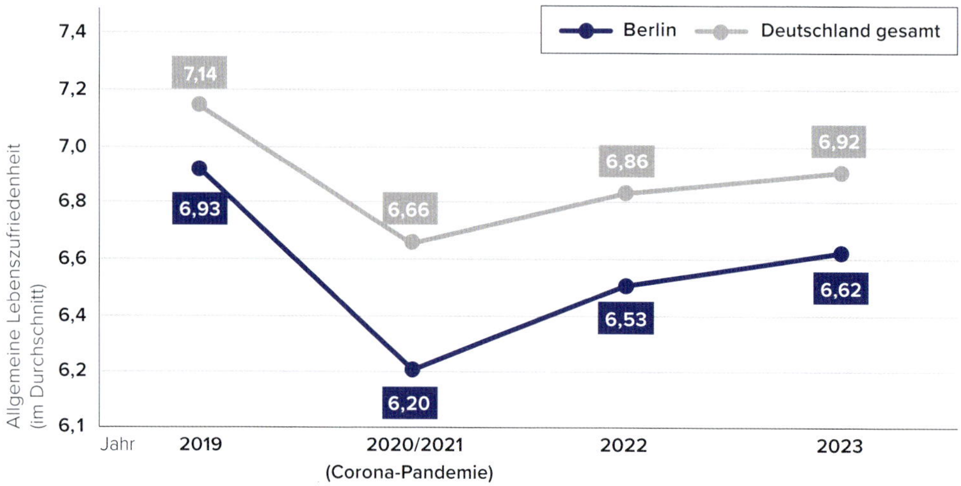

Anmerkungen: Allgemeine Lebenszufriedenheit von 0 (»ganz und gar nicht zufrieden«) bis 10 (»völlig zufrieden«). Für die Repräsentativität wurden Gewichtungsfaktoren genutzt. **Quelle:** Eigene Berechnungen auf Grundlage der Glücksatlas-Datenbank 2019 bis 2023.

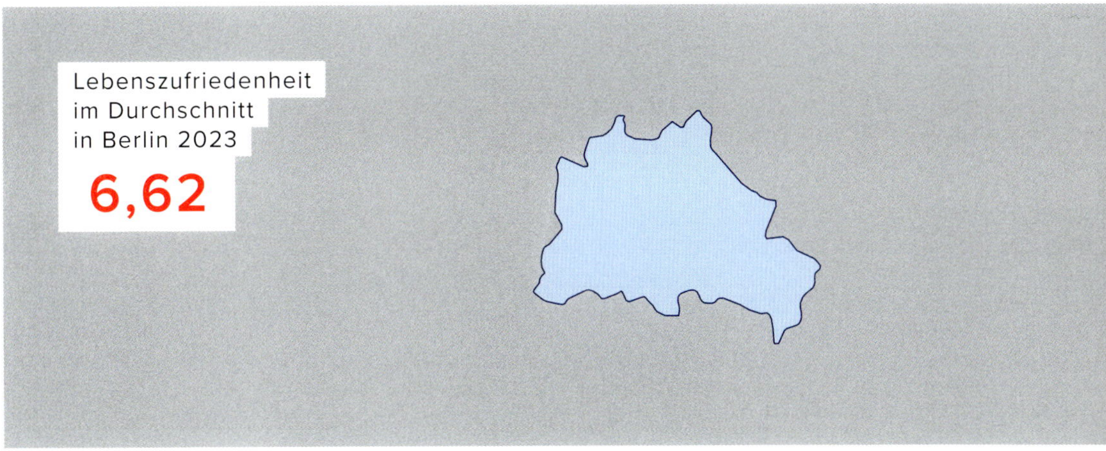

Die Lebenszufriedenheit Berlins hat sich nach dem Rückgang im Zuge der Corona-Pandemie 2020/2021 auf 6,20 Punkte erholt und ist in diesem Jahr auf 6,62 Punkte angestiegen. Dies stellt im Vergleich zu 2022 (6,53 Punkte) eine Zunahme um 0,09 Punkte dar, was genau dem landesweiten Durchschnittsanstieg entspricht (**Abbildung 30**). Daher bleibt der Unterschied zur bundesweiten Durchschnittszufriedenheit bei 0,3 Punkten bestehen, was im Vergleich zur Corona-Phase (0,46 Punkte) eine Verbesserung darstellt, jedoch schlechter ist als vor der Corona-Zeit (0,21 Punkte).

Ein Teil des Unterschieds zur bundesweiten Durchschnittszufriedenheit lässt sich auf das generell niedrigere Wohlbefinden in städtischen Gegenden im Vergleich zu ländlichen Regionen zurückführen. In den Städten gibt es einen höheren Anteil an Einpersonenhaushalten, was wiederum zu verstärkter sozialer Isolation und einem stärkeren Empfinden von Einsamkeit führen kann. Zusätzlich ist das Leben in städtischen Gebieten oft »stressiger«: Die Belastungen durch Lärm, Luft- und Lichtverschmutzung sind höher, der Schlaf kann beeinträchtigt sein, und die Präsenz vieler Menschen führt regelmäßig zu einem Gefühl der Enge (»Overcrowding«). Das erklärt aber nicht alles, vergleicht man Berlin mit anderen Städten wie Hamburg (7,11 Punkte, Rang 2) oder Bremen (6,84 Punkte, Rang 9).

Berlin hat mit 15,1 Prozent eine besonders hohe SGB-II-Quote. Knapp jeder siebte Berliner erhält somit Bürgergeld (bzw. in der Statistik noch »Hartz IV«), weil er oder sie arbeitssuchend ist oder aufgrund von zu geringem Lohn Anspruch auf Grundsicherung hat. Jedes vierte Kind bis zu 14 Jahren lebt in Berlin in einer Familie mit Grundsicherungsleistungen – im Bezirk Neukölln ist es sogar jedes zweite. Viele dieser Familien haben einen tristen Alltag – gerade dann, wenn sie mit dem Wohlstand anderer Berliner konfrontiert werden. Die Ungleichheit im Lebensstandard zwischen den Bezirken ist immens – insbesondere zwischen Friedrichshain-Kreuzberg und Neukölln auf der einen

Abb. 31 **Bereichszufriedenheiten in Berlin 2023**

Besonders unzufrieden sind die Berliner im deutschlandweiten Vergleich mit ihrem Einkommen. Mit ihrer Arbeits- und der Gesundheitszufriedenheit liegen sie aber (fast) im Durchschnitt. Die Familienzufriedenheit ist – typisch für Städte – unterdurchschnittlich.

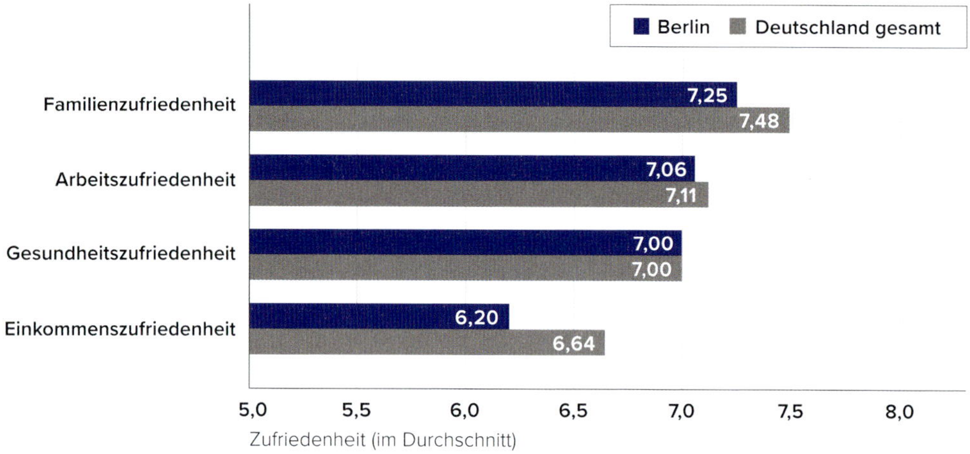

Anmerkungen: Zufriedenheit von 0 (»ganz und gar nicht zufrieden«) bis 10 (»völlig zufrieden«). Für die Repräsentativität wurden Gewichtungsfaktoren genutzt. **Quelle:** Eigene Berechnungen auf Grundlage der Glücksatlas-Datenbank 2023.

und Steglitz-Zehlendorf auf der anderen Seite.[103] Dies erklärt auch die geringe Einkommenszufriedenheit der Berliner mit 6,20 Punkten (Ø Deutschland: 6,64 Punkte), die sich aber im Vergleich zu 2022 (5,93 Punkte) immerhin verbessern konnte (**Abbildung 31**).

Berlin braucht sich aber nicht zu verstecken. In unserem Städteranking 2023 schafften es die Hauptstädter hinsichtlich der Lebenszufriedenheit auf den vierten Rang – und lagen vor Köln, Stuttgart oder Dresden (aber hinter Hamburg).[104] Zudem liegt Berlin in internationalen Vergleichsstudien zur Lebensqualität regelmäßig im oberen Mittelfeld.[105] Das ist kein Widerspruch: Berlin ist derzeit eine sich sehr dynamisch entwickelnde Stadt. Eine starke Gründerszene führt sowohl zu zahlreichen Gewerbeanmeldungen (2021: knapp 112 je 10.000 Einwohner) als auch Insolvenzen. Mehr als jeder Zehnte in Berlin ist selbstständig. Knapp 5.000 Start-ups sind in Berlin derzeit gemeldet – insbesondere in den Bereichen FinTech und Datenanalyse.[106] Das spült Kapital sowie junge Einwohner aus dem Rest der Republik nach Berlin. Auch der Status als Hauptstadt lohnt sich für die Stadtverwaltung: Zahlreiche Medien, Interessensgruppen, Staatsbedienstete und deren Mitarbeiter erhöhen die Finanzkraft der Stadt. Allerdings führt der Zuzug auch zu höheren Wohnungsmieten und verschärft den Wohnraummangel. Die Angebotsmieten je Quadratmeter haben sich in Berlin vom ersten Quartal 2022 bis zum ersten Quartal 2023 um

Übersicht Berlin 2023

Stärken

	Berlin	Deutschland
Gewerbeanmeldungen je 10.000 Einwohner[a] 2021	**111,8**	76,5
Selbstständigenquote[b] in Prozent aller Erwerbstätigen, 2020	**11,6**	9,0
Erholungsfläche je Einwohner in Prozent der Gesamtfläche, 2021	**13,5**	1,5

[a] Gewerbeanzeigenstatistik. [b] Arbeitskreis Erwerbstätigenrechnung des Bundes und der Länder.

Schwächen

	Berlin	Deutschland
SGB-II-Quote[a] Anteil der Empfänger von Grundsicherung bis zur Altersgrenze an allen Einwohnern, in Prozent, 2021	**15,1**	7,6
Unternehmensinsolvenzen[b] Beantragte Insolvenzen je 1.000 Betriebe, 2020	**6,67**	4,25
Baulandpreise[c] Durchschnittliche Kaufwerte für Bauland in Euro je m^2, 2021	**1.135**	193
Einpersonenhaushalte[d] Anteil an allen Haushalten in Prozent, 2020	**51,5**	40,6
Hohe Prävalenz an Depressionen[e] in Prozent aller Einwohner, 2021	**9,3**	8,1

[a] Bundesagentur für Arbeit. [b] Statistik über beantragte Insolvenzverfahren des Bundes und der Länder. [c] Statistik der Kaufwerte für Bauland des Bundes und der Länder. [d] Nexiga GmbH Marktdaten. [e] Robert Koch-Institut.

24 Prozent erhöht – die Inflation aller Güter und Dienstleistungen lag in diesem Zeitraum bei etwa 6 Prozent.[107] Die hohen Wohnraumpreise ziehen vermehrt Berliner ins Brandenburger Umland: Allein 2021 sind über 18.000 Berliner mehr nach Brandenburg gezogen als Brandenburger nach Berlin.[108] Der Wegzug erhöht allerdings die Pendelzeit vieler Berliner, was die Lebenszufriedenheit wiederum beeinträchtigen kann.[109] Abhilfe kann hier ein – seit Corona verstärkt genutztes – Homeoffice schaffen, das die Pendeldauer auf wenige Tage pro Woche verkürzt oder ganz auf null reduziert und das Wohlbefinden wieder verbessert.[110]

Eine junge Stadt in Verbindung mit einem hohen Anteil an Einpersonenhaushalten spricht typischerweise für eine hohe Gesundheits- und eine geringe Familienzufriedenheit. Tatsächlich sind die Berliner mit ihrem Familienleben (7,25 Punkte) nur unterdurchschnittlich zufrieden (**Abbildung 31**). Die Gesundheitszufriedenheit liegt mit 7,00 Punkten allerdings exakt auf dem gesamtdeutschen Durchschnitt. Das ist angesichts des geringen Durchschnittsalters der Stadtbewohner von 42,6 Jahren (Brandenburg z. B. 47,3 Jahre) etwas enttäuschend, lässt dieses doch eigentlich einen guten Gesundheitszustand erwarten. Eine Meta-Studie des Robert Koch-Instituts stellt aber fest, dass gerade in Berlin psychische Erkrankungen besonders häufig vorkommen. Die Prävalenz depressiver Symptomatiken bei Frauen liegt in Berlin zum Beispiel bei 14,6 Prozent und ist im Bundesländervergleich hier am höchsten. In Thüringen ist der prozentuale Anteil an Frauen, die an Depressionen leiden, um die Hälfte geringer.[111] Die Autoren vermuten hinter der Häufung in Berlin zum einen die typischen psychischen Belastungen einer Stadt und zum anderen eine nicht näher bestimmte Anziehungskraft Berlins für Menschen mit depressiven Symptomen. Vielleicht liegt es aber auch an den Arbeitsformen, die in Berlin vorherrschen: Viele Berliner haben – aufgrund der Selbstständigkeit oder dem projektbasierten Arbeiten in den zahlreichen Büros – einen kognitiv anspruchsvollen Arbeitsalltag, welcher keine Unterscheidung zwischen Freizeit und Arbeitszeit macht. Die Arbeitszufriedenheit der Berliner ist dementsprechend gering – auch wenn diese sich 2023 mit 7,06 Punkten gegenüber 2022 (6,44 Punkte) deutlich erholt hat (**Abbildung 31**).

15. Saarland

HAUPTERGEBNISSE

- **Die Lebenszufriedenheit der Saarländer fällt auf 6,21 Punkte und ist damit 0,71 Punkte vom gesamtdeutschen Durchschnitt entfernt. Innerhalb Westdeutschlands gehören die Saarländer zu den am wenigsten zufriedenen Personen.**
- **In sämtlichen von uns befragten Bereichen sind die Saarländer weit unterdurchschnittlich zufrieden. Besonders negativ beurteilen sie ihre finanzielle Situation.**
- **Das Saarland ist in vielerlei Hinsicht ein »traditionelles« Bundesland: Industrielle Großunternehmen bestimmen die Arbeitswelt, viele Menschen leben im Wohneigentum, und die Pkw-Dichte ist bei Weitem die höchste in Deutschland.**

Abb. 32 Allgemeine Lebenszufriedenheit im Saarland 2019 bis 2023

Das Saarland verliert im Vergleich 0,28 Punkte und landet mit 6,21 Punkten auf Rang 15. Damit sind die Saarländer im Westen die Unglücklichsten. Seit 2019 steigt somit der Abstand zur durchschnittlichen Lebenszufriedenheit Gesamtdeutschlands.

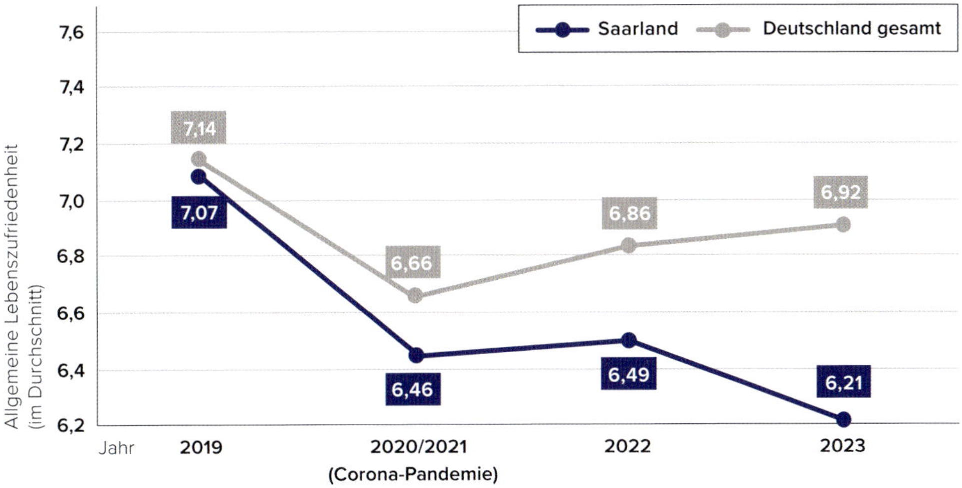

Anmerkungen: Allgemeine Lebenszufriedenheit von 0 (»ganz und gar nicht zufrieden«) bis 10 (»völlig zufrieden«). Für die Repräsentativität wurden Gewichtungsfaktoren genutzt. **Quelle:** Eigene Berechnungen auf Grundlage der Glücksatlas-Datenbank 2019 bis 2023.

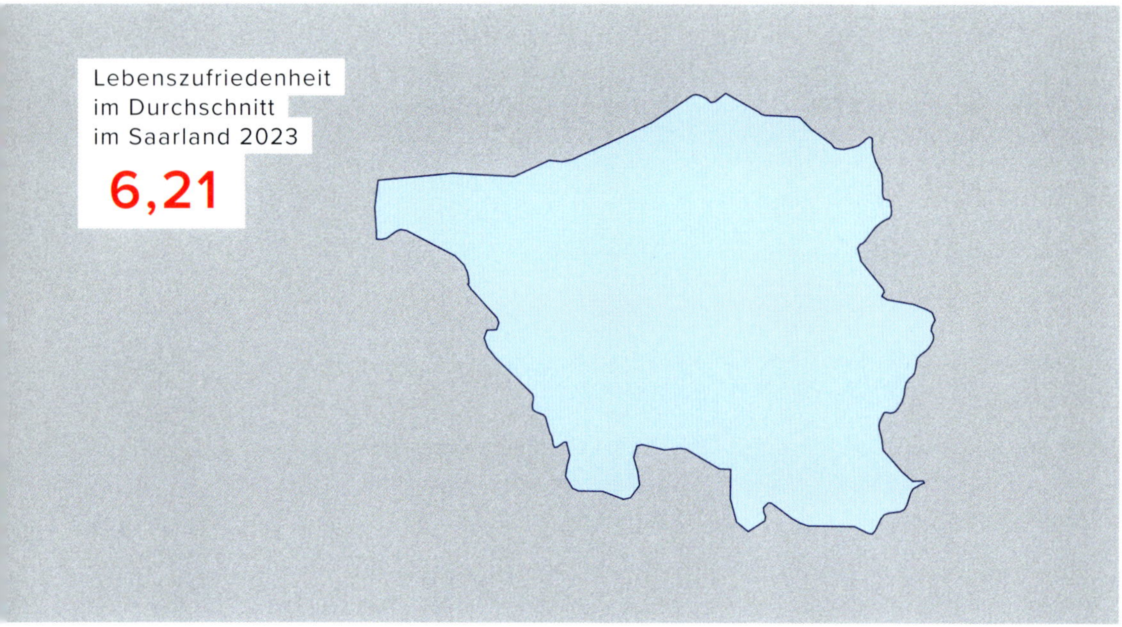

2023 verzeichnet das Saarland in puncto Lebenszufriedenheit einen Rückgang: Mit einem Wert von 6,21 Punkten liegt die durchschnittliche Lebenszufriedenheit in diesem Jahr 0,28 Punkte unter dem Niveau von 2022 (**Abbildung 32**). Zusammen mit Mecklenburg-Vorpommern zählt das Saarland somit zu den beiden Regionen, in denen das subjektiv eingeschätzte Wohlbefinden der Einwohner abnimmt. Dies hat zur Folge, dass der Abstand zu Gesamtdeutschland (6,92 Punkte) weiter anwächst und mittlerweile 0,71 Punkte beträgt. In Westdeutschland ist das Gebiet rund um Saarbrücken das unglücklichste.

Das Saarland steht vor vielfältigen Problemen: Das stark industrialisierte Land kämpft erstens mit einer schwächelnden Konjunktur. Die Auftragseingänge sind im Frühjahr diesen Jahres um knapp 8 Prozent zurückgegangen (Gesamtdeutschland: minus 4,7 Prozent), zudem sinkt die Beschäftigung. Die Erwartungen der saarländischen Unternehmen waren zum Jahreswechsel 2022/2023 zeitweise schlechter als im ersten Corona-Lockdown 2020.[112] Für die Saarländer stehen weiterhin wirtschaftliche Angelegenheiten im Fokus, ähnlich wie in den Vorjahren. Laut einer repräsentativen Umfrage vom März 2023 betrachten 31 Prozent der wahlberechtigten Bürger des Saarlands die Arbeitslosigkeit/den Arbeitsmarkt als das wichtigste oder zweitwichtigste Anliegen, während 21 Prozent die Wirtschaft/den Strukturwandel als solches ansehen. Darüber hinaus gewinnen Bildungs- und Migrationsfragen an Bedeutung.[113] **Abbildung 33** bestätigt die hohe Unzufriedenheit mit dem Ökonomischen: Die Einkommenszufriedenheit liegt bei gerade mal 5,57 Punkten, die

Abb. 33 Bereichszufriedenheiten im Saarland 2023

Mit 5,57 Punkten sind die Saarländer beim Einkommen die Unzufriedensten. Aber auch mit ihrer Gesundheit und dem Familienleben sind die Saarländer unzufrieden. Am ehesten kommt noch die Arbeitszufriedenheit dem gesamtdeutschen Durchschnitt nahe.

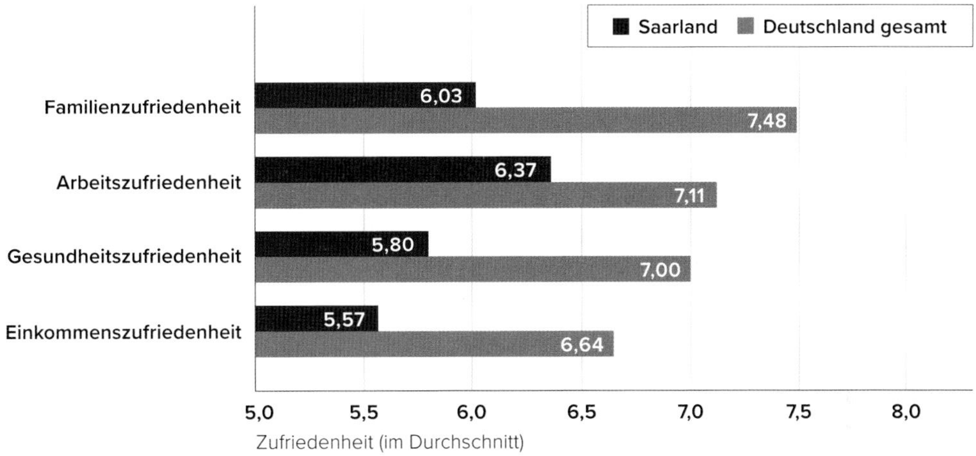

Anmerkungen: Zufriedenheit von 0 (»ganz und gar nicht zufrieden«) bis 10 (»völlig zufrieden«). Für die Repräsentativität wurden Gewichtungsfaktoren genutzt. **Quelle:** Eigene Berechnungen auf Grundlage der Glücksatlas-Datenbank 2023.

Arbeitszufriedenheit bei 6,37. Das ist jeweils noch mal schwächer als 2022 (Einkommen: 6,31 Punkte, Arbeit: 7,06).

Die Lebensweise im Saarland kann als »traditionell« bezeichnet werden: viel Industrie, hohe Eigentumsquoten, überdurchschnittlich viele Autos und eine alternde Bevölkerung. Positiv auf die Lebenszufriedenheit wirkt sich sicherlich die Wohnsituation der Saarländer aus, so nicht nur die Tatsache, dass 60 Prozent der Haushalte von Eigentümern bewohnt werden, sondern auch die (mit dem Eigentum zusammenhängende) hohe durchschnittliche Wohnfläche: Ein Saarländer lebt auf 55,1 m^2, im gesamtdeutschen Durchschnitt sind es 47,4 m^2 und in der Hauptstadt Berlin sogar nur 39,6 m^2. Die Großunternehmen im Saarland (Globus, ZF etc.) bieten den Beschäftigten etwas Sicherheit. Die Arbeitszufriedenheit ist mit 6,37 Punkten zwar weit entfernt von den 7,11 Punkten Gesamtdeutschlands, liegt aber noch in dem Bereich, der dem Gesamtdurchschnitt am nächsten kommt.

Übersicht Saarland 2023

Stärken

	Saarland	Deutschland
Wohnfläche[a] je Einwohner in m², 2020	**55,1**	47,4
Großunternehmen[b] Anteil an Niederlassungen mit mehr als 250 Beschäftigten an allen Niederlassungen in Prozent, 2020	**52**	45
Eigentumsquote[c] Anteil Haushalte, in denen die Eigentümer selbst wohnen, an allen Haushalten in Prozent, 2022	**60**	42

[a] Fortschreibung des Wohngebäude- und Wohnungsbestandes des Bundes und der Länder. [b] Unternehmensregister-System des Bundes und der Länder. [c] Statistisches Bundesamt, Mikrozensus.

Schwächen

	Saarland	Deutschland
Anteil Siedlungs- und Verkehrsfläche[a] in Prozent der Gesamtfläche, 2021	**21,5**	14,1
Anteil Bevölkerung 55 Jahre und älter[b] in Prozent, 2021	**41,5**	37,2
Steuerkraft je Einwohner[c] Kommunalsteuern (Grund- und Gewerbesteuer) in Euro, 2019	**766**	1.012
Pkw-Dichte[d] je 1.000 Einwohner, 2020	**653**	574
Übernachtungen je Einwohner[e] 2021	**2,1**	3,7

[a] Flächenerhebung nach Art der tatsächlichen Nutzung. [b] Statistik der Bundesagentur für Arbeit. [c] Realsteuervergleich des Bundes und der Länder. [d] Statistik des Kraftfahrzeugbestandes des Bundes und der Länder. [e] Monatserhebungen zum Tourismus.

16. Mecklenburg-Vorpommern

HAUPTERGEBNISSE

- **Die Lebenszufriedenheit in Mecklenburg-Vorpommern sinkt 2023 auf 6,19 Punkte. Das ist der von uns geringste gemessene Wert seit 2011 überhaupt und geringer als das unglücklichste Bundesland im Corona-Jahr 2021 (Berlin mit 6,20 Punkten). Dabei ist innerhalb des Bundeslands die Region Mecklenburg mit 5,98 Punkten noch abgeschlagener.**
- **Die Unzufriedenheit im Nordosten spiegelt sich auch in besonders geringen Bereichszufriedenheiten wider. Besonders unzufrieden sind die der Menschen in Mecklenburg-Vorpommern bei Einkommen und Gesundheit.**
- **In Mecklenburg-Vorpommern geht wirtschaftliche Schwäche Hand in Hand mit einer raschen Alterung. Lichtblicke bieten allerdings die Tourismusindustrie und »ökonomische Leuchttürme« in den Städten.**

Abb. 34 Allgemeine Lebenszufriedenheit in Mecklenburg-Vorpommern 2023

Die Lebenszufriedenheit der Mecklenburger und Vorpommern ist 2023 besonders niedrig: Mit 6,19 Punkten fällt das Lebensglück 0,73 Punkte unter den gesamtdeutschen Durchschnitt von 6,92 Punkten – der Abstand zum Rest der Bundesrepublik nimmt zu. Seit 2019 erlebt der Nordosten einen Abwärtstrend im Wohlbefinden.

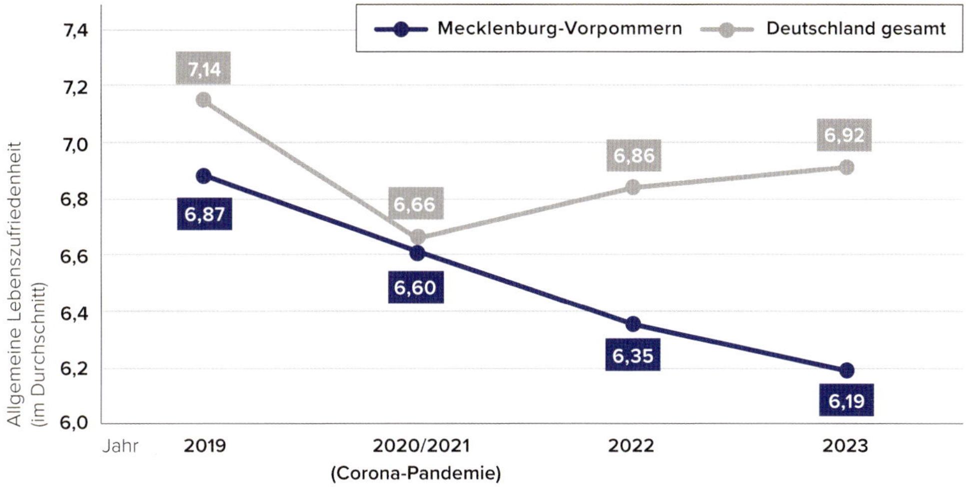

Anmerkungen: Allgemeine Lebenszufriedenheit von 0 (»ganz und gar nicht zufrieden«) bis 10 (»völlig zufrieden«). Für die Repräsentativität wurden Gewichtungsfaktoren genutzt. **Quelle:** Eigene Berechnungen auf Grundlage der Glücksatlas-Datenbank 2019 bis 2023.

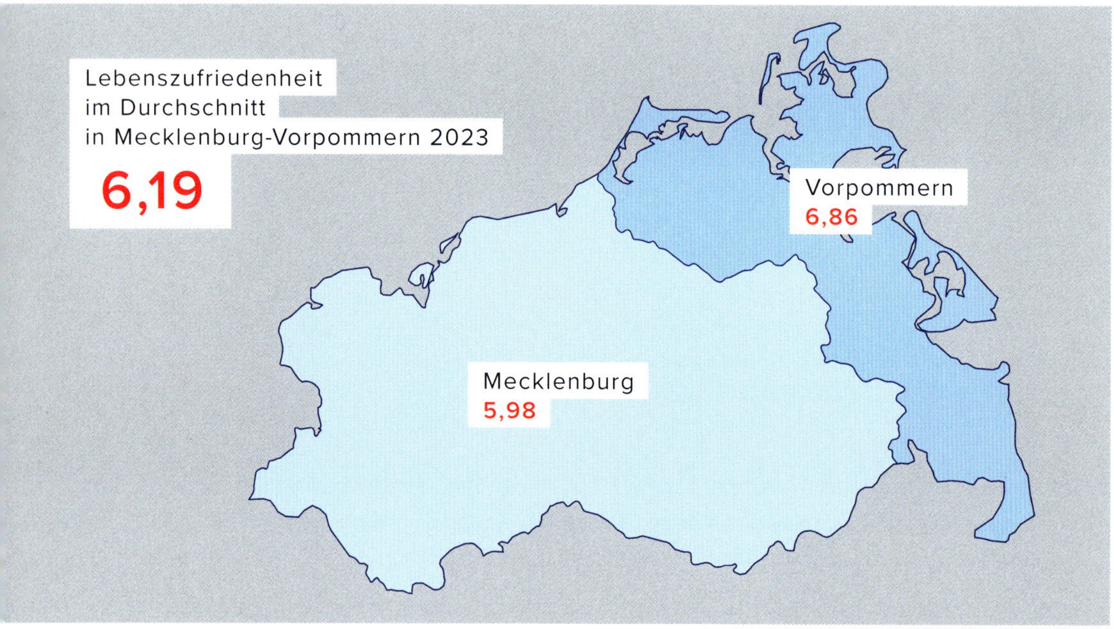

Besonders schwach schneidet dieses Jahr Mecklenburg-Vorpommern ab. Mit 6,19 Punkten ist die Lebenszufriedenheit im Nordosten bundesweit am geringsten (Rang 16). Hinzu kommt, dass das Wohlbefinden dort weiter sinkt, statt sich nach der Corona-Krise wie in den meisten anderen Regionen wieder zu erholen. 2019 lag die Lebenszufriedenheit im Nordosten noch bei 6,87 Punkten – seither geht es Jahr für Jahr abwärts. Während Sachsen-Anhalt, Sachsen und Brandenburg die Lebenszufriedenheit der Vor-Corona-Zeit sogar wieder erreicht haben, verliert Mecklenburg-Vorpommern den Anschluss. Besonders schwach liegt das Lebensglück in der ländlichen Peripherie – die Stadt-Land-Unterschiede im Lebensglück sind in keinem Bundesland so hoch wie in der Region Mecklenburg.

Die Alterung macht dem Bundesland zu schaffen. Trotz wieder höherer Zuzugsraten steigt das Durchschnittsalter der Bevölkerung weiter an – allein in den Jahren 2011 bis 2021 um 1,7 Jahre von 45,8 auf 47,5 Jahre. Etwa jeder vierte Einwohner dort ist heute 65 Jahre oder älter. Dies wirkt sich negativ auf die durchschnittliche Lebenszufriedenheit aus, da Menschen im fortgeschrittenen Alter oft mit verschiedenen Gesundheitsproblemen zu kämpfen haben und häufig pflegebedürftig sind. Zudem ist die Versorgung mit Pflegeheimplätzen – insbesondere für die Anforderungen in den ländlich geprägten Landkreisen wie Vorpommern-Rügen oder Mecklenburgische Seenplatte – unterdurchschnittlich. Während in ganz Deutschland auf einen Pflegeheimplatz circa drei Pflegebedürftige entfallen, kommen in Mecklenburg-Vorpommern auf einen Pflegeheimplatz knapp sechs Pflegebedürftige. Neben dem hohen Alter

Abb. 35 Bereichszufriedenheiten in Mecklenburg-Vorpommern 2023

In allen von uns befragten Bereichen sind die Mecklenburger und Vorpommern unterdurchschnittlich zufrieden. Fast ein Punkt trennt die Zufriedenheiten in den Bereichen Familie, Gesundheit und Einkommen die Nordostdeutschen vom Gesamtdurchschnitt. Geringer ist die Differenz bei der Arbeitszufriedenheit.

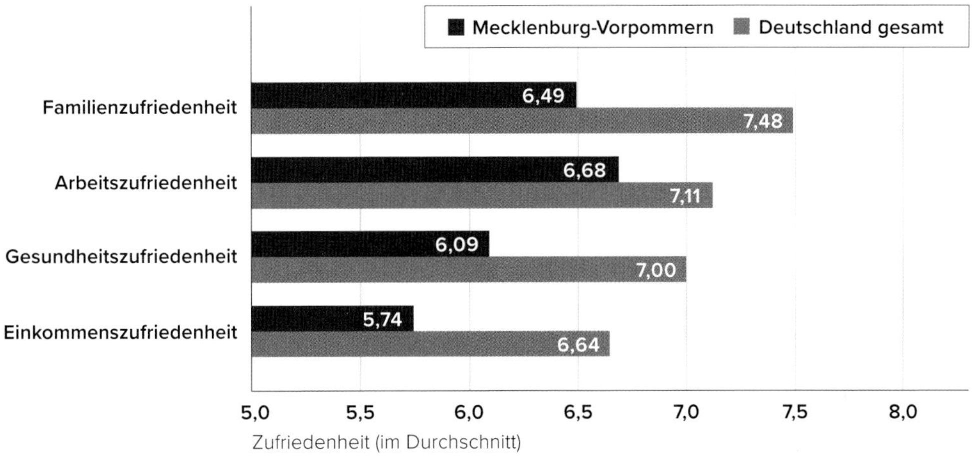

Anmerkungen: Zufriedenheit von 0 (»ganz und gar nicht zufrieden«) bis 10 (»völlig zufrieden«). Für die Repräsentativität wurden Gewichtungsfaktoren genutzt. **Quelle:** Eigene Berechnungen auf Grundlage der Glücksatlas-Datenbank 2023.

dürfte auch die mitunter mangelhafte medizinische Versorgung in ländlichen Regionen zur insgesamt niedrigen Gesundheitszufriedenheit von 6,09 Punkten beitragen (**Abbildung 35**).

Übersicht Mecklenburg-Vorpommern 2023

Stärken

	Mecklenburg-Vorpommern	Deutschland
Ländlich geprägt[a] Anteil der Einwohner in Gemeinden mit einer Bevölkerungsdichte von unter 150 Einwohner/km² in Prozent, 2019	**56,1**	20,4
Verletzte und Getötete im Straßenverkehr[b] je 1.000 Einwohner, Januar bis Mai 2023	**1,14**	1,56
Übernachtungen je Einwohner 2021	**16,5**	3,7

[a] Bundesinstitut für Bau-, Stadt- und Raumforschung. [b] Statistisches Bundesamt: Verunglückte bei Straßenverkehrsunfällen von Januar bis Mai 2023. [c] Monatserhebungen zum Tourismus.

Schwächen

	Mecklenburg-Vorpommern	Deutschland
Pflegebedürftige[a] je 1.000 Einwohner ab 65 Jahren, 2021	**290**	269
Gewerbeanmeldungsquote[b] Verhältnis von Gewerbeanmeldungen zu Gewerbeabmeldungen in Prozent, 2022	**–2,2**	+19,6
Bruttoinlandsprodukt je Einwohner[c] 2020	**29.100**	40.500
Verfügbares Einkommen je Einwohner[c] jährlich, 2020	**21.200**	23.750
Pendler mit Arbeitsweg 150 km und mehr[c] in Prozent aller Pendler, 2019	**7,4**	4,6

[a] Statistik über die Empfänger der Pflegegeldleistungen. [b] Gewerbeanzeigenstatistik. [c] Statistik der Bundesagentur für Arbeit.

Stärken und Schwächen: Quellen[114]

- Agentur für Erneuerbare Energien (2022): »Energiemix und Energieeffizienz in den Bundesländern«. In: *Renews kompakt*, Ausgabe 56.
- Bundesverband Breitbandkommunikation (2022): »BREKO Marktanalyse«. www.brekoverband.de/schwerpunkte/breko-marktanalyse/ [zuletzt aufgerufen am 02.08.2023].
- Bundesinstitut für Bau-, Stadt- und Raumforschung (2019): »Indikatoren und Karten zur Raum- und Stadtentwicklung. Pfad: Siedlungsstruktur, Ländlichkeit«. www.inkar.de/ [zuletzt aufgerufen an 20.07.2023].
- Bundesinstitut für Bau-, Stadt- und Raumforschung (2021): »Erreichbarkeitsmodell«. www.bbsr.bund.de/BBSR/DE/forschung/raumbeobachtung/Komponenten/Erreichbarkeitsmodell/erreichbarkeitsmodell.html [zuletzt aufgerufen am 02.08.2023].
- Statistisches Bundesamt (2022): »Gewerbeanzeigenstatistik«, Tabelle 52311-0001-DLAND. www-genesis.destatis.de/genesis/online?operation=previous&levelindex=1&step=1&titel=Ergebnis&levelid=1689884339285&acceptscookies=false#abreadcrumb [zuletzt aufgerufen am 21.07.2023].
- Haag, M.; Kempermann, H.; Kohlisch, E.; Koppel, O. (2023): Innovationsatlas 2023. Die Innovationskraft der deutschen Regionen. *IW-Analysen* 153, Institut der Deutschen Wirtschaft Köln.
- Pflegestatistik (2021): Gesundheitsberichterstattung des Bundes. www.gbe-bund.de/gbe/pkg_isgbe5.prc_menu_olap?p_uid=gast&p_aid=79338688&p_sprache=D&p_help=0&p_indnr=510&p_indsp=&p_ityp=H&p_fid= [zuletzt aufgerufen am 21.07.2023].
- Statistisches Bundesamt (2023): Monatserhebung im Tourismus, Januar bis April 2023.
- Statistisches Bundesamt (Wanderungsstatistik) (2021): Wanderungen. www.destatis.de/DE/Themen/Gesellschaft-Umwelt/Bevoelkerung/Wanderungen/_inhalt.html [zuletzt aufgerufen am 02.08.2023].
- WSI Verteilungsmonitor (2021): »Bruttostundenverdienste nach Bundesländern, 2021«. www.wsi.de/de/loehne-und-gehaelter-14576-bruttostundenverdienste-nach-bundeslaendern-26453.htm [zuletzt aufgerufen am 02.08.2023].

Anmerkungen

1 Graham, C.; Laffan, K.; Pinto, S. (2018): »Wellbeing in Metrics and Policy«. In: *Science*, 362 (6412), 287–288.
2 Graham, C. (2023): *The Power of Hope: How the Science of Well-Being Can Save Us from Despair.* Princeton Press.
3 Graham, C.; Pinto, S. (2019): »Unequal Hopes and Lives in the U.S.A.: Optimism, Stress, Race, Place, and Premature Mortality«. In: *Journal of Population Economics*, 32: 665–733.
4 Graham, C.; Ruiz-Pozuelo, J. (2023): »Do High Aspirations Lead to Better Outcomes: Evidence from a Longitudinal Survey of Adolescents in Peru«. In: *Journal of Population Economics*, Vol. 36, Issue 3, July 2023: https://doi.org/10.1007/s00148-021-00881-y
5 Graham, C.; Dobson, E. (2023): »Despair underlies our misinformation crisis: Introducing an interactive tool«. In: *Brookings.* www.brookings.edu/articles/despair-underlies-our-misinformation-crisis-introducing-an-interactive-tool/
6 Erdmann, M.; Pietrzyk, I.; Schneider, J.; Helbig, M.; Jacob, M.; Allmendinger, J. (2022): »Bildungsungleichheit nach der Hochschulreife – das lässt sich ändern. Eine Untersuchung der Wirksamkeit eines intensiven Beratungsprogramms 1,5 Jahre nach dem Abitur«. In: *WZB Discussion Paper*, P 2022-002, Berlin: Wissenschaftszentrum Berlin für Sozialforschung.
7 Siehe Office for National Statistics unter »Well-being«. www.ons.gov.uk/peoplepopulationandcommunity/wellbeing/articles/measuresofnationalwellbeingdashboardqualityoflifeintheuk/2022-08-12 [zuletzt aufgerufen am 16.06.2023]. Seit Kurzem gibt es auch ein Dashboard des »World Happiness Reports«, mit dem die Lebenszufriedenheit weltweit verglichen werden kann. https://worldhappiness.report/data/ [zuletzt aufgerufen am 16.06.2023].
8 Vgl. R+V: »Die Ängste der Deutschen« im Langzeitvergleich. Abrufbar unter www.ruv.de/newsroom/themenspezial-die-aengste-der-deutschen/langzeitvergleich [zuletzt aufgerufen am 23.07.2023].
9 Der Begriff der »Polykrise« wurde vom (dieses Jahr in der deutschen Öffentlichkeit sehr präsenten) Wirtschaftshistoriker Adam Tooze geprägt. Gemeint sind damit gleichzeitig und sich gegenseitig verstärkende Krisen (vgl. auch Breuer (2023)).
10 Vgl. Börsch-Supan et al. (2009).
11 Vgl. Steinmetz et al. (2021).
12 Vgl. Raffelhüschen und Renz (2021: 103).
13 Vgl. Raffelhüschen und Renz (2022: 23 f.).
14 Ergebnis einer Nachfrage bei der Gesellschaft für Konsumforschung (GfK) durch den *Tagesspiegel* am 29.07.2022.
15 Womöglich befinden wir uns schon in der »resilienten Gesellschaft« von Markus Brunnermeier (vgl. Brunnermeier (2021)).
16 Vgl. Pendry (2014: 116 f.).
17 Eigene Berechnungen, basierend auf der altersspezifischen Bevölkerungsfortschreibung des Statistischen Bundesamts (2023a). www.destatis.de/DE/Themen/Gesellschaft-Umwelt/Bevoelkerung/Bevoelkerungsstand/Tabellen/liste-altersgruppen.html#474508 [zuletzt aufgerufen am 13.08.2023].
18 Vgl. u. a. Smail, D. (2018): *The Origins of Unhappiness. A New Understanding of Personal Distress*. Routledge: London.
19 Oswald, A.; Blanchflower, D. G. (2019): »Trends in Extreme Distress in the United States«, 1993–2019. In: *American Journal of Public Health*, 110: 1538–1544.
20 R+V: »Die Ängste der Deutschen«, abrufbar unter www.ruv.de/newsroom/themenspezial-die-aengste-der-deutschen [zuletzt aufgerufen am 23.07.2023].
21 Nicht erfasst haben wir die Intensität dieser Ängste. So können Ängste zwar häufiger auftreten, aber die Intensität bleibt gleich oder nimmt ab.
22 Siehe MSD Manual: www.msdmanuals.com/de-de/profi/p%C3%A4diatrie/psychiatrische-st%C3%B6rungen-im-kindes-und-jugendalter/%C3%BCbersicht-zu-angstst%C3%B6rungen-im-kindes-und-jugendalter [zuletzt aufgerufen am 19.07.2023].
23 www.welt.de/newsticker/dpa_nt/afxline/topthemen/article241991209/UN-Chef-warnt-Wir-sind-auf-dem-Highway-zur-Klimahoelle.html [zuletzt aufgerufen am 03.08.2023].
24 www.safe.ai/statement-on-ai-risk, darunter Sam Altman, OpenAI; Bill Gates, Microsoft; Demis Hassabis, Google DeepMind [zuletzt aufgerufen am 12.08.2023].
25 Spearman-Korrelationskoeffzient mit

–0,345 signifikant auf dem 99,99-Prozent-Niveau.
26 www.rheingold-marktforschung.de/gesellschaft/deutschland-auf-der-flucht-vor-der-wirklichkeit/ [zuletzt aufgerufen am 03.08.2023].
27 Für Länder mit einer hohen Durchlässigkeit von »unten« nach »oben« kann eine gewisse Ungleichheit im Glück sich sogar positiv auf die gesamte Lebenszufriedenheit auswirken, wenn die noch unzufriedenen Gesellschaftsmitglieder den Eindruck haben, dass das Glück der anderen für sie erreichbar ist (»Tunnel-Effekt«).
28 Da die Befragung im Juni diesen Jahres stattfand, ist es möglich, dass ein wesentlicher Teil noch keine Nebenkostenabrechnung für 2022 erhalten hat. Die Strompreise allerdings dürften mittels höherer Abschläge bereits angepasst worden sein. Zudem antizipieren die Menschen höhere Kosten für Warmwasser und Heizung.
29 www.faz.net/aktuell/wirtschaft/unternehmen/stress-bei-der-arbeit-betroffene-leiden-werden-aber-besser-bezahlt-19044912.html [zuletzt aufgerufen am 03.08.2023].
30 Bauer, J. (2023): *Realitätsverlust: Wie KI und virtuelle Welten von uns Besitz ergreifen – und die Menschlichkeit bedrohen*. München.
31 Vgl. Burger und Veenhoven (2023).
32 UCLA steht für *University of Californa Los Angeles*.
33 Vgl. Lepinteur et al. (2022).
34 Vgl. Raffelhüschen und Renz (2021: 71 f.).
35 Siehe z. B. die Ergebnisse der Studie »Das Leben von jungen Menschen in der Corona-Pandemie« der Bertelsmann-Stiftung: www.bertelsmann-stiftung.de/de/themen/aktuelle-meldungen/2021/maerz/jugendliche-fuehlen-sich-durch-corona-stark-belastet-und-zu-wenig-gehoert#link-tab-187362-10 [zuletzt aufgerufen am 20.07.2023].
36 Vgl. Abschlussbericht der Interministeriellen Arbeitsgruppe (2023: 5).
37 Vgl. Raffelhüschen und Renz (2022: 32).
38 Rechnung: 10 Prozent entsprechen etwa 8,3 Millionen 18- bis 29-Jährige. Zur Berechnung der Differenz 2023 zu 2019: Zuwachs an häufig Ängstlichen = (0,164*8,3 Millionen) – (0,076*8,3 Millionen).
39 Allgemein zeigt sich in Abbildung 13 ein klarer Anstieg der Häufigkeit negativer Gefühlszustände.
40 Siehe die Website der Studie: www.uni-saarland.de/lehrstuhl/michael/guck-hin-studie.html [zuletzt aufgerufen am 25.07.2023].
41 Vgl. Walper et al. (2021).
42 Vgl. Oschmann (2023: 14 sowie 123 f.). Im Zuge dieser neuen Debatte über Zuschreibungen des Ostens wurden auch andere Bücher zu diesem Thema heftig diskutiert, z. B. die Alltagsgeschichte von Katja Hoyer: *Diesseits der Mauer. Eine neue Geschichte der DDR,* oder die DDR-Romane von Brigitte Reimann der 1960er-Jahre (»Ankunftsliteratur«).
43 Informationen und Daten des Wohlfahrtssurvey bei der Gesis unter https://search.gesis.org/research_data/ZA2121 [zuletzt aufgerufen am 20.07.2023]. Vgl. Habich et al. (1991).
44 Bundesagentur für Arbeit (2023a).
45 Anzumerken sei schließlich noch, dass das »Konzept von Arbeitslosigkeit«, wie sie im Westen verstanden wurde, in der DDR weithin unbekannt war, zumindest die Idee, als Ausgleich Sozial- oder Arbeitslosenhilfe zu erhalten. Vgl. zudem Gerlach und Stephan (2001).
46 Vgl. u. a. Clark (2003).
47 Vgl. Statistische Ämter des Bundes und der Länder (2023a), eigene Berechnungen. Siehe auch Felbermayr et al. (2017).
48 Das Engel'sche Gesetz (nach dem Ökonomen Ernst Engel) beschreibt den statistischen Zusammenhang, wonach mit steigendem Einkommen der Anteil der Ausgaben für Nahrungsmittel sinkt.
49 Stawarz, N.; Sander, N.; Sulak, H.; Rosenbaum-Feldbrügge, M. (2020): »The turnaround in internal migration between East and West Germany over the period 1991 to 2018«. In: *Demographic Research* 43(33): 993–1008.
50 Empirisch belegt etwa von Michael Hartmann, wonach nur 1 Prozent der Vorstände der 100 größten Unternehmen aus Ostdeutschland kommt, vergleichbar sieht es bei Spitzenpositionen in der Verwaltung aus. www.boell.de/de/2018/12/27/eliten-deutschland-weiss-maennlich-buergerlich-und-westdeutsch [zuletzt aufgerufen am 12.08.2023].
51 Seit den 2010er-Jahren gibt es aber Versuche, die ostdeutsche Identität mit positiverem Inhalt zu füllen. So wird mit Stolz auf das Erreichte sowohl in der DDR als auch danach verwiesen. Außerdem gibt es in den ostdeutschen Bundesländern in näherer Vergangenheit wirtschaftliche (z. B. Ansiedelung großer internationaler Unternehmen) und sportliche (z. B. RB Leipzig) Erfolge zu feiern (vgl. Best 2023).
52 Vgl. Hetschko, C.; Knabe, A.; Schöb, R. (2021).
53 Auch in der diesjährigen Diskussion um ostdeutsche Identitäten wurde der Anteil Ostdeutscher in diesen Positionen zum Thema gemacht. Der Ostbeauftrag-

te der Bundesregierung, Carsten Schneider, äußerte in einem Interview mit dem *Deutschlandfunk* sogar, dass er dafür »kämpfe«, »mehr Ostdeutsche in relevante Führungspositionen zu bekommen«. Interview abrufbar unter www.deutschlandfunk.de/interview-schneider-carsten-beauftragter-d-bundesregierung-f-ostdeutschland-dlf-fe401dd0-100.html [zuletzt aufgerufen am 23.07.2023].

54 In der Bundes- und Landespolitik fühlen sich 15 Prozent der Ostdeutschen sehr oder eher repräsentiert, in der medialen Berichterstattung 17 Prozent.

55 Vgl. Bluhm und Jacobs (2016: 30).

56 Vgl. Otto Brenner Stiftung (2021).

57 Der Abstand zu denjenigen, die dies eher nicht empfinden, beträgt sogar fast 1,5 Punkte.

58 Eine gelungene Darstellung, was definitionsgemäß alles zur Unterbeschäftigung gezählt wird, findet sich unter https://statistik.arbeitsagentur.de/DE/Navigation/Grundlagen/Definitionen/Arbeitslosigkeit-Unterbeschaeftigung/Arbeitslosigkeit-Unterbeschaeftigung-Nav.html [zuletzt aufgerufen am 24.06.2023].

59 Vgl. Raffelhüschen und Renz (2021: 77).

60 Siehe die Übersicht der Befragungen auf Seite 28.

61 Vgl. Statistisches Bundesamt: »Klassifikation der Wirtschaftszweige«, Ausgabe 2008 (WZ 2008). www.destatis.de/DE/Methoden/Klassifikationen/Gueter-Wirtschaftsklassifikationen/klassifikation-wz-2008.html [zuletzt aufgerufen am 15.08.2023].

62 Oaxaca-Blinder-Zerlegung, vgl. Oaxaca (1973).

63 Der Median ist der Wert, bei dem exakt 50 Prozent der Fälle oberhalb und 50 Prozent unterhalb liegen.

64 Siehe *Was Einsamkeit ist, und wie man sie misst* auf Seite 39.

65 Vgl. u. a. die Erhebungen des World Values Survey: www.worldvaluessurvey.org/wvs.jsp [zuletzt aufgerufen am 14.08.2023].

66 Vgl. Huebener et al. (2020) oder Raffelhüschen und Renz(2021: 66 f.).

67 Vgl. Bortz und Schuster (2010: 61 f.).

68 Vgl. Städteranking 2023: »Vom Glück in der Großstadt«. www.skl-gluecksatlas.de/artikel/staedteranking-2023-vom-glueck-in-der-grossstadt.html [zuletzt aufgerufen am 09.08.2023].

69 Vgl. Statistisches Landesamt Saarland (2023): Bruttoinlandsprodukt des Saarlandes 2022 real um 1,7 Prozent gewachsen. www.saarland.de/stat/DE/_downloads/Pressemitteilungen_Anhang/2023_015_BIP.html [zuletzt aufgerufen am 09.08.2023].

70 Im Vergleich von zwölf Großstädten sind die Hamburger sogar die glücklichsten Menschen (vgl. Städteranking des SKL Glücksatlas: www.skl-gluecksatlas.de/artikel/staedteranking-2023-vom-glueck-in-der-grossstadt.html [aufgerufen am 09.08.2023].

71 Vgl. Rodriguez-Pose und Berlepsch (2014).

72 Vgl. Schleswig-HolsteinTREND April 2023.

73 Ober- und Mittelzentrum sind Begriffe aus der Wirtschaftsgeografie und bezeichnen Räume, in denen eine bestimmte Versorgung gewährleistet ist. So besitzen z. B. Oberzentren Fachkliniken, Regionalbehörden und Hochschulen.

74 Vgl. Krekel und Zerrahn (2017); von Möllendorff und Welsch (2017).

75 In den fränkischen Landkreisen Wunsiedel, Hof und Kronach liegt das durchschnittliche Alter bei 47,9 Jahren; Auch im Landkreis Kulmbach altert die Bevölkerung schnell. Im Süden Bayerns ist der Landkreis Garmisch-Partenkirchen mit durchschnittlich 46,7 Jahren das Gebiet mit der ältesten Durchschnittsbevölkerung.

76 Auf 1.000 Einwohner kommen in Bayern 625 Autos, im gesamtdeutschen Durchschnitt sind es 583.

77 Vgl. Raffelhüschen und Renz (2020: 84).

78 Außerdem zeigt der Regionale Wohlfahrtsindex (RWI), dass sich auch steigende Umweltkosten negativ auf die Wohlfahrt auswirken können – in Bayern war dies in den 2000er-Jahren mit Kosten aufgrund höherer Treibhausgasemissionen der Fall (vgl. Diefenbacher et al. 2013: 5).

79 Nordhessen besteht aus den Regierungsbezirken Kassel und Gießen, Südhessen aus dem Regierungsbezirk Darmstadt.

80 Vgl. Schmid und Faik (2022).

81 Vgl. Schmid und Faik (2022: 11). Siehe auch Hessisches Ministerium für Soziales und Integration (2023: 239).

82 Vgl. Statistische Ämter des Bundes und der Länder: »Gini-Koeffizient zur Einkommensverteilung«. www.statistikportal.de/de/nachhaltigkeit/ergebnisse/ziel-10-weniger-ungleichheiten/gini-koeffizient-zur-einkommensverteilung [zuletzt aufgerufen am 06.08.2023].

83 Allerdings sind die Betten ungleich verteilt: Während es im Landkreis Waldeck-Frankenberg 11,3 Betten je 1.000 gibt, existieren im Kreis Darmstadt-Dieburg gerade mal 1,4 Betten für 1.000 Einwohner.

84 Ergebnis einer OLS-Regression.

85 Vgl. infratest dimap: »HessenTREND März 2023«. www.infratest-dimap.de/umfra-

gen-analysen/bundeslaender/hessen/laendertrend/2023/maerz/ [zuletzt aufgerufen am 06.08.2023].
86 Vgl. IW Köln (2023: 16).
87 Vgl. Information und Technik Nordrhein-Westfalen (2020): 41 Prozent der NRW-Haushalte sind Einpersonenhaushalte. www.it.nrw/41-prozent-der-nrw-haushalte-sind-einpersonenhaushalte-17013 [zuletzt aufgerufen am 09.08.2023].
88 Vgl. Ewald, J.; Hünnemeyer, V.; Kempermann, H. (2022): »Wie hat die Corona-Pandemie Deutschlands Regionen verändert?«. In: *IW-Trends* 2/2022.
89 Stiftung Familienunternehmen (2022): »Bundesländerindex Familienunternehmen«. www.familienunternehmen.de/de/bundeslaenderindex-familienunternehmen [zuletzt aufgerufen am 06.08.2023].
90 Vgl. Sørensen (2014).
91 Vgl. Statistik Sachsen (2023): »Bruttoinlandsprodukt, Bruttowertschöpfung«. www.statistik.sachsen.de/html/bruttoinlandsprodukt-bruttowertschoepfung.html?_cp=%7B%22accordion-content-8245%22%3A%7B%220%22%3Atrue%7D%2C%22previousOpen%22%3A%7B%22group%22%3A%22accordion-content-8245%22%2C%22idx%22%3A0%7D%7D [zuletzt aufgerufen am 09.08.2023].
92 infratest dimap (2023): »Baden-WürttembergTREND März 2023«. www.infratest-dimap.de/umfragen-analysen/bundeslaender/baden-wuerttemberg/laendertrend/2023/maerz/ [zuletzt aufgerufen am 09.08.2023].
93 Vgl. Cooke und O'Sullivan (2015).
94 Vgl. Raffelhüschen und Renz (2022: 131).
95 In der ökonomischen Theorie wird dieser Zusammenhang auch mit der sogenannten »hedonischen Methode« nachgewiesen. Zu Baulandpreisen in Niedersachsen siehe den Neubauatlas: https://gis-hsl.hessen.de/portal/apps/webappviewer/index.html?id=cf7f6bef972a489588615cc28b731ce0&extent=588913.9921%2C6617371.2785%2C1629069.073%2C7217860.5727%2C102100 [zuletzt aufgerufen am 06.08.2023].
96 Vgl. Landesamt für Statistik Niedersachsen (2022): »Niedersachsen Monitor«. file:///D:/Bibliotheken/Downloads/NI_Monitor-2022_Netz.pdf [zuletzt aufgerufen am 06.08.2023].
97 Als städtisch geprägte Regionen definieren wir die Stadtkreise Erfurt, Weimar, Jena, Suhl und Gera sowie den Landkreis Gotha und die Stadt Ilmenau. Die restlichen Gebiete Thüringens wurden als »ländlich geprägt« definiert.
98 Vgl. Reiser et al. (2023: 27 f.): *Politische Kultur in Stadt und Land. Ergebnisse des Thüringen-Monitors 2022*. Friedrich Schiller Universität Jena.
99 Vgl. Statistisches Landesamt Rheinland-Pfalz (2023): »Wirtschaftsleistung sinkt im ersten Quartal um 2,5 Prozent«. www.statistik.rlp.de/no_cache/de/service/presse/pressemitteilungen/einzelansicht/news/detail/News/3821/ [zuletzt aufgerufen am 06.08.2023].
100 Vgl. Statistisches Landesamt Rheinland-Pfalz (2021: 29 f.).
101 Vgl. beispielhaft einen Beitrag der *Berliner Morgenpost* vom 19.11.2017: »Warum es junge Familien von Berlin nach Brandenburg zieht«. www.morgenpost.de/berlin/article212584261/Warum-es-junge-Familien-von-Berlin-nach-Brandenburg-zieht.html [zuletzt aufgerufen am 09.08.2023].
102 Vgl. Switek und Easterlin (2018).
103 Senatsverwaltung für Stadtentwicklung, Bauen und Wohnen (2021): »Gesamtindex Soziale Ungleichheit 2021«. https://daten.berlin.de/datensaetze/gesamtindex-soziale-ungleichheit-statusdynamik-index-2021-wms [aufgerufen am 06.08.2023].
104 Die Ergebnisse unterscheiden sich zu denen im *Glücksatlas* aufgrund unterschiedlicher Befragungsmethodik sowie einem anderen Befragungszeitpunkt. Vgl. Städteranking 2023: »Vom Glück in der Großstadt«. www.skl-gluecksatlas.de/artikel/staedteranking-2023-vom-glueck-in-der-grossstadt.html [zuletzt aufgerufen am 06.08.2023].
105 Vgl. *The Economist* (2023): »Livability Index«. www.economist.com/graphic-detail/2023/06/21/the-worlds-most-liveable-cities-in-2023 [zuletzt aufgerufen am 06.08.2023].
106 FinTechs sind laut Bundesbank »Unternehmen, die innovative, technologiebasierte und mit dem Thema Finanzen in Zusammenhang stehende Anwendungssysteme anbieten«. Siehe zur Berliner Start-up-Szene auch https://startup-map.berlin/dashboard [zuletzt aufgerufen am 06.08.2023].
107 Vgl. Empirica Regio (2023): »Entwicklung der Angebotsmieten für Wohnungen in Berlin von 2012 bis zum 2. Quartal 2023«. https://de.statista.com/statistik/daten/studie/535119/umfrage/mietpreise-auf-dem-wohnungsmarkt-in-berlin/ [zuletzt aufgerufen am 06.08.2023] sowie Statistik Berlin-Brandenburg (2023): »Verbraucherpreisindex in Berlin und Brandenburg«. www.statistik-berlin-brandenburg.de/m-i-2-m [zuletzt aufgerufen am 06.08.2023].
108 35.430 Berliner sind 2021 nach Brandenburg verzogen. Vgl. Statistik Berlin-Brandenburg (2022): »Wanderungsgewinn 2021 in Brandenburg. Mehr Zu- als Fortzüge

für Brandenburg«. www.statistik-berlin-brandenburg.de/168-2022 [zuletzt aufgerufen am 06.08.2023].
109 Im Vergleich zu einer Pendelstrecke von maximal 65 Kilometern pro Woche verringert ein regelmäßiges Pendeln von bis zu 120 Kilometern je Woche die Lebenszufriedenheit bereits um 0,08 Punkte. Vgl. Raffelhüschen und Petilliot (2018: 72).
110 Vgl. Website des *SKL Glücksatlas*: »Pendeln und Homeoffice«. www.skl-gluecksatlas.de/artikel/pendeln-und-homeoffice.html [zuletzt aufgerufen am 06.08.2023].
111 Robert Koch-Institut (2021: 54 f.).
112 Vgl. IHK Saarland (2023): »Saarkonjunktur: Dämpfer zur Jahresmitte«. www.saarland.ihk.de/p/Saarkonjunktur_D%C3%A4mpfer_zur_Jahresmitte-17-17837.html [zuletzt aufgerufen am 06.08.2023].
113 infratest dimap (2023): »SaarlandTREND März 2023. Repräsentative Studie im Auftrag des Saarländischen Rundfunks«. www.infratest-dimap.de/umfragen-analysen/bundeslaender/saarland/laendertrend/2023/maerz/ [zuletzt aufgerufen am 06.08.2023].
114 Wichtigste ausgewählte Quellen. Weitere Quellen können bei den Autoren angefragt werden.

Literaturverzeichnis

Ahlheim, M.; Bruckmeyer, S.; Konrad, K.A. et al. (2020): »Verlorenes Glück — Zufriedenheitsverluste in der Corona-Krise«. In: *Wirtschaftsdienst,* 100: 586–590.

Arbeitsagentur.

https://statistik.arbeitsagentur.de/DE/Navigation/Grundlagen/Definitionen/Arbeitslosigkeit-Unterbeschaeftigung/Arbeitslosigkeit-Unterbeschaeftigung-Nav.html [zuletzt aufgerufen am 24.06.2023].

Bauer, J. (2023): *Realitätsverlust: Wie KI und virtuelle Welten von uns Besitz ergreifen – und die Menschlichkeit bedrohen.* München.

Bertelsmann-Stiftung (2021): »Das Leben von jungen Menschen in der Corona-Pandemie«. www.bertelsmann-stiftung.de/de/themen/aktuelle-meldungen/2021/maerz/jugendliche-fuehlen-sich-durch-corona-stark-belastet-und-zu-wenig-gehoert#link-tab-187362-10 [zuletzt aufgerufen am 20.07.2023].

Best, H. (2023): »Auf der Suche nach der ostdeutschen Identität«. In: *Soziologische Revue*, 46(1): 19–29.

Bortz, J.; Schuster, C. (2010): *Statistik für Human- und Sozialwissenschaftler*. Springer-Verlag: Berlin, Heidelberg.

Bluhm, M.; Jacobs, O. (2016): *Wer beherrscht den Osten? Ostdeutsche Eliten ein Vierteljahrhundert nach der deutschen Wiedervereinigung*. Institut für Kommunikations- und Medienwissenschaft, Universität Leipzig.

böll. www.boell.de/de/2018/12/27/eliten-deutschland-weiss-maennlich-buergerlich-und-westdeutsch [zuletzt aufgerufen am 12.08.2023].

Börsch-Supan, A.; Bucher-Koenen, T.; Ziegelmeyer, M. (2009): »Deutsche Privathaushalte in der Finanz- und Wirtschaftskrise – Betroffenheit und Reaktionen«. In: *mea-Studies* 10.

Breuer, C. (2023): »Polykrisen als Gefangenendilemma«. In: *Wirtschaftsdienst*, 103(1): 2–3.

Brunnermeier, M. (2021): *Die resiliente Gesellschaft. Wie wir künftige Krisen besser meistern können.* Berlin.

Bundesagentur für Arbeit (2023a): Tabelle »Arbeitslosigkeit im Zeitverlauf« vom 29. Juni 2023. https://statistik.arbeitsagentur.de/DE/Navigation/Statistiken/Fachstatistiken/Arbeitsuche-Arbeitslosigkeit-Unterbeschaeftigung/Produkte/Zeitreihen-Arbeitslose-Arbeitsuchende-Arbeitslosenquoten/Zeitreihen-Arbeitslose-Arbeitsuchende-Arbeitslosenquoten-Nav.html [zuletzt aufgerufen am 20.07.2023].

Burger, M. J.; Veenhoven R. (2023): »Special Issue on Subjective Well-being and Mental Health in the Early Days of COVID-19«. In: *Applied Research in Quality of Life,* 18.1: 1–8.

Center for AI Safety. www.safe.ai/statement-on-ai-risk [zuletzt aufgerufen am 12.08.2023].

Cooke, M.; O'Sullivan, E. (2015): »The impact of migration on the first nations community well-being index«. In: *Social Indicators Research* 122: 371–389.

Clark, A. (2003): »Unemployment as a social norm: Psychological evidence from panel data«. In: *Journal of Labor Economics*, 21(2): 323–351.

Deutschlandfunk. www.deutschlandfunk.de/interview-schneider-carsten-beauftragter-d-bundesregierung-f-ostdeutschland-dlf-fe401dd0-100.html [zuletzt aufgerufen am 23.07.2023].

Diefenbacher, H.; Rodenhäuser, D.; Veith, M. (2013): *Regionaler Wohlfahrtsindex Bayern und Elemente wohlfahrtsorientierter Strukturpolitik*. Forschungsstätte der Evangelischen Studiengemeinschaft Heidelberg.

Empirica Regio (2023): »Entwicklung der Angebotsmieten für Wohnungen in Berlin von 2012 bis zum 2. Quartal 2023«. https://de.statista.com/statistik/daten/studie/535119/umfrage/mietpreise-auf-dem-wohnungsmarkt-in-berlin/ [zuletzt aufgerufen am 06.08.2023].

Erdmann, M.; Pietrzyk, I.; Schneider, J.; Helbig, M.; Jacob, M.; Allmendinger, J. (2022): »Bildungsungleichheit nach der Hochschulreife – das lässt sich ändern. Eine Untersuchung der Wirksamkeit eines intensiven Beratungsprogramms 1,5 Jahre nach dem Abitur«. In: *WZB Discussion Paper*, P 2022-002. Wissenschaftszentrum Berlin für Sozialforschung.

Ewald, J.; Hünnemeyer, V.; Kempermann, H. (2022): »Wie hat die Corona-Pandemie Deutschlands Regionen verändert?«. In: *IW-Trends,* 2/2022.

Ewald, J.; Hünnemeyer, V. R.; Kempermann,

H.; Meeßen, F.; Lang, T. (2023): »Kommunalranking NRW 2023, Studie für unternehmer nrw Landesvereinigung der Unternehmensverbände Nordrhein-Westfalen e.V.«. Köln.
Felbermayr, G.; Battisti, M.; Suchta, J.-P. (2017): »›Lebenszufriedenheit und ihre Verteilung in Deutschland‹: Eine Bestandsaufnahme«. In: *ifo Schnelldienst*, 70(9): 19–30.
Gerlach, K.; Stephan, G. (2001): »Lebenszufriedenheit und Erwerbsstatus: Ost- und Westdeutschland im Vergleich«. In: *Mitteilungen aus der Arbeitsmarkt- und Berufsforschung*, 34/2001.
GESIS – Leibniz-Institut für Sozialwissenschaften.
https://search.gesis.org/research_data/ZA2121 [zuletzt aufgerufen am 20.07.2023].
gis-hsl.hessen.de: »Neubauatlas«.
https://gis-hsl.hessen.de/portal/apps/webappviewer/index.html?id=cf7f6bef972a489588615cc28b731ce0&extent=588913.9921%2C6617371.2785%2C1629069.073%2C7217860.5727%2C102100 [zuletzt aufgerufen am 06.08.2023].
Graham, C. (2023): *The Power of Hope: How the Science of Wellbeing Can Save us from Despair.* Princeton Press.
Graham, C.; Dobson, E. (2023): »Despair underlies our misinformation crisis: Introducing an interactive tool«. In: *Brookings.* www.brookings.edu/articles/despair-underlies-our-misinformation-crisis-introducing-an-interactive-tool/
Graham, C., Laffan, K.; Pinto, S. (2018): »Wellbeing in Metrics and Policy«. In: *Science*, 362 (6412): 287–288.
Graham, C.; Pinto, S. (2019): »Unequal Hopes and Lives in the U.S.A.: Optimism, Stress, Race, Place, and Premature Mortality«. In: *Journal of Population Economics*, 32: 665–733.
Graham, C.; Ruiz-Pozuelo, J. (2023): »Do High Aspirations Lead to Better Outcomes: Evidence from a Longitudinal Survey of Adolescents in Peru«. In: *Journal of Population Economics*, 36, 3. Juli 2023: https://doi.org/10.1007/s00148-021-00881-y
Habich, R.; Landua, D.; Priller, E. (1991): »Geringere Lebenszufriedenheit in der ehemaligen DDR: erste Ergebnisse der empirischen Wohlfahrtsforschung«. In: *Informationsdienst Soziale Indikatoren*, 5: 1–4.
Hessisches Ministerium für Soziales und Integration (2023): *3. Hessischer Landessozialbericht.*
Hetschko, C.; Knabe, A.; Schöb, R. (2021): »Happiness, Work, and Identity«. In: Zimmermann, K.F. (Hrsg.): *Handbook of Labor, Human Resources and Population Economics*. Springer: Cham, 1–23.
Huebener, M.; Spieß, C.K.; Siegel, N.A.; Wagner, G.G. (2020): »Wohlbefinden von Familien in Zeiten von Corona: Eltern mit jungen Kindern am stärksten beeinträchtigt«. In: *DIW Wochenbericht*, 30/31/2020: 527–537.
IHK Saarland (2023): »Saarkonjunktur: Dämpfer zur Jahresmitte«. www.saarland.ihk.de/p/Saarkonjunktur_D%C3%A4mpfer_zur_Jahresmitte-17-17837.html [zuletzt aufgerufen am 06.08.2023].
Information und Technik Nordrhein-Westfalen (2020): »41 Prozent der NRW-Haushalte sind Einpersonenhaushalte«. www.it.nrw/41-prozent-der-nrw-haushalte-sind-einpersonenhaushalte-17013 [zuletzt aufgerufen am 09.08.2023].
infratest dimap (2023): »Baden-Württemberg-TREND März 2023«. www.infratest-dimap.de/umfragen-analysen/bundeslaender/baden-wuerttemberg/laendertrend/2023/maerz/ [zuletzt aufgerufen am 09.08.2023].
infratest dimap: »HessenTREND März 2023«. www.infratest-dimap.de/umfragen-analysen/bundeslaender/hessen/laendertrend/2023/maerz/ [zuletzt aufgerufen am 06.08.2023].
infratest dimap (2023): »SaarlandTREND März 2023. Repräsentative Studie im Auftrag des Saarländischen Rundfunks«. ww.infratest-dimap.de/umfragen-analysen/bundeslaender/saarland/laendertrend/2023/maerz/ [zuletzt aufgerufen am 06.08.2023].
infratest dimap: »Schleswig-HolsteinTREND April 2023«. www.infratest-dimap.de/umfragen-analysen/bundeslaender/schleswig-holstein/laendertrend/2023/april/ [zuletzt aufgerufen am 02.08.2023].
Interministerielle Arbeitsgruppe (Abschlussbericht) (2023): »Gesundheitliche Auswirkungen auf Kinder und Jugendliche durch Corona«, 08.02.2023.
Krekel, C.; Zerrahn, A. (2017): »Does the presence of wind turbines have negative externalities for people in their surroundings? Evidence from well-being data«. In: *Journal of Enviornmental Economics and Management*, 82: 221–238.
Lai, J.; Widmar, N.O. »Revisiting the digital divide in the COVID‐19 era«. In: *Applied economic perspectives and policy,* 43.1 (2021): 458–464.
Landesamt für Statistik Niedersachsen (2022): »Niedersachsen Monitor«. file:///D:/Bibliotheken/Downloads/NI_Monitor-

2022_Netz.pdf [zuletzt aufgerufen am 06.08.2023].
Lepinteur, A.; Clark, A.E.; Ferrer-i-Carbonell, A.; Piper, A.; Schröder, C.; D'Ambrosio, C. (2022): »Gender, loneliness and happiness during COVID-19«. In: *Journal of Behavioral and Experimental Economics*, 101, 101952.
morgenpost.de (19.11.2017): »Warum es junge Familien von Berlin nach Brandenburg zieht«. www.morgenpost.de/berlin/article212584261/Warum-es-junge-Familien-von-Berlin-nach-Brandenburg-zieht.html [zuletzt aufgerufen am 09.08.2023].
MSD Manual. www.msdmanuals.com/de-de/profi/p%C3%A4diatrie/psychiatrische-st%C3%B6rungen-im-kindes-und-jugendalter/%C3%BCbersicht-zu-angstst%C3%B6rungen-im-kindes-und-jugendalter [zuletzt aufgerufen am 19.07.2023].
Oaxaca, R. (1973): »Male-Female Wage Differentials in Urban Labor Markets«. In: *International Economic Review*, 14(3): 693–709.
Office for National Statistics. www.ons.gov.uk/peoplepopulationandcommunity/wellbeing/articles/measuresofnationalwellbeingdashboardqualityoflifeintheuk/2022-08-12 [zuletzt aufgerufen am 16.06.2023].
Oschmann, D. (2023): *Der Osten: eine westdeutsche Erfindung*. Ullstein-Verlag: Berlin.
Oswald, A.; Blanchflower, D.G. (2019): »Trends in Extreme Distress in the United States«, 1993–2019. In: *American Journal of Public Health*, 110: 1538–1544.
Otto Brenner Stiftung (2021): »30 Jahre staatliche Einheit – 30 Jahre mediale Spaltung. Schreiben die Medien die Teilung Deutschlands fest?«. In: *OBS-Arbeitspapier 45*.
Pendry, L. (2014): »Soziale Kognition«. In: Jonas, K.; Stroebe, W.; Hewstone, M. (Hrsg.): *Sozialpsychologie*. Springer-Verlag, 108–140.
R+V: »›Die Ängste der Deutschen‹ im Langzeitvergleich«. www.ruv.de/newsroom/themenspezial-die-aengste-der-deutschen/langzeitvergleich [zuletzt aufgerufen am 23.07.2023].
Raffelhüschen, B.; Petilliot, R. (2018): »Pendeln und Zufriedenheit«. In: Schlinkert, R.; Raffelhüschen, B. (Hrsg.): *Deutsche Post Glücksatlas 2018*. Penguin-Verlag, 62–86.
Raffelhüschen, B.; Renz, T. (2020): »Stand und Entwicklung der Lebenszufriedenheit«. In: Grimm, R.; Raffelhüschen, B. (Hrsg.): *Deutsche Post Glücksatlas 2020*. Penguin-Verlag, 25–104.
Raffelhüschen, B.; Renz, T. (2021): »Impfungen, Digitalisierung und gesellschaftlicher Zusammenhalt in der Coronapandemie«. In: Raffelhüschen, B. (Hrsg.): *Deutsche Post Glücksatlas 2021*. Penguin-Verlag: München, 97–121.
Raffelhüschen, B.; Renz, T. (2021): »Stand und Entwicklung der Lebenszufriedenheit«. In: Raffelhüschen, B. (Hrsg.): *Deutsche Post Glücksatlas 2021*. Penguin-Verlag: München, 21–96.
Raffelhüschen, B.; Renz, T. (2022): »Lebenszufriedenheit 2022: Neue Krisen schwächen die Erholung«. In: Raffelhüschen, B. (Hrsg.): *SKL Glücksatlas 2022*. Penguin-Verlag: München, 19–46.
Raffelhüschen, B.; Renz, T. (2022): »Glück in den verschiedenen Regionen Deutschlands«. In: Raffelhüschen, B. (Hrsg.): *SKL Glücksatlas 2022*. Penguin-Verlag, 85–169.
Reiser, M.R.; Küppers, A.; Brandy, V.; Hebenstreit, J.; Vogel, L. (2023): *Politische Kultur in Stadt und Land. Ergebnisse des Thüringen-Monitors 2022*. Friedrich Schiller Universität Jena.
rheingold.institut. www.rheingold-marktforschung.de/gesellschaft/deutschland-auf-der-flucht-vor-der-wirklichkeit/ [zuletzt aufgerufen am 03.08.2023].
Robert Koch-Institut (2021): »Psychische Gesundheit in Deutschland. Erkennen – Bewerten – Handeln. Schwerpunktbericht Teil 1 – Erwachsene. Gesundheitsberichterstattung des Bundes«. Berlin.
Rodriguez-Pose, A.; Berlepsch, V. (2014): »Social Capital and Individual Happiness in Europe«. In: *Journal of Happiness Studies*, 15(2): 357–386.
Schmid, A.; Faik, J. (2022): *Regionales Wellbeing in Hessen: 2005–2019*. Gesellschaft für Wirtschaft, Arbeit und Kultur-Regio Rhein-Main e.V. (GEWAK), 1/2022.
Senatsverwaltung für Stadtentwicklung, Bauen und Wohnen (2021): »Gesamtindex Soziale Ungleichheit 2021«.
https://daten.berlin.de/datensaetze/gesamtindex-soziale-ungleichheit-statusdynamik-index-2021-wms [zuletzt aufgerufen am 06.08.2023].
Shek, D.L. (2021): »COVID-19 and Quality of Life: Twelve Reflections«. In: *Applied Research in Quality of Life*, 16: 1–11.
SKL Glücksatlas: »Pendeln und Homeoffice«. www.skl-gluecksatlas.de/artikel/pendeln-und-homeoffice.html [zuletzt aufgerufen am 06.08.2023].
SKL Glücksatlas: »Vom Glück in der Großstadt«. www.skl-gluecksatlas.de/artikel/staedteranking-2023-vom-glueck-in-der-grossstadt.html [zuletzt aufgerufen am 09.08.2023].
Smail, D. (2018): *The Origins of Unhappiness. A New Understanding of Personal Distress*. Routledge: London.

Sørensen, J. F. L. (2014): »Rural–urban differences in life satisfaction: Evidence from the European Union«. In: *Regional Studies* 48.9: 1451–1466.
startup-map.berlin.
https://startup-map.berlin/dashboard [zuletzt aufgerufen am 06.08.2023].
Statistik Berlin-Brandenburg (2022): »Wanderungsgewinn 2021 in Brandenburg. Mehr Zu- als Fortzüge für Brandenburg«. www.statistik-berlin-brandenburg.de/168-2022 [zuletzt aufgerufen am 06.08.2023].
Statistik Berlin-Brandenburg (2023): »Verbraucherpreisindex in Berlin und Brandenburg«. www.statistik-berlin-brandenburg.de/m-i-2-m [zuletzt aufgerufen am 06.08.2023].
Statistik Sachsen (2023): »Bruttoinlandsprodukt, Bruttowertschöpfung«. www.statistik.sachsen.de/html/bruttoinlandsprodukt-bruttowertschoepfung.html?_cp=%7B%22accordion-content-8245%22%3A%7B%220%22%3Atrue%7D%2C%22previousOpen%22%3A%7B%22group%22%3A%22accordion-content-8245%22%2C%22idx%22%3A0%7D%7D [zuletzt aufgerufen am 09.08.2023].
Statistische Ämter des Bundes und der Länder (2023a): »Bruttoinlandsprodukt, Bruttowertschöpfung in den Ländern der Bundesrepublik Deutschland 1991 bis 2022«, Reihe 1, Ländergebnisse Band 1.
Statistische Ämter des Bundes und der Länder (2023): »Gini-Koeffizient zur Einkommensverteilung«. www.statistikportal.de/de/nachhaltigkeit/ergebnisse/ziel-10-weniger-ungleichheiten/gini-koeffizient-zur-einkommensverteilung [zuletzt aufgerufen am 06.08.2023]
Statistisches Bundesamt: »Klassifikation der Wirtschaftszweige«, Ausgabe 2008 (WZ 2008). www.destatis.de/DE/Methoden/Klassifikationen/Gueter-Wirtschaftsklassifikationen/klassifikation-wz-2008.html [zuletzt aufgerufen am 15.08.2023].
Statistisches Bundesamt (2023a). www.destatis.de/DE/Themen/Gesellschaft-Umwelt/Bevoelkerung/Bevoelkerungsstand/Tabellen/liste-altersgruppen.html#474508 [zuletzt aufgerufen am 13.08.2023].
Statistisches Landesamt Rheinland-Pfalz (2021): »Statistische Indikatoren zur nachhaltigen Entwicklung«. Ministerium für Wirtschaft, Verkehr, Landwirtschaft und Weinbau Rheinland-Pfalz.
Statistisches Landesamt Rheinland-Pfalz (2023): »Wirtschaftsleistung sinkt im ersten Quartal um 2,5 Prozent«. www.statistik.rlp.de/no_cache/de/service/presse/pressemitteilungen/einzelansicht/news/detail/News/3821/ [zuletzt aufgerufen am 06.08.2023].
Statistisches Landesamt Saarland (2023): Bruttoinlandsprodukt des Saarlandes 2022 real um 1,7 Prozent gewachsen. www.saarland.de/stat/DE/_downloads/Pressemitteilungen_Anhang/2023_015_BIP.html [zuletzt aufgerufen am 09.08.2023].
Stawarz, N.; Sander, N.; Sulak, H.; Rosenbaum-Feldbrügge, M. (2020): »The turnaround in internal migration between East and West Germany over the period 1991 to 2018«. In: *Demographic Research* 43(33): 993–1008.
Steinmetz, H.; Batzdorfer, V.; Bosnjak, M. (2021): »The ZPID Lockdown Measures Dataset for Germany«. In: *PsychArchives*.
Stiftung Familienunternehmen (2022): »Bundesländerindex Familienunternehmen«. www.familienunternehmen.de/de/bundeslaenderindex-familienunternehmen [zuletzt aufgerufen am 06.08.2023].
Switek, M., Easterlin, R.A.: »Life Transitions and Life Satisfaction During Young Adulthood«. In: *J Happiness Stud* 19: 297–314 (2018).
economist.com (2023): »Livability Index«. www.economist.com/graphic-detail/2023/06/21/the-worlds-most-liveable-cities-in-2023 [zuletzt aufgerufen am 06.08.2023].
Universität des Saarlandes. www.uni-saarland.de/lehrstuhl/michael/guck-hin-studie.html
von Möllendorff, C.; Welsch, H. (2017): »Measuring Renewable Energy Externalities: Evidence from Subjective Well-being Data«. In: *Land Economics*, 93(1): 109–126.
Walper, S.; Reim, J.; Schunke, A.; Berngruber, A.; Alt, P. (2021): »Die Situation Jugendlicher in der Corona-Krise«. Deutsches Jugendinstitut, Kurzbericht.
Welt Online. www.welt.de/newsticker/dpa_nt/afxline/topthemen/article241991209/UN-Chef-warnt-Wir-sind-auf-dem-Highway-zur-Klimahoelle.html [zuletzt aufgerufen am 03.08.2023].
World Happiness Report.
https://worldhappiness.report/data/ [zuletzt aufgerufen am 16.06.2023].
World Values Survey. www.worldvaluessurvey.org/wvs.jsp [zuletzt aufgerufen am 14.08.2023].

Die Autoren

Carol Graham (*1962) ist Interims-Vizepräsidentin und Direktorin des Economic-Studies-Programms an der Brookings University sowie College-Park-Professorin an der University of Maryland, USA und leitende Wissenschaftlerin an der Gallup University. Sie war Sonderberaterin der Interamerikanischen Entwicklungsbank, Visiting Fellow bei der Weltbank und Beraterin des IWF. Ihr jüngstes Buch, The Power of Hope: *How the Science of Well-Being Can Save Us from Despair,* ist kürzlich bei Princeton Press erschienen.

Bernd Raffelhüschen (*1957) ist Professor für Finanzwissenschaft und Direktor des Forschungszentrums Generationenverträge an der Albert-Ludwigs-Universität Freiburg. Sein Forschungsschwerpunkt ist der demografische Wandel. Er arbeitete als Mitglied der Rürup-Kommission zur Rentenreform und erstellt für die Stiftung Marktwirtschaft regelmäßig die Generationenbilanz für Deutschland.

Timon Renz (*1991) studierte Volkswirtschaftslehre, Politikwissenschaft und Geschichte an der Albert-Ludwigs-Universität Freiburg. Er ist wissenschaftlicher Mitarbeiter am Forschungszentrum Generationenverträge an der Albert-Ludwigs-Universität Freiburg. Neben seiner Tätigkeit am Forschungszentrum unterrichtet er Mikroökonomik und Wirtschaftspolitik an verschiedenen Hochschulen in Baden-Württemberg.